# EDUCAÇÃO EM PERSPECTIVA
CONTEXTOS POLÍTICOS, LINGUÍSTICOS E CULTURAIS

Editora Appris Ltda.
1.ª Edição - Copyright© 2023 dos autores
Direitos de Edição Reservados à Editora Appris Ltda.

Nenhuma parte desta obra poderá ser utilizada indevidamente, sem estar de acordo com a Lei n°  9.610/98. Se incorreções forem encontradas, serão de exclusiva responsabilidade de seus organizadores. Foi realizado o Depósito Legal na Fundação Biblioteca Nacional, de acordo com as Leis n°s 10.994, de 14/12/2004, e 12.192, de 14/01/2010.

Catalogação na Fonte
Elaborado por: Josefina A. S. Guedes
Bibliotecária CRB 9/870

| | |
|---|---|
| E244e<br>2023 | Educação em perspectiva: contextos políticos, linguísticos e culturais / Brigida Ticiane Ferreira da Silva ... [et al.] (orgs.). – 1. ed. – Curitiba: Appris, 2023.<br>249 p. ; 23 cm. – (Geral).<br><br>Inclui referências.<br>ISBN 978-65-250-5758-3<br><br>1. Educação. 2. Educação e Estado. 3. Cultura. 4. Multilinguismo. I. Silva, Brigida Ticiane Ferreira da. I. Título. II. Série.<br><br>CDD – 370.1 |

Livro de acordo com a normalização técnica da ABNT

Editora e Livraria Appris Ltda.
Av. Manoel Ribas, 2265 – Mercês
Curitiba/PR – CEP: 80810-002
Tel. (41) 3156 - 4731
www.editoraappris.com.br

Printed in Brazil
Impresso no Brasil

Brigida Ticiane Ferreira da Silva
Kaouthar Ben Abdallah
Paulo Roberto Massaro
Abdeljalil Akkari
(Org.)

# EDUCAÇÃO EM PERSPECTIVA
## CONTEXTOS POLÍTICOS, LINGUÍSTICOS E CULTURAIS

## FICHA TÉCNICA

| | |
|---|---|
| EDITORIAL | Augusto Coelho |
| | Sara C. de Andrade Coelho |
| COMITÊ EDITORIAL | Ana El Achkar (UNIVERSO/RJ) |
| | Andréa Barbosa Gouveia (UFPR) |
| | Conrado Moreira Mendes (PUC-MG) |
| | Eliete Correia dos Santos (UEPB) |
| | Fabiano Santos (UERJ/IESP) |
| | Francinete Fernandes de Sousa (UEPB) |
| | Francisco Carlos Duarte (PUCPR) |
| | Francisco de Assis (Fiam-Faam, SP, Brasil) |
| | Jacques de Lima Ferreira (UP) |
| | Juliana Reichert Assunção Tonelli (UEL) |
| | Maria Aparecida Barbosa (USP) |
| | Maria Helena Zamora (PUC-Rio) |
| | Maria Margarida de Andrade (Umack) |
| | Marilda Aparecida Behrens (PUCPR) |
| | Marli Caetano |
| | Roque Ismael da Costa Güllich (UFFS) |
| | Toni Reis (UFPR) |
| | Valdomiro de Oliveira (UFPR) |
| | Valério Brusamolin (IFPR) |
| SUPERVISOR DA PRODUÇÃO | Renata Cristina Lopes Miccelli |
| PRODUÇÃO EDITORIAL | William Rodrigues |
| REVISÃO | Camila Dias Manoel |
| DIAGRAMAÇÃO | Bruno Ferreira Nascimento |
| CAPA | Mateus de Andrade Porfírio |
| REVISÃO DE PROVA | William Rodrigues |

# AGRADECIMENTOS

Agradecemos à Universidade do Estado do Amapá (Ueap) por ter financiado a publicação desta obra, por meio do Programa de Apoio a Publicações Acadêmicas Nacionais e Internacionais, Edital 027/2023, vinculado à Pró-Reitoria de Pesquisa e Pós-Graduação (Propesp).

# PRÉFACE

## DÉCOLONISER L'ÉCOLE ET LES LANGUES : UN LONG CHEMIN RESTE À PARCOURIR

Les textes réunis dans cet ouvrage éclairent différentes dimensions de l'usage des langues dans les systèmes éducatifs. Tout d'abord, il y a la dimension linguistique. En effet, dans la plupart des sociétés contemporaines des langues cohabitent, certaines dominent d'autres et sont hégémoniques, certaines sont en expansion et d'autres menacées de disparition. Ces contextes linguistiques complexes et en perpétuel mouvement influencent l'éducation et l'apprentissage. On observe ainsi que si on se contente de ressusciter les langues minoritaires à l'école et on maintient leur marginalisation dans la société on aboutit vite à une impasse.

Ensuite, nous trouvons la dimension politique argumentée dans différents textes de l'ouvrage. La politique oriente non seulement le contexte linguistique, elle détermine également la hiérarchie et l'usage des langues à l'école. Ainsi, les politiques éducatives produisent des inégalités dès lors qu'elles permettent à certains élèves d'apprendre dans leurs langues maternelles alors que d'autres se débrouillent et affrontent le défi d'une langue de scolarisation différente de leur langue maternelle. Alors qu'on connaît depuis au moins 50 ans les bénéfices d'une éducation bilingue ou multilingue, on peut s'étonner du faible nombre d'élèves qui en bénéficient dans le monde, au moins dans le secteur public. La seule explication logique est la persistance d'un modèle scolaire néocolonial dans lequel certaines langues et cultures sont hégémoniques et d'autres considérées comme à la marge de la civilisation et de la modernité. C'est manifestement le cas pour les langues des peuples indigènes ou celles des élèves migrants.

Par ailleurs, de nombreux textes de l'ouvrage montrent les liens étroits entre questions linguistiques, culturelles et interculturelles. En dépit de la popularisation des approches interculturelles de l'éducation et leurs diffusions par les organisations internationales, les systèmes éducatifs nationaux restent marqués par une tradition monolingue et monoculturelle. Autrement dit, dans le discours, l'école se déclare théoriquement ouverte à la valorisation de toutes les langues et les cultures à l'école mais dans les faits, cette même école organise une hiérarchie entre langues et cultures et s'arrange pour limiter la mixité socioculturelle. D'où la nécessité de repenser le projet interculturel à l'école.

La recherche peut nous aider à repenser la diversité culturelle et linguistique dans les systèmes éducatifs contemporains. En premier lieu, la recherche doit aborder des thèmes dérangeants tels que le « privilège d'être blanc », le racisme et l'intolérance religieuse à l'école. En second lieu, la recherche, par des approches qualitatives et compréhensives, doit investir plus de temps et d'énergie à écouter les acteurs scolaires et à traduire et analyser leurs représentations de la diversité linguistique et culturelle. Je pense en particulier aux enseignants et aux parents, acteurs incontournables quand il s'agit de valoriser ou non les langues et les cultures à l'école. On observe que la recherche interculturelle s'est plus investie jusqu'à maintenant dans l'exploration des textes officiels et des curricula prescrits et il est temps d'écouter attentivement les acteurs du quotidien de l'école.

En troisième lieu, il me paraît indispensable d'ouvrir le chantier de la persistance de l'agenda colonial de l'éducation formelle. Que l'on reconnaisse ou pas, persistent au sein de l'école des attitudes explicites ou implicites qui dénigrent certaines minorités, certains groupes ethniques ou certaines catégories sociales. Il est de la responsabilité des chercheurs de démasquer ce « racisme culturel » si l'on veut que l'école puisse jouer son rôle d'institution favorisant le changement et la cohésion sociale.

En quatrième lieu, il est indispensable de développer plus de recherche comparatives et internationales. Tous les pays sont confrontés à la problématique de la diversité linguistique et culturelle. Mais, chaque pays va la traiter en fonction de son histoire et l'agenda sociopolitique national. La recherche comparative nous permet de comparer les perspectives et d'identifier les bonnes pratiques transférables.

En définitive, les dernières années ont mis en exergue un monde plus incertain, inégal, divisé et plus conflictuel. En analysant différents contextes linguistiques, politiques et culturels, cet ouvrage contribue à la compréhension du monde contemporain et ouvre des pistes pour une contribution de l'éducation à un monde plus interculturel, pacifique et moins inégal.

**Abdeljalil Akkari**
Université de Genève, Faculté d'Éducation

# PREFÁCIO

## DESCOLONIZANDO ESCOLAS E LÍNGUAS: AINDA HÁ UM LONGO CAMINHO A PERCORRER

Os textos deste livro lançam luz sobre vários aspectos do uso de línguas nos sistemas educacionais. Em primeiro lugar, há a dimensão linguística. Na maioria das sociedades contemporâneas, os idiomas coexistem, alguns dominam outros e são hegemônicos, alguns estão se expandindo, e outros estão ameaçados de extinção. Esses contextos linguísticos complexos e em constante mudança influenciam a educação e o aprendizado. Podemos ver que a simples revitalização de idiomas minoritários nas escolas e a manutenção de sua marginalização na sociedade levarão rapidamente a um impasse.

Em seguida, encontramos a dimensão política discutida em vários textos do livro. A política não apenas molda o contexto linguístico, mas também determina a hierarquia e o uso dos idiomas nas escolas. Assim, as políticas educacionais produzem desigualdades quando permitem que alguns alunos aprendam em suas respectivas línguas maternas, enquanto outros enfrentam os desafios de um idioma de ensino diferente de sua língua materna. Embora os benefícios da educação bilíngue ou multilíngue sejam conhecidos há pelo menos 50 anos, é surpreendente que tão poucos alunos no mundo, pelo menos no setor público, se beneficiem dela. A única explicação lógica para esse fato é a persistência de um modelo de escola bilíngue.

Além disso, muitos dos textos do livro mostram as ligações estreitas entre questões linguísticas, culturais e interculturais. Apesar da popularização das abordagens interculturais da educação e de sua disseminação por organizações internacionais, os sistemas educacionais nacionais continuam marcados por uma tradição monolíngue e monocultural. Em outras palavras, na teoria, a escola declara-se aberta à valorização de todos os idiomas e culturas na escola, mas, na prática, a mesma escola organiza uma hierarquia entre idiomas e culturas e consegue limitar a miscigenação sociocultural. Daí a necessidade de repensar o projeto intercultural na escola.

A pesquisa pode nos ajudar a repensar a diversidade cultural e linguística nos sistemas educacionais contemporâneos. Em primeiro lugar, a pesquisa precisa abordar questões perturbadoras, como "privilégio branco", racismo e intolerância religiosa nas escolas. Em segundo lugar, por meio de abordagens qualitativas e abrangentes, a pesquisa deve investir mais tempo e energia para ouvir as partes interessadas da escola e traduzir e analisar suas representações da diversidade linguística e cultural. Estou pensando especialmente nos professores e nos pais, os principais atores quando se trata de valorizar ou não valorizar idiomas e culturas na escola. Podemos ver que, até agora, a pesquisa intercultural investiu mais na exploração de documentos oficiais e dos currículos. É hora de ouvir atentamente as pessoas envolvidas na vida cotidiana da escola.

Em terceiro lugar, acredito que seja essencial abordar a persistência da agenda colonial na educação formal. Quer reconheçamos, quer não, atitudes explícitas ou implícitas persistem nas escolas, invisibilizando certas minorias, grupos étnicos ou categorias sociais. É responsabilidade dos pesquisadores desmascarar esse " racismo cultural ", se as escolas pretendem desempenhar seu papel como instituições de mudança e de coesão social.

Em quarto lugar, é essencial desenvolver mais pesquisas comparativas e internacionais. Todos os países enfrentam a questão da diversidade linguística e cultural. Mas cada país lidará com isso de acordo com sua história e agenda sociopolítica nacional. A pesquisa comparativa permite-nos comparar perspectivas e identificar boas práticas transferíveis.

Por fim, os últimos anos evidenciaram um mundo mais incerto, desigual, dividido e cheio de conflitos. Ao analisar diferentes contextos linguísticos, políticos e culturais, este livro contribui para a nossa compreensão do mundo contemporâneo e abre caminhos pelos quais a educação pode contribuir para um mundo mais intercultural, pacífico e menos desigual.

**Abdeljalil Akkari**
Universidade de Genebra, Faculdade de Educação
*Tradução de Brigida Ticiane Ferreira da Silva*
*Universidade do Estado do Amapá*
*Colegiado de Pedagogia*

# APRESENTAÇÃO

A fim de (re)pensar a educação na contemporaneidade, é preciso primeiramente questionar os modos e os efeitos de fenômenos sociais já enraizados desde as últimas décadas do século passado, tais como a diluição de fronteiras decorrente da globalização e do advento da web 2.0. Se desde então se detectam, por um lado, a instantaneidade e a efervescência da transmissão de saberes e conhecimentos por meio de redes transnacionais, por outro, observa-se paradoxalmente — ou nem tanto, se ingênuos não formos — o aumento substancial do poder econômico, político e cultural dos países do Norte global em relação àquele exercido pelos países do Sul global. Supostamente marcadas pela horizontalidade, as interações dialógicas são, na realidade, via de regra verticais, unilaterais, durante as quais uma só das vozes é valorizada, e esta se constitui não raramente em língua franca, ou seja, em inglês.

É igualmente crescente a assimetria das relações dialógicas entre distintas comunidades no interior de um mesmo país, seja ele do Norte, seja do Sul global. Evoquemos, por primeiro exemplo, a situação dos países da Europa no tocante às diferentes línguas que naquele território circulam; não só as línguas dos diferentes Estados-nações, mas também aquelas protegidas pela Carta Europeia das Línguas Regionais ou Minoritárias (como o bretão, o franco-provençal, o catalão, o basco, ou o flamengo, para citar apenas algumas das 79 repertoriadas no referido tratado internacional, em vigor desde 1 de março de 1998), bem como as línguas dos imigrantes e refugiados de diferentes regiões do globo. Quais vozes são escutadas em alto volume e quais são, pelo contrário, silenciadas por decorrência da língua em que se constituem?

Destaquemos, por segundo exemplo, apenas um dos contextos que integram a imensa diversidade brasileira: a realidade político-linguístico-cultural do estado do Amapá. Seguramente, sua população deve se instaurar discursivamente em português do Brasil na esmagadora maioria de suas atividades públicas, muito embora para certas comunidades uma outra língua (a do povo originário) seja a das atividades na esfera familiar, privada. Para além desse frequente bilinguismo, o Amapá também é constituído por outras comunidades que, vivendo na fronteira com a Guiana Francesa, integram a língua francesa em seu repertório linguageiro. Nesse multifacetado contexto do Amapá, a respeito do português do Brasil, indaga-se, parafraseando Caetano Veloso: *"O que quer, o que pode esta língua ?"* Haveria vivências fulcralmente amapaenses que só podem ser discursivizadas em outra língua que não em português do Brasil? No Amapá, a língua do Estado brasileiro torna-se *Outra* graças às línguas dos povos originários; ou, pelo contrário, a língua do poder marginaliza-as, em certos casos até mesmo as apagando?

São contextos certamente complexos, multifacetados e delicados como os que acabamos de delinear que fundam, assim, os trabalhos reunidos nesta coletânea, desenvolvidos por pesquisadores brasileiros, franceses e suíços, especialistas em diferentes áreas do conhecimento. Os autores analisam questões linguísticas e culturais pulsantes na contemporaneidade, sempre em relação com as condições políticas dos espaços e territórios onde atuam. Ainda que afiliados a distintas correntes teóricas e metodológicas, todos nos levam a revisitar os conceitos de bilinguismo, multilinguismo e plurilinguismo, a analisar documentos oficiais europeus e brasileiros e sobretudo a questionar políticas linguísticas *top-down* que apagam as diversidades em prol de uma determinada universalização, tanto na educação básica quanto na superior. Em contraste, almeja-se conceber propostas dialógicas *bottom-up*, as quais convidariam a comunidade educacional a refletir sobre seus contextos locais, suas necessidades e, por conseguinte, elaborar programas de ensino-aprendizagem de línguas, sempre no plural, visando não só ao desenvolvimento de competências linguageiras transversais, mas também a uma prática discursiva plurilíngue engajada em redes de internacionalização do conhecimento.

Em síntese, os autores provocam todo e qualquer profissional engajado em um projeto de educação emancipatória a se perguntar: por quais meios, senão os sociopedagógicos, poderíamos impulsionar o empoderamento de comunidades socialmente marginalizadas, economicamente vulneráveis e muitas vezes silenciadas, estejam elas localizadas no Norte ou no Sul global?

**Paulo Roberto Massaro**
Faculdade de Filosofia, Letras e Ciências Humanas
Universidade de São Paulo

# SUMÁRIO

INTRODUÇÃO . . . . . . . . . . . . . . . . . . . . . . . . . . . . . . . . . . . . . . . . . . . . . 17

PLURILINGUALISM IN FRENCH SCHOOLS OF THE 21ST
CENTURY: THE VALORIZATION OF LINGUISTIC AND
CULTURAL DIVERSITY . . . . . . . . . . . . . . . . . . . . . . . . . . . . . . . . . . . . 27
Kaouthar Ben Abdallah & Dana Di Pardo Léon-Henri

REPENSER L'APPROPRIATION DU FRANÇAIS LANGUE
SECONDE DE SCOLARISATION : LE CONTEXTE
INSTITUTIONNEL ET REGIONAL DU CASNAV DE
L'ACADÉMIE DE BESANÇON . . . . . . . . . . . . . . . . . . . . . . . . . . . . . . . 53
Maryse Adam-Maillet

DE L'HABITUS MONOLINGUE DES INSTITUTIONS
SCOLAIRES EN CONTEXTE PLURILINGUE :
L'EXEMPLE DE LA FORMATION BILINGUE
DES ENSEIGNANT.ES À BERN . . . . . . . . . . . . . . . . . . . . . . . . . . . . . 79
Jésabel Robin

UNE INTERCULTURALITÉ TRANSCULTURELLE?
CONSIDÉRATIONS DIDACTIQUES ET ANALYSE
D'UN PHÉNOMÈNE « CULTUREL » EN CLASSE
DE FRANÇAIS LANGUE ÉTRANGÈRE . . . . . . . . . . . . . . . . . . . . . . 95
Marie Vautier

GÊNERO E DIVERSIDADE: UMA REFLEXÃO SOBRE
OS CURSOS DE FORMAÇÃO DE PROFESSORES
NO AMAPÁ-BRASIL . . . . . . . . . . . . . . . . . . . . . . . . . . . . . . . . . . . . . . . 115
Heryka Cruz Nogueira

RIOS, TERRA E BRINCADEIRAS: LUDICIDADE
E CULTURA INFANTIL NA AMAZÔNIA . . . . . . . . . . . . . . . . . . . . . 131
Angela do Céu Ubaiara Brito & Priscilla Pantoja do Nascimento

## POLÍTICAS EDUCACIONAIS PARA OS POVOS INDÍGENAS DA ETNIA KARIPUNA EGRESSOS DO CURSO DE LICENCIATURA INTERCULTURAL INDÍGENA: OIAPOQUE/AP ..................................................... 151

Iranir Andrade dos Santos, Armando Paulo Ferreira Loureiro &
Carlos Alberto Alves Soares Ferreira

## A POLÍTICA DE FORMAÇÃO CONTINUADA DE PROFESSORES DA EDUCAÇÃO BÁSICA NO PLANO NACIONAL DE EDUCAÇÃO: BALANÇO E PERSPECTIVAS RECENTES PARA UM DEBATE ............ 169

Valéria Silva de Moraes Novais, Elisangela Rodrigues da Silva &
Quelem Suelem Pinheiro da Silva

## VIOLÊNCIA E CULTURA DA PAZ EM AMBIENTE ESCOLAR: ESTUDO DE CASO EM ESCOLA PÚBLICA DE MACAPÁ ..... 187

Janaina Damasceno Picanço & Kátia Paulino dos Santos

## A POLÍTICA DE EDUCAÇÃO EM DIREITOS HUMANOS NO ESTADO DO AMAPÁ: UM ESTUDO SOBRE OS DOCUMENTOS ORIENTADORES (2016-2023) ..................................... 207

Rodrigo Barbosa Bastos, Helena Cristina Guimarães Queiroz Simões &
Jemina de Araújo Moraes Andrade

## AGENDA 2030: INTERFACES PARA A SUSTENTABILIDADE DA VIDA ............................. 227

Fabiana Maia Marques & Raimunda Kelly Silva Gomes

## SOBRE OS/AS AUTORES/AS ...................................... 243

# INTRODUÇÃO

A relação intrínseca entre educação e sociedade é notória, abrangendo manifestações em suas mais variadas dimensões — no âmbito humanístico, cultural, linguístico, ambiental e político-social —, que de alguma forma impactam diretamente o contexto educacional, seja ele em nível escolar, seja superior. Assim, a proposta desta obra multidisciplinar foi a de produzir reflexões sobre problemáticas referentes à contextos biplurilingues, onde a diversidade linguística e cultural influencia diretamente as relações sociais e educativas, mas também referentes à implementação de políticas públicas educativas direcionadas às comunidades socialmente vulneráveis, e, por fim, temáticas relacionadas às perspectivas culturais e a suas interconexões com o processo educativo. Todas as pesquisas apresentadas foram realizadas por pesquisadoras e pesquisadores de diversas instituições de ensino superior, brasileiras e estrangeiras, com o objetivo de compartilhar as experiências vivenciadas em seus respectivos países. A seguir serão apresentados, de maneira sucinta, os capítulos desenvolvidos.

O primeiro capítulo, das pesquisadoras Kaouthar Ben Abdallah e Dana Di Pardo Léon-Henri, professoras na Universidade de Franche-Comté (França), intitulado "Plurilinguismo nas escolas francesas do século 21: a valorização da diversidade linguística e cultural", começa abordando o reconhecimento da diversidade linguística e cultural nas escolas, onde os idiomas coexistem e os alunos evoluem, além de levar em conta o fato de que um em cada dois alunos usa outro idioma que não o francês na esfera privada, colocando uma série de questões, desafios e problemas políticos e educacionais para as escolas francesas no século XXI. Várias dimensões e níveis de análise dessa questão podem ser abordados em vista da complexidade que ela suscita. O Ensino Internacional de Línguas Estrangeiras (Eile) será o tema central do capítulo das autoras, o qual examinará os princípios fundamentais desses arranjos institucionais, que não são novos, mas que deram origem a discussões e críticas. Entre o reconhecimento do plurilinguismo no discurso oficial e sua implementação real e efetiva, essas estruturas parecem, no entanto, ser o local predominante e "autorizado" onde o ensino e a aprendizagem bilíngues são praticados dentro da instituição escolar. Em consonância com as diretrizes europeias, as escolas francesas vêm tentando há várias décadas gerenciar o multilinguismo que caracteriza cada vez mais a população escolar. Elas também analisarão o desenvolvimento histórico desses programas. Desde que foram introduzidos pela primeira vez, em 1923, os programas de ensino de idiomas e culturas de origem (Elco) foram criticados, descritos como disfuncionais e tiveram resultados negativos: que mudanças foram feitas com o novo programa Eile? Entre relatórios ministeriais e discursos institucionais e acadêmicos, esses programas específicos foram, em várias ocasiões, criticados. Como e por que seu desenvolvimento foi atribuído, por um lado, a políticas de integração linguística específicas da França e, por outro, a fatores sociais vinculados aos fluxos migratórios que a França vivenciou desde a década de 1970 e continua a vivenciar?

O segundo capítulo tem por título: "Repensar a apropriação do francês como segunda língua de escolarização: contexto institucional e regional do Casnav da academia de Besançon", escrito pela diretora do Centro Acadêmico para a Educação de Crianças Alófonas Recém-Chegadas e Crianças de Famílias Itinerantes e Viajantes (Casnav) de Besançon (França), Maryse Adam-Maillet. O texto em questão aborda o conceito de inclusão, que é de responsabilidade exclusiva da instituição, o qual substituiu o conceito de integração em um "salto qualitativo" (BACHELARD, 1938; CHERQUI; PEUTOT, 2015). A autora prossegue afirmando que a integração, na maioria das vezes sob a forma de assimilação (SAYAD, 1994), era, ao contrário, de responsabilidade exclusiva da criança, vulnerabilizada ao chegar à escola por seu desconhecimento do idioma, dos códigos sociais e escolares e, às vezes, particularmente no caso de Menores Desacompanhados (MAUs), pela privação da proteção dos pais e por longas e traumáticas jornadas de exílio. O conceito de educação inclusiva está no centro da harmonização gradual das estruturas legais nacionais e internacionais, incluindo um número substancial de textos adotados em nível europeu.

Ele também encontra apoio nas especificações elaboradas pelas pesquisas da Organização para a Cooperação e Desenvolvimento Econômico (OCDE): a educação inclusiva modela o sucesso de crianças com idiomas e culturas minoritárias e/ou sem capital de alfabetização familiar, que são, sem exceção, os grupos de alunos mais vulneráveis do ponto de vista linguístico e social. Dez anos após a revolução copernicana da inclusão, a autora explicará o trabalho de um Casnav. Desse modo, Maryse lança o seguinte questionamento: como apoiar a implementação e a apropriação do francês para uma população escolar vulnerável com necessidades educacionais particulares como segunda língua de escolarização? (CASTELLOTTI, 2017). Depois de delinear a estrutura desse experimento regional, ela examinará como as tensões, as polarizações, a dialética que ela manifesta tornam necessário estar ciente da complexidade das situações reais de apropriação do francês como segunda língua (FLSco) (VIGNER, 2015), em um contexto escolar de forma dinâmica e reflexiva. Por fim, apresentará uma série de ferramentas de formação destinadas a ajudar os não especialistas a compreender rapidamente a complexidade sistêmica do ensino e da aprendizagem do FLSco — e, em particular, a complexidade da ligação entre a microescala das biografias individuais, a mesoescala das escolas e a macroescala das políticas linguísticas regionais e nacionais (CAVALLI; ADAM-MAILLET, 2022) — propondo uma série de diagramas heurísticos.

Jésabel Robin, professora da Haute École Pédagogique de Berna (Suíça), em seu texto "O *habitus* monolíngue das instituições escolares em contexto plurilíngue: o exemplo da formação bilíngue dos professores de Berna", avança neste sentido: ao contrário do que o status multilíngue da Suíça pode sugerir, a educação bilíngue e o plurilinguismo individual nem sempre foram valorizados. Desde 2018, no entanto, duas universidades monolíngues independentes de formação de professores — a *Pädagogische Hochschule Bern* (PHBern), de língua alemã, na cidade de Berna; e a *Haute École Pédagogique* des Cantons de Berne, do Jura e de Neuchâtel (HEP/Bejune), na cidade de Delémont, de língua francesa — uniram forças para oferecer formação inicial de professores para escolas primárias bilíngues (alemão-francês). Por meio do módulo de acompanhamento *Begleitmodul*, um curso que busca superar o *habitus* monolíngue das instituições, em que os alunos são expostos a uma ampla variedade de conceitos e práticas de ensino. Por meio de contribuições externas, mobilidade pessoal, leitura, prática reflexiva e debate, eles são convidados a tornar seu pensamento mais complexo e a desconstruir uma visão eufórica e ingênua do bi/plurilinguismo. A pesquisadora argumenta que, apesar de seus grandes sucessos, esse curso não é totalmente imune à reprodução de normas monolíngues e, em uma inspeção mais minuciosa, parece ter grande dificuldade em se livrar estruturalmente dos rótulos que legitimam aquilo contra o qual ele se posiciona.

O texto seguinte, "Interculturalidade transcultural? Considerações didáticas e análise de um fenômeno 'cultural' na sala de aula de francês como língua estrangeira", da professora Marie Vautier, da Universidade de Franche-Comté (França), propõe-se a revisitar o conceito de cultura e sua aplicação teórica na didática de línguas e, mais particularmente, na didática do Francês como Língua Estrangeira/Segunda língua (FLE/S). Após a análise do conceito de cultura e sua apreensão linguística, as abordagens intercultural e transcultural serão questionadas em relação aos fenômenos transculturais presentes na sala de aula de FLE/S. De fato, a pesquisa de doutorado da autora, defendida em 2022, revelou o surgimento de normas comuns nas aulas de FLE em universidades francesas, levantando, assim, questões sobre a relação entre intercultural e transcultural. Este capítulo detalhará esse fenômeno e o colocará em perspectiva à luz de considerações recentes.

Heryka Cruz Nogueira, professora da Universidade do Estado do Amapá (Ueap), com o capítulo "Gênero e diversidade: uma reflexão sobre os cursos de formação de professores no Amapá-Brasil", analisa as discussões sobre cidadania que se fazem presentes nos cursos de formação inicial de professores no Brasil, tendo como princípio a formação do homem integral. A formação desse homem integral pressupõe a inclusão de todos os segmentos da sociedade, independentemente de condição social, raça, credo, idade, gênero ou orientação sexual. A pesquisa bibliográfica e documental teve como objetivo identificar os conceitos e preconceitos de gênero e diversidade e o currículo que são trabalhados nos cursos de formação de professores da Ueap, Brasil. O estudo identifica conceitos e a necessidade de ações afirmativas mais abrangentes que garantam igualdade de tratamento e de oportunidades. Para a autora, os resultados da pesquisa são relevantes, pois contribuem na ampliação e disseminação do respeito à diversidade, legitimando, assim, o combate ao preconceito e à discriminação de grupos que não se insiram dentro dos padrões culturais de identidade de gênero e/ou sexualidade.

Ângela do Céu Ubaiara Brito, professora da Universidade do Estado do Amapá (Ueap) e Priscilla Pantoja do Nascimento, professora da educação básica no município de Macapá, autoras do capítulo "Rios, terra e brincadeiras: ludicidade e cultura infantil na Amazônia brasileira", realizaram um estudo cuja tema central são as brincadeiras das crianças ribeirinhas na Amazônia brasileira, e buscam responder ao seguinte questionamento: como as crianças da comunidade da Arraiol apresentam sua ludicidade valendo-se da constituição da cultura infantil, por meio das brincadeiras? As pesquisadoras têm a intenção de compreender a contribuição do brincar da comunidade de Arraiol, identificando sentidos, significados, peculiaridades na representação da ludicidade. A metodologia utilizada nesse estudo fundamenta-se na abordagem qualitativa, com base etnográfica, para compreender os elementos de um brincar entre e rios e terra na constituição da ludicidade e da cultura infantil. As autoras consideram que o brincar está presente na região amazônica, nas questões lúdicas dessa cultura, o que nos possibilita entender que o sujeito social é construído de sua relação com o brincar na infância, espelhado nos costumes e práticas sociais de seu contexto.

Iranir Andrade dos Santos, professora da Universidade do Estado do Amapá Ueap), Armando Paulo Ferreira Loureiro e Carlos Alberto Alves Soares Ferreira, ambos professores da Universidade de Trás-os-Montes e Alto Douro (Portugal), na pesquisa intitulada "Políticas educacionais para os povos indígenas da etnia Karipuna egressos do curso de Licenciatura Intercultural Indígena: Oiapoque/AP", analisam as políticas educacionais e as contribuições do curso de Licenciatura Intercultural Indígena para a práxis pedagógica dos professores indígenas da etnia Karipuna do Amapá. Nesse estudo, adotou-se a abordagem quanti-qualitativa, a qual norteou todas as etapas da pesquisa dos autores, permitindo, via interpretação dos dados, descrever e analisar os fenômenos envolvidos no meio em que vivemos. Fundamenta-se em um estudo de caso, por buscar a compreensão dos saberes de uma realidade específica no contexto particular, bem como ressalta que as evidências entre as abordagens são complementares para a compreensão complexa dos fatos pesquisados. Os resultados indicaram que o egresso pode influenciar positivamente seus alunos e a comunidade a fim de que a realidade local seja construída conforme suas necessidades, dando visibilidade à própria ideologia do povo Karipuna. Com isso, o professor egresso é tão respeitado a ponto de o elegerem como cacique e vice-cacique.

O próximo texto — intitulado "A política de formação continuada de professores da educação básica no Plano Nacional de Educação: balanço e perspectivas recentes para um debate", das autoras Valéria Silva de Moraes Novais, professora da Universidade do Estado do Amapá (Ueap); Elisangela Rodrigues da Silva, pedagoga na Secretaria de Estado de Educação (Seed/Amapá) e Quelem Suelem Pinheiro da Silva, técnica administrativa no Instituto Federal do Amapá (Ifap/Santana) — discorre sobre a política de formação continuada de professores/as brasileiros/as, objetivando principalmente apresentar como tem se configurado a formação continuada dos professores no Brasil conforme seus principais marcos legais e como vem sendo cumprida a Meta 16 do Plano Nacional de Educação, a qual versa especificamente sobre o tema. Para tanto, essa pesquisa, de caráter documental, se fundamentou na abordagem qualitativa, sendo utilizados como fonte principal os documentos de monitoramento publicados pelo Instituto Nacional de Estudos e Pesquisas Educacionais Anísio Teixeira (Inep). As pesquisadoras consideram que, apesar de avanços no que tange à formação dos professores em nível lato e stricto sensu, bem como na participação deles em cursos com carga horária mínima de 80 horas, a evolução não foi suficiente para alcançar as metas estabelecidas.

No capítulo "Violência e cultura da paz em ambiente escolar: estudo de caso em escola pública de Macapá", as autoras Janaina

Damasceno Picanço, formadora local do Programa Criança Alfabetizada (PCA) e Kátia Paulino dos Santos, professora da Universidade do Estado do Amapá (Ueap), começam explicando que a violência na escola não é um fenômeno novo, que se apresenta de diversas formas no ambiente escolar; e, neste sentido, deve ser compreendida como um processo complexo que precisa de um olhar diferenciado e cuidadoso visando à construção de uma cultura de paz. As pesquisadoras pretendem com esse estudo analisar as formas de manifestação de violência na Escola Estadual Alexandre Vaz Tavares (AVT), da cidade de Macapá, na perspectiva da gestão escolar, dos professores e dos alunos. No que compete aos referenciais teórico-metodológicos, adotou-se a abordagem qualitativa, do tipo estudo de caso. Com as análises das entrevistas e das observações realizadas, as autoras perceberam que as manifestações de violência na escola se apresentam na forma de microviolências; por este motivo, os gestores da escola entendem que não existe necessidade de efetivar um projeto com foco na temática, o que é refutado na fala dos professores e dos alunos, que compreendem que se faz necessário pensar em projetos para trabalhar a temática. Esse tipo de percepção por parte dos gestores escolares faz com que as ações de combate à violência desses estabelecimentos sejam desarticuladas, dificultando o estabelecimento de uma cultura de paz nestes espaços.

Na investigação intitulada "A política de educação em Direitos Humanos no estado do Amapá: um estudo sobre os documentos orientadores (2016-2023)", os pesquisadores Rodrigo Barbosa Bastos, professor da Rede Pública de Educação Básica de Macapá; Helena Cristina Guimarães Queiroz Simões, professora da Universidade Federal do Amapá (Unifap) e Jemina de Araújo Moraes Andrade, professora do ensino básico, técnico e tecnológico no Instituto Federal de Educação, Ciência e Tecnologia do Amapá (Ifap, Macapá), discutem sobre a política de Educação em Direitos Humanos (EDH) no estado do Amapá. A pesquisa questiona: quais e sob que enfoque podem ser definidos os documentos orientadores da política de EDH na Amazônia amapaense? O estudo justifica-se pela obrigatoriedade de adequação das unidades federativas às Diretrizes Nacionais Curriculares para a Educação em Direitos Humanos, apoiada na Resolução 01/2012 do Conselho Nacional de Educação. Trata-se de uma pesquisa documental de abordagem qualitativa, sob o recorte temporal de 2016 a 2023. Os resultados apresentaram, além do Parecer 12/2023 do Conselho Estadual de Educação do Amapá, três documentos orientadores da EDH no Amapá: a Resolução Normativa 97/2016 do Conselho Estadual de Educação do Amapá; o Plano Estadual de Educação em Direitos Humanos (2022); e o Plano Municipal de Educação em Direitos Humanos do município de Macapá (2021). Os pesquisadores apontam, por meio dos resultados, o longo período ausente de regulação da política de EDH nesse território em relação aos documentos reguladores nacionais. Além disso, a Resolução 97/2016 revelou-se como uma elaboração pouco orgânica, em face da inexistência das especificidades regionais e locais. Em relação aos planos estadual e municipal, o enfoque foi o sistema educacional, direcionado especialmente à educação básica. Não houve eixo destinado ao ensino superior e outras dimensões previstas, por exemplo, no Plano Nacional de Educação em Direitos Humanos. Vale destacar que Parecer 12/2023 recomenda a imediata instalação do Comitê Estadual de Educação em Direitos Humanos e a criação de um Programa Estadual de Formação Continuada aos docentes da educação básica. Permanecem, por fim, os desafios de interlocução com outros órgãos estatais e segmentos sociais e a efetiva implementação, monitoramento, avaliação e atualização da política de EDH, no cenário estadual amapaense.

No capítulo "Agenda 2030: interfaces para a sustentabilidade da vida", as pesquisadoras Fabiana Maia Marques, professora da educação básica e Raimunda Kelly Silva Gomes, professora da Universidade do Estado do Amapá (Ueap), buscam compreender as concepções de sustentabilidade com base na Agenda 2030. A pesquisa é de cunho bibliográfico. Os resultados mostram a preocupação em garantir a proteção dos recursos naturais, e a sustentabilidade é compreendida como as inter-relações estabelecidas no tempo/vivência que fortalecem as práticas comunitárias na defesa do conhecimento tradicional. A educação é entendida como pilar para o empoderamento e protagonismo social. Evidenciou-se ainda que a educação ambiental está intrinsecamente relacionada

EDUCAÇÃO EM PERSPECTIVA: CONTEXTOS POLÍTICOS, LINGUÍSTICOS E CULTURAIS

ao processo de construção da Agenda 2030, numa perspectiva educacional popular freiriana, que tem como base o bem-viver para o desenvolvimento territorial com sustentabilidade.

Esperamos que os estudos que compõem esta coletânea incentivem as discussões e as pesquisas no campo da educação em seus mais variados enfoques, sejam eles relacionados às problemáticas no âmbito do biplurilinguismo e das políticas linguísticas em contexto escolar e formativo internacional, sejam eles no âmbito das políticas educativas implementadas no Brasil ou ainda relacionados à interconexão existente entre cultura e educação na Amazônia brasileira; e que assim possam instigar práticas inovadoras e reflexivas tanto em nível individual quanto institucional.

## Referências

BACHELLARD, G. **La Formation de l'esprit scientifique**. Paris: Vrin, 1938.

CAVALLI, M.; ADAM-MAILLET, M. Postface: Didactiques plurilingues et médiations culturelles: prendre en compte le patrimoine culturel des élèves pour construire une société inclusive et plurielle. Rennes: **Presses Universitaires de Rennes**, 2022.

CHERQUI, G.; PEUTOT, F. **Inclure**: français langue de scolarisation et élèves allophones. Paris: Hachette, 2015.

SAYAD, A. **Qu'est-ce que l'intégration?** Hommes et Migrations, Pour une éthique de l'Intégration, Colloque de l'Adate, 24 et 25 juin, Saint--Martin-d'Hères, France, 1994.

CASTELLOTTI, V. **Pour une didactique de l'appropriation**. Diversité, compréhension, relation. Paris: Didier, 2017.

VIGNER, G. **Le français langue seconde**. Paris: Hachette, 2015.

# PLURILINGUALISM IN FRENCH SCHOOLS OF THE 21ST CENTURY: THE VALORIZATION OF LINGUISTIC AND CULTURAL DIVERSITY

Kaouthar Ben Abdallah

Dana Di Pardo Léon-Henri

Today in France, one in two children practices a language other than French at home in the private sphere (BEN ABDAL-LAH, 2011; BERTUCCI, 2007; BILLIEZ, 2002). The recognition of this linguistic and cultural diversity at the primary and elementary levels, where many foreign languages coexist and children are encouraged to flourish, welcomes a variety of questions and didactic challenges within this teaching and learning environment. Furthermore, these issues provoke and incite political debates for the ensemble of the stakeholders involved in the French school system of the 21st century. Considering the migratory trends and patterns associated within and outside of the European context, this rather sensitive topic is also characterised by numerous levels of complexity that need to be assessed and addressed on an ongoing basis. This contribution will therefore focus on modern issues related to foreign language instruction in France, while also examining the fundamental principles and didactic challenges of the associated institutional arrangements.

In the French context, the political underpinnings linked to the various stakeholders (both private and public) involved in foreign language instruction are not new. However, considering modern demographic trends, they do now often invite criticism, whilst raising an urgent need for increased concern, close scrutiny and further development. From a didactic and pedagogical stand-point much has been officially stated and published on the need for plurilingual teaching methods. And yet, a veritable gap remains between what has been publicly expressed and the tangible results witnessed or experienced upon implementation of these adapted or adopted language policies. Although these structures appear to be the preponderant and " authorized " scholastic institutions in which bilingual or plurilingual teaching and learning are practiced, research in this area and more precisely the implicit and explicit effects of these language policies is somewhat limited. In line with the European directives, the French school system has been attempting, for several decades and as best it can, to improve the management of the multilingualism that increasingly characterizes today's French school populations. Tracing the historical evolution of this framework will provide further insights to better ascertain the modifications which took place in lieu of a variety of societal trends.

Since 1923, the Teaching of Languages and Cultures of Origin (henceforth, TLCO)[1] has rapidly progressed over the decades in France, as French society itself has evolved. One hundred years later and as recently as 2020, the TLCO system was officially modified and renamed International Foreign Language Instruction (henceforth, IFLI)[2]. Regardless of the designation of this teaching and learning environment, the didactic and pedagogical foundations, along with the underlying language policies have been highly criticized by researchers and educators, who have periodically described the system as dysfunctional and rather counterproductive. Consequently, one may ponder upon what kind of successful curricular overhauls, restructuring or changes (if any) have concretely been made with the implementation of this new IFLI system? How and why is their evolution attributed on the one hand, to linguistic integration policies specific to France, and on the other hand, to societal factors related to the migratory patterns and flows that France has continued to experience since 1970 ?

To trace the evolution of the institutional impact on language teaching and learning, a historical overview will be outlined, from the creation of the system to the present day. This reflection will

---

[1]   Our translation of : *Enseignement des langues et des cultures d'origine (ELCO)*.

[2]   Our translation of : *Enseignement internationaux de langues étrangères (EILE)*.

therefore explore French educational policies, in terms of linguistic integration and cultural diversity through the teaching and learning of foreign languages and cultures. The discussion will focus on the transformations and changes made in order to optimize these specific teaching and learning environments. Largely based on the analysis of the official discourse, this chapter also includes the qualitative results of a 2019 study that was based on student feedback. The study consists of semi-structured interviews acquired from students who participated in the language and culture of origin (ex-TLCO) courses in schools located in the department of the Doubs, in the northeast region of France. Although the context presented here is on the local level, the study does provide a glimpse of and serve as a reflection on the national situation regarding the appropriation of first languages in the French school system.

## Historical overview and evolving directives

Following the large waves of family immigration in the early 1970s and in accordance with European directives, the French school system has attempted to (re)consider the place of native or maternal languages and cultures of multilingual children from immigrant families. Since 1925, most modern language courses were provided by foreign language monitors for children from migrant families. With the goal of providing a framework for the " teaching of foreign languages and cultures of the country of origin " an Official Bulletin was created by the Ministry of Education or the *Ministère de l'Éducation Nationale* (henceforth, MEN) on July 7, 1939, providing that this language instruction should take place outside of school hours. It was the culmination and assimilation of the existing provisions from 1925, 1927 and 1929. The 1939 Official Bulletin further specified provisions outlining its functioning and organization. It then remained in place and untouched until the early 1970s. In addition to language teaching, the courses were also aimed at teaching the cultural aspects, historical development, and geographical qualities of the countries in question. In 1970, the French Ministry of National Education made its' first tangible gesture with regard to the recognition of linguistic and cultural plurality within the French school system.

The MEN created a program aimed at teaching and promoting languages and cultures other than French. Adopted in 1973, the original and official TLCO version was initially inspired by the needs of migrant children with Portuguese origins during that time. It is noteworthy to mention here that approximately 900,000 Portuguese workers, including their family members migrated to France in the early 1970s (MEN, 1973).

With the creation of the Official Bulletin of February 2, 1973, " the concern to respect the languages and cultures of origin ", emerged as an additional cultural paradigm to consider for the children of migrant families. From 1973 to 1980, the need to consider the cultural origins of these children appeared to become a serious affair (HELOIR, 1989, p. 121). Furthermore, it should be noted that as early as 1978 (MEN, 1978a), the development and expansion of research in the area of intercultural pedagogies and language teaching didactics and learning strategies or approaches was widely encouraged and promoted. The notion of interculturality was explicitly mentioned in the official texts to which these TLCOs belong (MEN, 1978b). In terms of national migration policies, 1976 marked a turning point with the development of the articles of law (MEN, 1976) that outlined family reunification procedures. This action was motivated by the concern that immigration (which until then had been provisional due to its economic nature) could eventually evolve into subsequent waves of immigration.

However, these laws were discredited a few years later, and the notion of family reunification was subsequently revived. From the 1980s onwards, many changes in migration policies and patterns took place in several European states. This was the direct result of several European states which rapidly realized that many migrant workers chose not to return to their countries of origin, but rather opted to establish their lives in the countries of settlement (NOIRIEL, 1988). Hence, the development of and need for family reunification became a growing and widespread trend across Europe at that time. Since the underlying focus and objectives of the TLCO system shifted over time, as did the needs of those in question, the concerned families and individuals were no longer implicitly or explicitly pressured or persuaded to return to their

EDUCAÇÃO EM PERSPECTIVA: CONTEXTOS POLÍTICOS, LINGUÍSTICOS E CULTURAIS

country of origin. As Cortier and Puren (2008, p. 63-80) maintain, " today, the purpose of this system is to encourage the [personal and professional] development of young people of foreign origin by promoting the language and culture of their family ".

## Controversial language policies

Over the last few decades, much has been written and said about the place of foreign languages and cultures in terms of migration trends, both in political and scientific spheres in France. As previously stated, French educational policy is indelibly linked to more vast European policies. In the Nordic contexts of language teaching and learning (such as Denmark, Finland, Iceland, Norway, and Sweden), multilingualism is generally valorised and considered a strength or positive contribution to mutual societal enrichment. In France, the contrary appears to be true. The mania for the " mastery " of the French language within (and outside) the French context has fostered a certain " francization " or societal pressure to adopt and adapt to French norms, French culture, and the French language to the point of systematic attempts to replace the adoption of foreign words with French equivalents. This mindset hinders on the verge of what has been clearly stipulated and outlined by the Council of Europe on the topics of multiculturalism and plurilingualism. For over fifty years, this " francization " process has invalidated the European terms of openness to plurilingualism and pluriculturalism, since it rejected the implementation of linguistic and cultural diversity in the school context. Since the French model has historically functioned on the assimilationist principle (NOIRIEL, 1988), the scholastic environment was traditionally considered a monolingual institution, where no language " other " than French was welcomed, nor authorized there. Nevertheless, it is important to emphasize that efforts have since been made. Yet, the teaching of the language and culture of origin was essentially and traditionally limited to elementary school children.

Conversely, a certain degree of progress was made when an Official Bulletin (dated September 28, 1977) extended this vision to middle school as well. The bulletin stipulated that

[...] courses in national languages and civilizations could be offered in middle schools, at the request of the authorities of the country in question and also in conjunction with the assistance of teachers made available to these schools by the authorities for the sole purpose of the foreign pupils of the language in question. (MEN, 1977).

It was also specified that these lessons were considered as " extracurricular ". They were to take place exclusively outside of regular school hours and thus outside the context of the official curricula. As part of a linguistic policy that was aimed at the integration of migrants, this educational measure was complex and delicate, since it invited debate on the role that institutions with monolingual ideologies could play and impose in developing and improving these TLCO environments. Additionally, these extracurricular, institutional, and political factors could likely have direct repercussions on the teaching and learning of first languages, as well as different native languages and cultural heritage. Further complicating this situation are the new needs and requirements associated with recent migrations trends and the heterogeneity of migrant types. This has had a significant impact on the wide diversity of pupils who are present in French classrooms, which has produced an urgent necessity to reconsider the language of schooling and the place of plurilingualism at school.

During the 1970s, a new teaching program involving native language courses was promoted and introduced in French public schools. This was fully funded by the eight founding countries of origin, within the framework of bilateral agreements with France. The countries were Portugal (1973), Tunisia and Italy (1974), Morocco and Spain (1975), Yugoslavia (1977, however, in 1991, Yugoslavia was divided into a federation of six nations composed of Bosnia and Herzegovina, Croatia, Macedonia, Montenegro, Serbia, and Slovenia), Turkey (1978), and finally Algeria (1982). This initiative marked the first concrete step towards plurilingualism within the French school system. The innovative courses were then taught by native teachers appointed and funded by their country of origin. As for the control of the system and its overall functioning, this was bilaterally assured by the French authorities, with the cooperation of the representatives originating from the concerned country. In principle, the teaching content was in line with that of the French schools. The duration of those courses could not exceed three hours per week and were administered outside of school hours, either in the evening or on Wednesday (LEGENDRE, 2003). Enrolment in these courses was naturally subject to parental authorization. This educational policy, as the following circular emphasizes, had a double objective: learning opportunities to ensure the transition towards the French language and the eventual return of the children to their country of origin:

> [...] it appeared desirable, both for the adaptation of these pupils in French classrooms and with a view to their eventual return to their country, to make it easier for them to maintain their native language and civilization of origin. (MEN, 1977).

Knowledge of the first language would logically make it possible to maintain social and cultural links with the environment of origin and facilitate an eventual return to the country of origin. This convergence of interest between the two countries – that is to say, the country of settlement and the country of origin - was reassuring and decisive in the sense that the countries of origin preferred to avoid that the presence and integration of the students in the French school system could potentially harm or diminish future contact with the country of origin. Additionally, at that time the objective at the European level was to maintain the postulate of the families' ultimate return to their country of origin. And yet, the fact that the children, alongside their families settled across Europe on a long-term basis, invalidated this aspiring notion of eventual return to the country of origin. Thus, based on the non-sustainable nature of immigration, and by encouraging a subsequent return to the country, the primary logic, and original foundations for the conception of this system and policy was evidently to maintain a minimum amount of " contact " with the family, as well as cultural and social environment of origin. The main motivation was manifestly underpinned by the hypothesis that it would be feasible to encourage the preservation of links and attachments with the country of origin. By simultaneously maintaining these links with the culture of origin, it is possible to preserve the possibility of a return to the country of origin. However, the immigration trends in question at this time were of a familial nature and often resulted in permanent settlement in France. For Bertucci (2007), the system was characterised by an integrative dimension.

## Underlying principles and the didactic challenges associated with TLCO

Originally, the fundamental principle of TLCOs was to maintain a cultural link with the country of origin within the logic of an eventual return. This was the original intention and the main political motivation to justify this linguistic directive. However, one of many psycholinguistic hypotheses (CUMMINS, 1981) had a recent direct impact on European language policy. This hypothesis upholds that a child will only be able to master the learning of their second language, if they have reached a sufficient level in their first language (REZZOUG; DE PLAEN; MORO, 2007, p. 63). Knowledge (and recognition) of the first language (L1) and source culture is thus considered an essential factor in the development of children from migrant families for their successful adaptation to a new environment. In addition, this knowledge represents an important foundation and opportunity for their academic, social, and cultural integration within the country of settlement (in this case France).

In relation to the objective of the linguistic integration of the involved children within this context: " it is not a question of a one-way street [... since...] it is not so much their bilingualism that is aimed at, [...but rather...] their transition to French " (VARRO, 1999, p. 51). Additional reasons can be advanced to justify the teaching of languages and cultures in French schools. Knowledge and preservation of the first language allows linguistic heritage protection and improved communication between generations within the family circle. At the same time, valorising this language of origin and the associated cultural heritage would reinforce sociolinguistic identity and allow for an improved appropriation of the second language :

> [...] learning the language and culture of origin in the school environment would promote schooling and strengthen the cultural identity of these young people, giving them and their parents the valorisation necessary for a better integration. (MOHAMED, 2003, p. 176).

In the same way, TLCOs enable children to " better situate themselves in relation to their origins, whether near or far, by acquiring a knowledge of the country of their origins " and " [... constructing] a more objective vision " (BERQUE, 1985, p. 11). As previously stated, this reinforces the interdependence and benefits of their first language (L1) learning in the development of their second language (L2), as stated by Cummins (1979). TLCO courses can thus offer children the opportunity to valorise linguistic and cultural heritage, as well as the prospect of an improved academic and social integration into the society in which they are settling. This is in line with the principle that " one can only integrate well, if one knows who one is and where one comes from " (BARRET, 2001, p. 29). Hence, these courses are indisputably meaningful and essential for the proper socialization and psycho-affective balance of the children concerned by this educational measure (BEN ABDALLAH, 2011).

It Is important to recall here that this measure corresponds to a Council of Europe directive (dated July 25, 1977), requiring each European member state to establish, implement, and promote programs that advocate the teaching of languages and cultures of origin. This dimension has been an integral component of European priorities and policies since the beginning of the program. In fact, the European involvement and cooperation within the field of education dates from February 9, 1976. In order to promote the integration of children within the school environment (of the host country) and to facilitate their eventual reintegration in the State of origin, this program invited the European Member States to :

> [...] organize the reception and education [of the foreign pupils, while...] including an accelerated learning of the language of the host country, in order to facilitate, if possible, within the framework of the

> school and in liaison with the country of origin, the
> teaching of their native languages (mother tongue)
> and culture. (MEN, 1977).

In addition, for some students enrolled in these TLCO programs, the notion of native language or mother tongue was no longer relevant. For instance, this was the case for standard Arabic-speaking students, for whom the language of schooling was perhaps not the language of choice within their family circle or private sphere.

## Shortcomings and a need for change

In terms of objectives, this ambitious program targeted the overall success associated with social and cultural integration in the host country, first or native language preservation, and the maintenance of strong cultural links with the country of origin. This also included the fundamental perspective of eventually encouraging and facilitating the return of language learners to their country of origin. Despite the laudable intentions and solid foundations of the TLCO framework, the findings do not portray wholly successful results. Intent on facilitating the process of adaptation to the French educational system, the texts (MEN, 1975) insist on justifying this teaching approach to address the needs and respond to the difficulties encountered by the children of "migrant workers of non-French culture". However, the difficulty lies rather in the French school system itself, as an institution with a monolingual ideology and more specifically its difficulty in adapting to the diversity of the multilingual children of differing origins. Criticism of the TLCO structure has been vast and intense because of the complexities associated with the insertion of foreign national education policies within the context of the Republican school system.

In general terms, the overall reflection on and the outcome of the TLCOs has been somewhat negative. The results of this institutional measure have not lived up to expectations in the field. This framework and the multilateral agreements have often been outwardly criticized by researchers such as Dasen and Meunier

EDUCAÇÃO EM PERSPECTIVA: CONTEXTOS POLÍTICOS, LINGUÍSTICOS E CULTURAIS

(2008), Cortier-Puren (2008), and Bertucci (2007). Furthermore, it has fallen short of the initial objectives on two regards: the children have neither successfully achieved the mastery of their first language, nor a complete academic and social integration within the host country. As some researchers have demonstrated, TLCOs have sometimes disserved the integration of the concerned children instead of promoting or facilitating it. A parliamentary report confirms that " as it is currently organized, this teaching [environment] contributes to the further marginalization of the pupils concerned and poses many practical problems " (MARCHAND, 1990, p. 171). This " marginalization " (CORTIER; PUREN, 2008) is tangible not only because this teaching environment literally widens the gap between and separates non-French speakers from French speakers, but it also further succeeds in separating them on a cultural basis and more precisely, according to their nationality of origin. Public policymakers have since begun to reflect on measures to seriously consider initiatives to better enhance and further develop the lessons within in this framework.

Several illustrations of this can be found in the following testimonies which were collected during a research study on this teaching-learning environment in 2019. The survey feedback illustrates the various challenges and issues encountered by the learners who attended this program:

> T4: I learned Arabic when I was ten // at school / here // uh::: it was Wednesday morning / i(l) there was only us // at school / uh // the school was closed //// uh ::: i(l) there was only us / the other classes were closed //// uh (there) was only our group //we were all Moroccans (laughs) // with the Arabic teacher / uh ::: it was weird/
>
> E: It was weird // why /
>
> Q4: uh because uh // we didn't know each other / uh / in the group uh // (there) were students who weren't in our school // but because there was also / my sister with me // uh / but she was seven years old // it was weird to be with my sister // in the same class (laughs).

As mentioned above in the testimonial from student T4, the " out of school time " which is translated in the witness' words

37

by: " on Wednesdays [...] school was closed ", demonstrates a sentiment of marginalization or isolation, which is part of an overall negative experience expressed by the learners themselves. They appear to perceive this learning experience not as a unique and positive opportunity, but rather as a separation from their peers, as if they were side-lined or penalized for being different from their French peers. This same observation was made by the majority of the witnesses encountered during this study.

Learners from the different communities expressed a feeling of being sequestered, which wholly contradicts the " French-style of integration " that is based more on the individual and not on the ethnic group itself. For this reason, the TLCOs appear to reinforce a sense of exclusion and "instead of 'francizing' the young immigrants, they [the classes] gather them with all of their [cultural] differences; to the detriment of the absolute priority that should be the learning of the French language" (BARREAU, 1992, p. 160). As the following testimony from student T2 reveals, the language instructor played a central role in determining what exactly was being communicated to the learners within this foreign language teaching framework:

> T2 : So yes // uh we studied uh / it depended / it depended on the teacher // uh it depended especially on / from / uh when we studied with the Tunisian teacher and well // uh // we learned everything that is Tunisian culture / uh / because uh all the students // were Tunisian / uh / we were all Tunisian // so necessarily // we learned Tunisian culture / uh / so uh everything that is / uh / traditional dish / uh / for example when we studied the letter "Dh" the teacher took as a word "Makroudh" after (xxx) for example also a little // uh // traditional dress // in weddings / there /.

While this information could be practical in the context of Tunisian heritage and traditions, in no way did it successfully facilitate the integration of the children into the French culture. On the contrary, it underscored the traditional differences between the different cultures. The usefulness and effectiveness of the TLCO system has thus been questioned through criticisms related to the nature of isolation, but also with regard to the overall quality of

EDUCAÇÃO EM PERSPECTIVA: CONTEXTOS POLÍTICOS, LINGUÍSTICOS E CULTURAIS

the teaching content, the actual training of teachers (if any), and their more or less satisfactory mastery of the French language as stated in the official documents from the *Haut Conseil à l'Intégration* (HCI, 1995), Legendre (2003), and Depp (2022).

## Evolving programs and improved methods

In terms of didactic approaches and pedagogical methods, many issues and problems related to the quality teaching materials and content, as well as basic teacher training and the proper integration of these teachers into the established teaching team often arose. Further complicating matters was the wide-ranging confusion associated with the meaning given to this extracurricular teaching environment. Among the learners encountered during the 2019 survey, some were not aware of and did not understand the immediate interest of the program. For this reason, many decided to put a stop to their participation in these courses. Later, as adults with considerable retrospection, they expressed regret in not having continued to learn to speak the native language of their parents. This was the case with T3, a Turkish-speaking learner and T5, an Arabic-speaking learner.

In terms of the curriculum, TLCOs were not considered on the same level as the mandatory curriculum since they were remarkably not integrated into the "regular" school system program. The TLCOs therefore existed without officially existing. An invisible effect had thus taken place, and this meant that the " side-lined pupils and courses " were not seriously valued within the educational system. Language and cultural modules were not considered on the same level as the other disciplines (such as math or French), and they did not appear, for example, in the learners' evaluation booklets, nor in the official scholastic programs. Moreover, these extracurricular lessons, being deferred and offered outside of regular school hours, raised a crucial temporal challenge within the learners' timetables. Many French children were encouraged and permitted to participate in various sports and extracurricular activities at their leisure on Wednesday, whereas the children in this program were sheltered away from these stimulating and unique social opportunities. Further enhancing this feeling of marginalization or punishment, their schooling process was extended and consequently their opportunity for leisure activities was somewhat diminished. This also further enhanced the risks of exclusion for children of non-French origins. Consequently, these lessons often took on negative connotations and were poorly experienced by the children involved in the programs. For these reasons, the courses offered within this framework were considered to be " a segregating procedure, especially when the other children are engaged in activities that are considered [potentially] rewarding or important for their future " (DABENE, 1989, p. 9).

During the 2019 study, the interview method did reveal some of the aforementioned complexities. These testimonies thus corroborate with the institutional findings, as well as the ministerial reports that officially emphasize the negative results. For instance, the following testimony from T5, an Arabic-speaking student, clearly demonstrates the familial challenges associated with the framework and language policies. " *T5: I::: I understand / some words / uh / in Arabic but my little brother speaks // only French* ". Some students, being dialect speakers, are unable to express themselves in standard Arabic and have difficulty deciphering texts corresponding to their level. One may wonder if the heterogeneity of language levels, which is evident here, was not taken into account. This next testimony illustrates the details and quality of a very traditional instructive approach to language teaching, an artificial language classroom environment, as well as perhaps a lack of practical pedagogical skills on behalf of the instructor. " *T7: the teacher read us a word // passages therefore / from a text / or a poem / and then we had to repeat it right after* ". The conventional teaching method here includes some oral learning; however, it appears to be limited to group (or individual) repetitions of a sentence spoken by the teacher.

The HCI highlights the pitfalls of rote learning and repetition and maintains the need to update methods and approaches to language teaching. The report refers to high levels of boredom experienced by the students who often abandon these language lessons " out of lassitude " (HCI, 1995, p. 83). The exploited norms are exclusively those of the written word as the following statement reveals:

> T8: *he often gave us / only handouts and: uh on the hand-outs (there) were words / uh in fact / there were uh there were words with holes /// that we had to fill in / we had to replace the hole / with the missing letter / we had one letter per session.*

This method renders the rare oral exchanges particularly artificial and executed, as indicated in the aforementioned testimonials. Consequently, the criticisms and negative assessments not only concern the content of the teaching and the methods used, but in addition the teacher training and their successful integration into the educational teams, as well as the overall organization and functioning of the TLCOs themselves.

## Language and Culture of Origin ?

In exploring the TLCO system and its evolution, many questions are raised with regard to the jargon and more specifically what is meant by " language and culture of origin ". The language and culture that are the subject of this chapter are, as mentioned in the official texts, the national " language and culture of the country of origin ". Thus, the Official Bulletin of 1975 was in fact intitled the " Teaching of National Languages ". However, this " national language " is not necessarily the language that was adopted or implemented on a daily basis by the parents. On the one hand, migrants are often of working-class origin, with little to very little schooling, and they therefore often do not speak the standardized language of their home country. One illustration of this trend can be found in the Maghreb system (found in Moroccan, Tunisian and Algerian communities), where standard Arabic is often taught. In these contexts, the teaching of Moroccan, Tunisian or Algerian dialects would appear to be more appropriate, since these are traditionally the first language of the children, their parents and their teachers. On the other hand, national languages are not necessarily systematically learned or adopted (or used) by migrant families who practice different regional varieties of language.

This is the case, for example, with Kabyle students in the Algerian context and Berber students for the Moroccan and Tunisian Arabic contexts, the latter being much less numerous in comparison. However,

> [...] the conditions of successful students who have taken [TLCO]s have varied according to the gaps and contradictions between their community and the state from which they originate, i.e., the language spoken in their family and the official language taught in their country. (DASEN; MEUNIER, 2008, p. 236).

This subsequently raises the question of the discrepancy between the first language taught at school and the reality that is, the language(s) that is actually spoken within the family circle and on a daily basis. In addition, it highlights the conceptual confusion that is omnipresent in the official discourse regarding the designation and key notions such as: " national ", " original ", and " mother " or " native " languages.

## Teacher training and plurilingualism

Within the context of the Maghreb TLCO system, there are obviously many difficulties associated with the didactics of teaching a language which can be considered both in terms of bilingualism and diglossia (standard or colloquial Arabic vs. other dialects). Researchers like Berque (1985) and institutional watchdogs such as the HCI (1992) point to the lack of pedagogical knowledge and training for TLCO teachers. In the case of Algeria, Morocco and Tunisia, training in teaching practices that promote diglossia (standard Arabic vs. dialectal Arabic) and the implementation of an articulation of the two varieties in the language teaching-learning process in the French school context is crucial for the optimization of the TLCOs in this context.

The improvement of these devices will necessarily involve and require significant and comprehensive didactic input and guidance or support during IFLI teacher training process. From an intercultural perspective, it is important to promote plural approaches to language awareness (CANDELIER, 2003; HAWKINS, 1992) in order to correlate the students' language(s) (i.e.: mother tongue or native language of origin and the language of the host country) and to successfully link them to and throughout the complete learning process and beyond. These training courses must be accompanied by research recommendations and the production of didactic tools that promote the maintenance and reinforcement of plurilingualism in these programs, since the founding principle is the teaching and learning of language and culture within today's context of highly mobile citizens and increasingly plurilingual and pluricultural schools.

It is increasingly evident that an overhaul of the TLCO program is long overdue and required. However, it is possible that these difficulties and criticisms reflect yet an additional rather complex ultimate challenge; that of the (re-)adaptation of the French Republican school system to its increasingly plurilingual and pluricultural school population.

> The analysis of the [TLCO]s and their transformation is indicative [and reflective] of the tensions that persist in the area of immigration policies. The status of languages is an indicator of the status of their speakers, and their evolution towards living language teaching or not provides information on the nature of the relations between France and the concerned countries. (BERTUCCI, 2007, p. 35).

In light of these findings, language education policy is gradually moving forward with a view to integrate the teaching of language and culture of origin into the institutional framework of the teaching of modern foreign languages in elementary schools. In order to break the apparent deadlock, access to TLCOs will be provided in a more transparent and open manner, while being accessible to the entire school community.

**Motivations behind the reforms**

As previously mentioned, the TLCO program has been renamed and replaced by the IFLI program. This decision was officially made in 2016 (MEN, 2016) and then implemented four years later in 2020. By announcing the abolition of the TLCO program at the start of the 2020 school year, the educational policy makers behind this decision chose to regain control over " the mastery of French and the respect for the Republic laws ". This measure put an abrupt end to the appointment and remuneration of underqualified teachers by foreign states. Beyond the political aim to encourage the teaching and learning of first languages, which is the institution's priority, the new educational orientation favouring bilingual teaching and learning was then initiated. This in turn was a major step and facilitator towards plurilingual education that ensued (CANDELIER 2003) within the French school context. This was based on the principle that

> [...] linguistic appropriation and acculturation are achieved in the contact maintained between linguistic knowledge and previous cultural skills on the one hand, and, on the other hand, the specificities of the French language, communicative codes, and socio-cultural practices. (VIALA; BERTRAND; VIGNER, 2000, p. 15).

With regard to the primary cycle, language and culture lessons are more in line with the Common European Framework of Reference for Languages (CEFRL). The IFLI structure is an institutional mechanism which concerns an ensemble of national and international stakeholders who are involved in ensuring the efficient implementation of this educational policy and its functioning. The stakeholders include and are not limited to the Ministry of National Education, Youth and Sports; the Rectorates; the Academic Inspectors; the National Education Inspectors of each of the individual districts; school principals or heads of establishments; foreign consulates; teachers; parents, and finally the students themselves. The aim of the historical approach is to present and discuss the changes brought about by educational policies, and to reflect on their didactic value.

It is also important to note that between the 1970s and the 1990s, the heated debates and discussions led to significant change and progress with regard to this controversial issue. One of the solutions envisaged was to broaden the scope of the TLCOs to include any and all interested learners. This was the position of Abdallah-Pretceille (1992) and Berque (1997) who suggested that

EDUCAÇÃO EM PERSPECTIVA: CONTEXTOS POLÍTICOS, LINGUÍSTICOS E CULTURAIS

they be called, according to the principle of reciprocity, " languages and cultures of contribution " (BERQUE, 1997, p. 52), in order to make learners feel that, on the one hand, they could bring a contribution to their host society and that, on the other, they would also eventually have a positive impact on the evolution of their host country. The idea of broadening the scope of this framework would consist in making the whole school system benefit from the teaching of the languages of immigration. In considering the development of the teaching and learning of these languages within the normal curriculum, it would then be possible to avoid the negative impression and effects associated with the " ghettoization or marginalization " phenomenon (VARRO, 1999).

As a result, the study of the ensemble of foreign languages would be done on the same level, reinstating equality between all languages. As early as 1994, the Economic and Social Council proposed a reform of the TLCOs, since it believed that " the practical methods of organization of the TLCOs and the pedagogy adopted have proven, in many cases, to be incompatible with the strategy of integration in and through the school " (CONSEIL ECONOMIQUE ET SOCIAL, 1994, p. 52). The Council therefore proposed the restructuration of this system by making it mandatory at the beginning of early foreign language teaching. The HCI (2000) later agreed, proposing that language courses should be open to all children. Since then, the ensuing results have incited profound change within the organization of the courses themselves, as well as their names and content.

In 2001, ministerial directives invited the rectors and the ensemble of inspectors of each of the thirty regional academies to reflect on the possibility of opening a few sites where the TLCO would be reformed and transformed to reflect modern needs and language teaching contexts within the framework of integrated curricula (MEN, 2001). The transformation began in Italy and Portugal, which had expressed a desire to transform TLCO courses into modern language teaching contexts within the elementary school system (COUR DES COMPTES, 2004, 2023), with the possibility of continuing in secondary schools. The integration of these environments, as part of the compulsory teaching of modern languages in elementary school, marked a new direction for change in educational policy. The policy allowed for the integration of these classes into the class timetable, resulting in an evolution towards a common and equal officialised status along with all of the other subjects. The assimilation implied that these lessons were legitimately viewed and officially proposed as part of a certified program to all children regardless of their origins, within the national curriculum. The very existence of the IFLI system appeared to be slightly politically motivated, if one considers the place given to this debate and the accelerated conception of its implementation and rapid application. As Dabène (1989, p. 5) points out, this transformation was " directly determined by the dominant political options, associated with immigration trends " of that particular period. Nevertheless, with its extension to the entire school population, the teaching of language and culture was then transformed into a modern language course and no longer exclusively reserved to the children of migrant or newly arrived families.

In 1989, the Ministry of National Education began work on a program to officialise a system involving the " controlled experimentation of the teaching of a modern language at the elementary school level ". Aimed at elementary to middle school level children, the underlying principles were to encourage foreign language teaching and learning while respecting the objectives of this Early Modern Language Training (EMLT)[3] program. The aim in general was essentially to promote foreign language learning in assisting them linguistically, psychologically, and culturally. However, this program was not in any way explicitly intended to educate and yield perfectly bilingual children. The teaching strategies were cautiously outlined as " an initiation to the service of a later learning " with the accent being put on social and oral communication skills in a pluringual and pluricultural society (STACI, 2003, p. 56). It is also essential to emphasize here that these lessons did indeed have undeniable beneficial effects on overall academic performance. The totality of the students involved in the 2019 survey study attested to having succeeded in

---

[3]  Our translation of : « Enseignement Précoce d'une Langue Vivante (EPLV) ».

EDUCAÇÃO EM PERSPECTIVA: CONTEXTOS POLÍTICOS, LINGUÍSTICOS E CULTURAIS

their academic studies. Many of them completed their university studies and obtained rewarding job opportunities in light of their multilingual language skills (French, English, Arabic).

The aforementioned transformation of an isolated and closed teaching system to one that offers a much more inclusive and open-minded structure evidently supports, embraces, and valorises linguistic and cultural teaching and learning. Offering foreign language learning to the entire school community sends the message that all children share the same equal access to academia and higher scholastic opportunities. As Legendre (2003, p. 59) states in his report, this approach will " enhance the diverse skills of the population and [...] assist in encouraging the development of [...] the early bilingualism of a part of our youth, as a collective wealth and asset ". Integrated courses of this nature would thus avoid the negative representations and its marginalization; two major historical criticisms on which the majority have traditionally agreed. Today, IFLI curricula in France are based on more solid foundations and clearly appear to be in line with European foreign language learning programs, since they strive to valorise and promote bilingual and even plurilingual teaching environments, cultural heritage, and interculturality, all of which successfully associate both the source and target cultures.

## Concluding remarks and future research directions

The teaching and learning conditions within IFLI contexts correspond to unique pedagogical environments that are characterized by linguistic and cultural diversity. This type of environment is suitable for and a favourable step towards the valorisation of plurilingualism and cultural heritage in a more universal manner. While being fully in line with a coherent and diversified linguistic policy implemented by not only the regional academies, but also the European Union, an evolution in the foreign language teaching policy has the potential to yield many future benefits. This updated policy appears to recognize, value, and encourage foreign language learning and teaching. When considering the increasing level of plurilingualism in today's school population, it is important to recognize, value, and encourage an intercultural learning environment. Every precaution must be taken to ensure that this program remains well within the European vision, as well as the framework of the French policy of linguistic integration and at the same time avoids a " disconnection " or separation from the rest of the curriculum in the school program. A rich source of societal prosperity, the personal and professional accomplishments of plurilingual students are the best indicators and determining factors of successful integrational experiences. However, empirical research studies must continue in this particular area since few studies exist. The educational system must strive to maintain a status quo and avoid further stigmatizing the concerned students. When all is said and done, the avowed objective of these measures is to make the disparities between the student populations disappear.

Moreover, there is much confusion in the terminology used to designate and describe the concerned plurilingual students. The desire to unite them under one convenient label totally obscures their individual needs. From " children of immigrant origin ", to " migrant children ", or "children born in France to migrant families" and "new arrivals", the complexity of the confusion is palpable. The children within each of these groups face unique educational problems and the solutions to their individual problem are also unique. Each group must potentially face unique and complex linguistic, educational, and perhaps social or cultural challenges and difficulties. Vast categorizations leads to a further fragmentation and additional partitions within the school population, further paving the way to debate and discussions on diplomatic or governmental agenda and political will. This clearly illustrates the widening gap that can exist between the very real and specific needs of these children and the solutions or offers made to them by the educational system.

Furthermore, there are many legitimate avenues to be explored in terms of scientific research. IFLI programs remain relatively inaccessible and there is clearly a lack of quantitative and qualitative data. Opening up these IFLI environments to welcome and encourage research initiatives will generate valuable observational data. In this manner, researchers may better analyse, understand, and ultimately propose more clear and targeted didactic strategies to encourage improvement for all stakeholders. Qualitative and quantitative data research through classroom observations, as well as empirical studies on classroom interactions and teaching practices in plurilingual school contexts will go a very long way in efforts to maintain and provide nurturing, constructive plurilingual teaching and pluricultural learning environments.

## Bibliography

ABDALLAH-PRETCEILLE, M. **Quelle école pour quelle intégration?** Paris : Hachette, 1992.

BARREAU, J.-C. **De l'immigration en général et de la nation française en particulier.** Paris : Le pré Aux Clercs, 1992.

BARRET, P. Le codéveloppement: un nouveau regard sur l'immigration. **VEI Enjeux**, n° 125, Accueillir les migrants. Paris : CNDP, p. 22-33, 2021. Available at : www.persee.fr/doc/diver_1299-085x_2001_num_125_1_1215 125. Accessed on October 12, 2023.

BEN ABDALLAH, K. Étude de l'intégration linguistique des nouveaux arrivants en France. Sarrebruck : les Éditions Universitaires Euro-péennes, 2011.

BERQUE, J. (dir.). Quelle place pour les langues et cultures d'origines des enfants issus de l'immigration ? Actes de la Rencontre Régionale du 04 juin 1997 à l'Ecole Nationale de l'Administration de Strasbourg. **Cahiers de l'Observatoire**, Alsace, p. 171-194, 1997.

BERQUE, J. **L'immigration à l'école de la République.** Rapport au ministre de l'Éducation nationale. Paris : La Documentation française ; CNDP, 1985.

BERTUCCI, M.-M. L'enseignement des langues et cultures d'origine : incertitudes de statut et ambiguïté des missions. **Le Français aujourd'hui**, 158, p. 28-38, 2007.

BILLIEZ, J. De L'assignation à la langue d'origine à l'éveil aux langues : vingt ans d'un parcours sociodidactique. **VEI Enjeux**, 130, p. 87-101, 2002.

BILLIEZ, J. Le double apprentissage français-arabe au cours prépara-toire. **Revue de linguistique et de didactique des langues**, Lidil, 2, p. 17-50, 1989.

CANDELIER, M. **L'Éveil aux langues à l'école primaire** : Evlang : bilan d'une innovation européenne. Bruxelles : De Boeck, 2003.

CONSEIL ÉCONOMIQUE ET SOCIAL. La scolarisation des enfants immigrés. **Journal Officiel**, p. 17-19, juil. 1994.

CORTIER, C.; PUREN L. Français et langues régionales et/ou minoritaires: une mise en convergence difficultueuse. **Repères**, 38, p. 63-80, 2008.

COUNCIL OF EUROPE DIRECTVE. **On the education of the children of migrant workers.** Brussels, Counsel of Europe, July 25, 1977. Available at : https://eur-lex.europa.eu/eli/dir/1977/486/oj. Accessed on October 18, 2023.

COUR DE COMPTES. **L'Accueil des immigrants et l'intégration des populations issues de l'immigration.** Rapport au président de la République. Paris : Les éditions des Journaux Officiels, 2023.

COUR DES COMPTES. **L'Accueil des immigrants et l'intégration des populations issues de l'immigration.** Rapport au président de la République. Paris : Les éditions des Journaux Officiels, 2004.

CUMMINS, J. Age on arrival and immigrant second language learning in Cana. **Applied Linguistics**, 2, p. 132-149, 1981.

CUMMINS, J. Linguistic interdependence and the educational development of bilingual children. **Review of the Educational Research**, 49, p. 80-95, 1979.

DABENE, L. Les langues d'origines : quel défi? **Revue de linguistique et de didactique des langues**, Lidil, France, 2, p. 2-16, 1989.

DASEN, P.; Meunier O. **De la démocratisation de la société à celle des formes de connaissances.** Paris : L'Harmattan, 2008.

FRANCE. Ministère de l'Education Nationale. **Décret nº 76-383 du 29 avril 1976 relatif aux conditions d'entrée et de séjour en France des membres des familles des étrangers autorisés à résider en France.** Paris : 1976.

FRANCE. Ministère de l'Education Nationale. **Enseignement de leur langue nationale aux élèves turcs scolarisés dans l'enseignement élémentaire.** Circulaire nº 78-323 du 22 septembre 1978.

FRANCE. Ministère de l'Education Nationale. **Enseignement du portugais à l'intention des élèves portugais scolarisés dans l'enseignement élémentaire.** Circulaire nº 73-10008 du 2 février 1973.

FRANCE. Ministère de l'Education Nationale. **Enseignements de langues nationales à l'intention d'élèves immigrés, dans le cadre du tiers temps des écoles élémentaires.** Circulaire nº 75-148 du 9 avril 1975.

FRANCE. Ministère de l'Education Nationale. **L'enseignement des langues et civilisation du pays d'origine.** Circulaire du 12 juillet 1939 RLR 530-1.

FRANCE. Ministère de l'Education Nationale. **La mise en place de cours de langues et civilisations nationales en dehors du temps scolaire dans les collèges à l'intention des** élèves étrangers scolarisés dans ces établissements. Circulaire nº 77-345 du 28 septembre 1977.

FRANCE. Ministère de l'Education Nationale. **Les élèves nouveaux arrivants non francophones et leur scolarisation dans les différents dispositifs d'accueil.** Note d'information 01-57, Circulaire 896 du 14 juin 2001.

FRANCE. Ministère de l'Education Nationale. **Note de service relative à l'enseignement des langues et cultures d'origine (ELCO), à leur mise en œuvre pour l'année scolaire 2016-2017 et au nouveau dispositif d'enseignements internationaux de langues étrangères (EILE).** Available at : https://ecoleetsociete.seunsa.org/IMG/pdf/note_service_ministerielle_elco_eile.pdf. Accessed 10 Ocobrer, 2023.

FRANCE. Ministère de l'Education Nationale. **Scolarisation des enfants immigrés.** Circulaire n° 78-238 du 25 juillet 1978.

HAUT CONSEIL À L'INTEGRATION (HCI). **Conditions juridiques et culturelles de l'intégration.** Paris : La documentation française, 1992.

HAUT CONSEIL À L'INTEGRATION (HCI). **Liens culturels et intégration** : rapport au premier ministre. Paris : La documentation française, 1995. Available at : www.ladocumentation-française.fr/rapports-publics. Accessed on October 12, 2023.

HAWKINS, E. La réflexion sur le langage comme « matière-pont » dans le programme scolaire. **Repères**, 6, p. 41-56, 1992.

HELOIR, C. Les cultures à l'école. **Migrants Formations**, 77, p. 110-139, 1989.

LEGENDRE, J. **L'enseignement des langues étrangères en France.** Rapport au Ministre de l'Éducation Nationale, 2003. Available at : https://www.senat.fr/rap/r03-063/r03-0631.html#toc14. Accessed on October 12, 2023.

MOHAMED, A. **Langues et identité** : les jeunes maghrébins de l'immigration. Paris : Sides, 2003.

NOIRIEL, G. **Le creuset français** : histoire de l'immigration (XIXème--XXème). Paris : Éditions du Seuil, 2006. 1ère éd. 1988.

REZZOUG, D.; DE PLAEN, S.; MORO, M. R. Bensekhar-Bennabi M. Bilinguisme chez les enfants de migrants, mythes et réalités. **Le Français aujourd'hui**, 158, p. 58-65, 2007.

ROSENWALD, F. (dir.). **Repères et références statistiques.** Enseignement, formation, recherche. MEN-DEPP, 2022. Available at : https://www.education.gouv.fr/reperes-et-references-statistiques-2022-326939. Accessed on October 13, 2023.

STACI, B. (dir.). **Rapport au président de la République de la Commission de réflexion sur l'application du principe de laïcité dans la République**. 2003. Available at : https://medias.vie-publique.fr/data_storage_s3/rapport/pdf/034000725.pdf. Accessed on October 15, 2023.

VARRO, G. Les discours officiels sur les enfants étrangers. **Mots**, 61, p. 49-66, 1999.

VIALA, A.; BERTRAND D.; VIGNER G. (dir.). **Le français langue seconde**. Paris : CNDP, 2000.

# REPENSER L'APPROPRIATION DU FRANÇAIS LANGUE SECONDE DE SCOLARISATION : LE CONTEXTE INSTITUTIONNEL ET REGIONAL DU CASNAV DE L'ACADÉMIE DE BESANÇON

Maryse Adam-Maillet

*« Ce qui nous fait le plus défaut est, non la connaissance de ce que nous ignorons, mais l'aptitude à penser ce que nous savons ».*
*(MORIN, 1981, p. 16)*

En 2012, trois des textes institutionnels[4] publiés dans le système éducatif français se trouvent en phase avec les acquis de la recherche en socio-didactique des langues et des cultures (AUGER, 2010 ; CUMMINS, 2011). Conformément aux traités internationaux sur l'éducation comme droit humain fondamental[5], le Ministère de l'éducation nationale (MEN) inscrit pour la première fois dans sa réglementation l'*inclusion* en tant que principe de la scolarisation

---

[4] Missions des Casnav, https://www.education.gouv.fr/bo/12/Hebdo37/MENE1234234C.htm scolarisation et scolarité des élèves allophones arrivants et enfants issus de familles itinérantes et de voyageurs. Disponible sur : https://www.education.gouv.fr/bo/12/Hebdo37/MENE1234231C. htm. https://www.education.gouv.fr/bo/12/Hebdo37/MENE1234232C.htm. Consulté le 12.11.2023

[5] Par exemple, *Convention internationale des droits de l'enfants*, de l'ONU 1989, https://www.unicef. fr/sites/default/files/convention-des-droits-de-lenfant.pdf.
Principes directeurs pour l'inclusion en éducation de l'unesco, 2009. https://www.google.com/ search?q=education+inclusion+unesco&rlz=1C1CHNY_frFR893FR893&oq=education+inclu-sion+unesco&aqs=chrome..69i57j0i22i30.6157j0j15&sourceid=chrome&ie=UTF-8.
**Définition** : « Tous les enfants, peu importe leur citoyenneté, devraient avoir droit à une éducation publique dans la ville où ils résident. Les écoles qui travaillent à l'inclusion mettent en place des moyens pour aider les migrants qui ont des difficultés de langue mais aussi encourager le plus tôt possible, l'intégration dans la langue dominante d'instruction ». Disponible sur : http://www.unesco. org/new/fr/social-and-human-sciences/themes/urban-development/migrants-inclusion-in-cities/ good-practices/educational-inclusion/ consulté le 14.08.2020.

des Élèves allophones arrivant (EAA) en situation de mobilité ou de migration et des Enfants issus de familles itinérantes et de voyageurs (Efiv), un an avant d'en faire une composante générale de la *Loi de refondation de l'école de la République*[6] en 2013. À partir de 2012, la plupart des EAA devraient être accueillis dans des « Unités pédagogiques pour élèves allophones arrivant » (UPE2A) implantées dans les écoles, collèges, lycées. La notion d'*inclusion*, qui relève de la seule responsabilité de l'institution, s'est substituée, en un saut qualitatif (BACHELARD, 1938), au concept d'*intégration* (CHERQUI ; PEUTOT, 2015). L'intégration, le plus souvent sous la forme de l'assimilation (SAYAD, 1994, p. 8-14) était, au contraire, à la charge exclusive de l'enfant rendu vulnérable à son arrivée dans l'école par son manque de connaissance de la langue, des codes sociaux et scolaires, et parfois, notamment dans le cas des Mineurs non accompagnés (MNA), par la privation de protection parentale et des parcours d'exil longs et traumatiques. La notion d'*inclusion scolaire* focalise la mise en cohérence progressive des cadres juridiques nationaux et internationaux, y compris un volet substantiel de textes votés au niveau européens[7]. Elle trouve également un appui dans les cahiers des charges provenant des enquêtes de l'Ocde : l'éducation inclusive modélise la réussite des enfants porteurs de langues et cultures minoritaires et/ou dépourvus de capital familial de littératie, qui constituent, sans exception, les groupes d'apprenants les plus fragiles linguistiquement et socialement[8].

---

[6]  Article 2 I. - L'article L. 111-1 du code de l'éducation est ainsi modifié : [...] b) Sont ajoutées cinq phrases ainsi rédigées : « Il reconnaît que tous les enfants partagent la capacité d'apprendre et de progresser. Il veille à l'inclusion scolaire de tous les enfants, sans aucune distinction. Il veille également à la mixité sociale des publics scolarisés au sein des établissements d'enseignement. Pour garantir la réussite de tous, l'école se construit avec la participation des parents, quelle que soit leur origine sociale. Elle s'enrichit et se conforte par le dialogue et la coopération entre tous les acteurs de la communauté éducative ».

[7]  Notamment pour le *Conseil de l'Europe* et son *Comité des ministres* les recommandations en matière d'éducation démocratique inclusive et de de langue de scolarisation.
https://search.coe.int/cm/Pages/result_details.aspx?ObjectId=09000016805c94f1.
https://search.coe.int/cm/Pages/result_details.aspx?ObjectId=09000016805c610b.
https://search.coe.int/cm/Pages/result_details.aspx?ObjectId=0900001680a563c9.

[8]  Par exemple *La diversité fait la force. Systèmes éducatifs : les défis de l'équité, de la diversité et de l'inclusion,* 2019 https://www.oecd.org/education/strength-through-diversity/Sixth-Policy-Forum-Proceedings-FRENCH.pdf ou Prendre en compte l'intersectionnalité issue de la diversité pour promouvoir l'inclusion et l'équité au sein des systèmes éducatifs.
https://www.oecd.org/education/strength-through-diversity/139765_Seventh%20Policy%20Forum%20Forum%20Proceedings_FR.pdf.

Dix ans après la révolution copernicienne de l'inclusion, nous expliquerons l'action d'un Centre académique pour la scolarisation des enfants allophones nouvellement arrivés et des enfants de familles itinérantes et de voyageurs (Casnav). Comment soutenir la mise en œuvre, pour un public scolaire vulnérable à besoins éducatifs particuliers, de l'appropriation du français (CASTEL-LOTTI, 2017) en tant que langue seconde de scolarisation ? Après avoir décrit à grands traits le cadre de cette expérience régionale, nous examinerons comment les tensions, les polarisations, les dialectiques qu'elle manifeste, obligent à conscientiser la complexité des situations réelles d'appropriation du français langue seconde (VIGNER, 2015) en contexte scolaire de façon dynamique et réflexive. Pour finir, nous présenterons quelques outils de formation destinés à faire percevoir rapidement à des non experts la complexité systémique de l'enseignement-apprentissage du français langue de scolarisation (FLSco) - et notamment la complexité de l'articulation entre l'échelle micro des biographies individuelles, l'échelle méso des établissements scolaires, l'échelle macro des politiques linguistiques régionales et nationales (CAVALLI ; ADAM-MAILLET, 2022), en proposant quelques schématisations heuristiques.

## Le recours à la pensée complexe : une nécessité pour comprendre l'inclusion scolaire mise en place par les UPE2A

### Les CASNAV dans le système éducatif français : des structures complexes et fragiles

Le système éducatif français se caractérise par une double gouvernance, centralisée et régionale ; l'établissement local y dispose globalement de beaucoup moins d'autonomie et de ressources que dans les systèmes éducatifs européens comparables. Le niveau ministériel gouvernemental édicte un abondant corpus de lois et réglementations, décliné ensuite, en fonction de contextes hétérogènes, dans des « académies », soient des régions scolaires dirigées par des recteurs, hauts fonctionnaires responsables de l'impulsion politique comme de la gestion technique. Les 30 académies, en même temps qu'elles se regroupent en 18 « régions académiques

», se composent de plusieurs « départements » selon un découpage hétérogène hérité de la Révolution française, lesquels départements ont à leur tête des inspecteurs d'académie-directeurs académiques des services départementaux de l'éducation nationale, délégués des recteurs. Dans ce cadre à échelles variables et empiétements multiples, des Casnav ont été créés dans chacune des académies par la circulaire ministérielle déjà mentionnée, prise en 2012 par un gouvernement socialiste.

Le double public confié aux Casnav se compose d'élèves dits « à besoins éducatifs particuliers », exposés par la catégorisation à la minorisation et à la discrimination (ARMAGNAGUE-ROUCHER *et al.*, 2018). Il s'agit d'enfants en situation de mobilité ou de migration ou issus des communautés de voyageurs français, qui ont en commun de devoir apprendre sans délai le FLSCO par le filtre d'une culture éducative le plus souvent éloignée des pratiques familiales qui les ont formés. La Constitution universaliste de la République française ne permet pas la reconnaissance de minorités, car aucune fraction du corps social ne saurait s'approprier la souveraineté qui appartient de façon indivisible[9], à l'ensemble des citoyens selon le modèle élaboré par Rousseau dans *Le Contrat Social*. Par conséquent, pour respecter la loi, les publics des Casnav sont désignés dans les textes officiels par leur *position* linguistique relative au déplacement des populations dans l'espace comme « allophones » (AUGER, 2019), soit entrés dans le langage dans une langue qui n'est pas la langue majoritaire du territoire où ils se trouvent à présent, ou par leur mode de vie itinérant, et non par leur nationalité ou leur appartenance ethnique supposée à l'archipel Rom/tsigane (PIASERE, 2011). On notera aussi que la qualité d'élève allophone en France est assortie de l'adjectif « arrivants », ce qui restreint le champ aux seuls enfants migrants, sans considérer les enfants de deuxième génération. En pratique cependant, une politique linguistique menée en faveur de l'appui sur les répertoires plurilingues dans les apprentissages du français

---

[9]  Constitution de la V° République de la souveraineté Article 2 : La langue de la République est le français. (Souligné par nous). L'emblème national est le drapeau tricolore, bleu, blanc, rouge. L'hymne national est la « Marseillaise ». La devise de la République est « Liberté, Égalité, Fraternité ». Son principe est : gouvernement du peuple, par le peuple et pour le peuple. **Article 3 La souveraineté nationale appartient au peuple** qui l'exerce par ses représentants et par la voie du référendum. **Aucune section du peuple ni aucun individu ne peut s'en attribuer l'exercice** (souligné par nous).

langue seconde de scolarisation (AUGER ; LE PICHON-VORST-MAN, 2021) ne peut pas ne pas prendre également en compte les besoins des plurilingues « autochtones ».

> Le Casnav est une structure d'expertise auprès du recteur et des directeurs académiques sur le dossier des élèves allophones nouvellement arrivés en France et des élèves issus de familles itinérantes et de Voyageurs. Cette expertise porte sur l'organisation de la scolarité des publics concernés, sur les ressources pédagogiques, sur la formation des enseignants et des cadres. Il participe également aux réflexions sur les politiques linguistiques. Structure d'appui académique ou inter académique, il fonctionne dans le cadre d'un réseau d'échanges et de mutualisation au service de tous les acteurs impliqués dans le suivi des élèves allophones et des élèves de familles itinérantes. (MEN, circulaire n° 2012-143 du 02.10.2012).

Les textes parus au Bulletin Officiel expriment la volonté politique, mais ne sont pas liés à des budgétisations. Les fonds pour appuyer la scolarisation des enfants allophones sont pris sur l'enveloppe globale des moyens alloués aux académies depuis Paris. La vulnérabilité sociale des migrants se voit ainsi reproduite dans les incertitudes sur les moyens humains et financiers attribués chaque année régionalement aux Casnav, sans postes de chargés de mission ou de direction prévus *a priori* dans les organigrammes. Leur fonctionnement non planifié par un pilotage central reste donc fragile, tributaire d'arbitrages liés au volontarisme des décideurs régionaux, dans un espace public et médiatique où les migrants sont tantôt invisibilisés, tantôt instrumentalisés (BONNEVAL, 2022). De fait, les Casnav, dans un système resté fortement monolingue (BLANCHET, 2016), qui amplifie les inégalités sociales et migratoires de départ (CNESCO 2016) deviennent aussi des instances de lutte contre les discriminations linguistiques[10]. Les personnels de leur réseau (responsables, chargés de mission, professeurs) s'exposent eux-mêmes par ricochet à la disqualification

---

[10] En 2017, la loi française introduit dans le code pénal (article 225-1) et le code du travail (L1132-1) la notion de discrimination linguistique et condamne toute distinction entre des personnes physiques « sur le fondement de leur capacité à s'exprimer dans une langue autre que le français ».

qui atteint leur public minorisé : leur professionnalité, leur technicité, leur intérêt pour ce que leur apportent leurs élèves, sont encore souvent confondues dans leurs propres institutions avec un élan charitable personnel.

> Le travail du soin est dévalorisé, la sollicitude l'est également sur un plan conceptuel, car elle est reliée à la sphère privée, à l'émotion, à la nécessité. Puisque notre société considère la réussite publique, la rationalité et l'autonomie comme des qualités louables, le care est dévalorisée dans la mesure où il incarne les qualités opposées. (TRONTO, 2009, p. 152).

Uniques en leur genre dans leur conception réglementaire, ni services administratifs, ni établissements scolaires, ni Centres d'information et d'orientation, les Casnav constituent un espace de décloisonnement et de complexité unique dans l'école, en prenant en charge dans les réseaux professionnels qu'ils animent les besoins linguistiques des enfants de la maternelle au baccalauréat, en multipliant pour cela des milliers d'interfaces avec l'ensemble des acteurs institutionnels (personnels administratifs, personnels de direction, personnels d'inspection, personnels sanitaire et social, enseignants de tous niveaux, toutes disciplines, toutes filières, assistants d'éducation, parents d'élèves, associations partenariales, etc.). Dans un tel paysage institutionnel, le Casnav de l'académie de Besançon, qui a bénéficié sur le moyen terme du soutien des autorités éducatives, se singularise par une situation plus stable que la moyenne et a pu constituer, en lien avec la recherche, une sorte de petit laboratoire expérimental des politiques linguistiques possibles à différentes échelles.

## Contexte géographique et historique

La politique linguistique inclusive mise en place et modélisée au fil des années[11] s'est déployée dans l'académie de Besançon, dans les quatre départements composant la Franche-Comté (Doubs, Jura, Haute-Saône, Territoire de Belfort), à l'Est de la France, à la

---

[11] Ainsi qu'en attestent une vingtaine de publication et des participations régulières à des colloques.

frontière de la Suisse. L'Histoire régionale est fortement marquée par la mobilité et la migration. Ayant produit des personnalités comme Charles Fourier, Joseph Proudhon, Claude-Nicolas Ledoux, Gustave Courbet, Charles Piaget, le territoire se caractérise par une culture politique et technique de laboratoire social et d'innovation. C'est à Besançon que nait en 1958 sous l'égide du linguiste Bernard Quemada, le Centre de linguistique appliquée (CLA), berceau de l'enseignement du français langue étrangère (FLE), aujourd'hui connu dans le monde entier pour ses formations d'étudiants et de professeurs. Dès son origine, le Casnav a bénéficié localement de l'effervescence universitaire qui a façonné l'histoire du FLE puis du FLS comme discipline de recherche autonome (SPAETH, 2020).

## D'où l'on parle : empirisme et expertise

Pour compléter cette présentation contextuelle, il convient d'expliquer mon point de vue d'énonciatrice. Je ne suis pas chercheuse, mais j'ai été cadre de l'éducation nationale. Après une carrière de professeure de français, je suis nommée en 2001 inspectrice d'académie- inspectrice pédagogique régionale de lettres, en charge de l'enseignement du français comme matière curriculaire dans l'académie de Besançon. Fin 2008, je deviens également responsable d'un Casnav embryonnaire, qui avait déjà pour caractéristique de rechercher le contact avec les universitaires travaillant sur les questions sociodidactiques en FLSco. Le présent article se fonde sur des analyses répétées et partagées dans une communauté de pratiques (WENGER, 2008) comprenant des chercheurs. La mission institutionnelle du Casnav n'est cependant pas la production d'une connaissance scientifiquement validée par des pairs universitaires : la présence dans l'académie chaque année de plus d'un millier d'élèves allophones dans (presque) tous les établissements, toutes les matières, toutes les filières, tous les examens, pousse le système éducatif à ses limites, tout en créant des myriades de situations problèmes inédites pour lesquelles s'inventent des procédures collectives compatibles avec une réglementation sans cesse changeante, et qui n'envisage que très rarement les parcours exceptionnels des EAA.

> Tandis que le savant maitrise des savoirs formalisés, car son objectif est la connaissance du monde conformément aux savoirs reconnus par la communauté scientifique, l'expert se situe dans la décision et dans l'action, toujours singulière et contextualisée où les savoirs empiriques peuvent servir de repères pertinents pour agir ou proposer des actions adaptées. (DUBOIS *et al.*, 2006, p. 7).

Une fois posés ces éléments de contexte et le point de vue qui les met en perspective, nous pouvons à présent esquisser les dynamiques collégiales au service de l'appropriation du FLSco. Dix années de recul permettent aujourd'hui en effet d'affirmer leur efficacité, le taux de diplomation des EAA en fin de cursus scolaire ne différant pas de celui des élèves « non-EAA ». L'échec scolaire des EAA dans l'académie provient à présent essentiellement des ruptures de parcours (déménagements, expulsions) ou de l'absence d'expertise (EAA non reconnus comme tels et pris dans des fonctionnements institutionnels aveugles).

## Penser l'appropriation inclusive du français langue seconde de scolarisation : pourquoi le nécessaire recours à la pensée complexe?

### Révolution inclusive et changement de paradigme : de l'intégration ségrégative au *care* efficace

L'inclusion qui fonde l'UPE2A a constitué, au sens où l'entend Edgar Morin (2008), un « nouveau paradigme » c'est-à-dire un nouvel ordre de relations logiques pour s'approprier les contradictions et le foisonnement de la réalité. La classe d'accueil (CLA) fonctionnait comme un sas propédeutique où l'élève « non francophone » (terminologie alors en vigueur) devait s'efforcer pendant une année scolaire de cours collectifs de français, au sein d'un groupe composé uniquement d'étrangers, de mériter son accès différé à la « vraie » école, aux vraies classes et au véritable enseignement curriculaire, quitte à tenter de simuler par avance les futurs cours des disciplines, comme le proposait le manuel *Entrée en matière*.

(CHNANE-DAVIN ; FERREIRA-PINTO *et al.*, 2005). Le CLA fermée correspondait à un paradigme de la simplicité qui n'intégrait pas encore véritablement les acquis scientifiques des didactiques du plurilinguisme en train de s'affirmer ni les premiers travaux du COE sur les langues de scolarisation (BEACCO *et al.*, 2010), ainsi que le montre l'ouvrage de Kaouthar Ben Abdallah (2011), *Étude de l'intégration linguistique des nouveaux arrivants en France. Une enquête socio-linguistique au collège Diderot de Besançon.* Entre la CLA et l'UPE2A, pas de différence de degré mais de nature. Désormais, chaque élève doit être immédiatement inscrit en classe ordinaire, puis inclus et étayé progressivement dans les matières du curriculum en fonction de ses besoins linguistiques et scolaires personnels liés à sa propre histoire. Chacun à son rythme, en s'appuyant sur son propre répertoire linguistique comme ressource. C'est l'institution qui doit s'adapter au besoin de l'EAA et non l'inverse.

> Pour les éthiques du care les personnes doivent être traitées de manière différenciée en fonction du caractère unique de leurs aspirations et de leurs besoins. Conformément à cette exigence, les éthiques de la care proposent une épistémologie alternative [...] : l'attention aux besoins, la prise en compte du contexte et de l'histoire individuelle (narration), ainsi que la communication. Cette épistémologie présente une manière nouvelle d'aborder autrui dans l'ordre moral. Ce dont il s'agit ici c'est de déterminer des besoins particuliers, replacés dans le contexte d'une biographie, afin d'élaborer une réponse pratique spécifique, et non d'appliquer des règles ou principes universaux a priori. Pour réussir, la relation d'aide doit par ailleurs répondre aux besoins réels d'autrui : le sujet ne peut pas projeter ses propres besoins, ni se conduire de manière paternaliste, suivant sa propre conception de la situation. Il y a donc un véritable souci d'objectivité en qu'en tant qu'attention à la personne, à l'histoire, aux valeurs de l'autre. La sollicitude, bien qu'étant une disposition affective, est aussi une activité [...] elle ne consiste pas dans la reconnaissance purement intellectuelle d'un devoir envers autrui. Elle dispose la volonté à vouloir le bien d'autrui et à le réaliser. La sollicitude a donc un versant pragma-

> tique, qui consiste en la réalisation d'une action qui réponde adéquatement à un besoin, toujours particulier. (MAILLARD 2011, p. 185).

Chaque EAA dispose de son propre emploi du temps, révisé plusieurs fois par an en fonction de ses progrès. L'implantation des UPE2A ne s'est pas faite sans heurts : la CLA était aussi un cocon protecteur, d'autant que des académies en recherche d'économies ont parfois interprété l'inclusion de la manière la plus violente, comme le fait de placer un élève arrivant en classe ordinaire sans aucun étayage ni enseignement spécifique. Cependant, l'UPE2A entendue au sens réglementaire comme dispositif inclusif d'enseignement et de soutien, a stimulé une multiplicité de pratiques d'enseignement/apprentissage et de médiations linguistiques et inter ou transculturelles (COSTE ; CAVALLI, 2015) innovantes centrées sur les besoins très divers de chaque apprenant et les nouvelles ressources permises par l'intelligence artificielle. Les UPE2A sont aujourd'hui le lieu de la plus grande diversité et ouverture possible dans le système éducatif : diversité de langues, de cultures, de parcours migratoires ou de mobilité, diversité sociale, diversité de niveaux scolaires, diversité des disciplines scolaires, de leurs variétés langagières, discursives et sémiotiques, diversité des formes de littératies y compris de littéracie numérique (de l'illitératie à des niveaux académiques très élevés), diversité d'âges (jusqu'à 4 ans d'écart dans un même groupe). Ce foisonnement de la diversité en UPE2A s'est heurté à des cultures et à des représentations ancrées dans une école fortement marquée par l'idéologie monolingue (BLANCHET, 2016), et habituée à des fonctionnements excluant les élèves hors norme vers des dispositifs de relégation qui interrompent leurs curriculums en hypothéquant réussite scolaire et poursuites d'études (DURU-BELLAT ; VAN ZANTEN, 2017). Il ne s'agit plus en effet seulement de former quelques rares professeurs à l'enseignement de FLSco au sein d'une classe et d'un cours, mais de former à l'accueil et à l'accompagnement de l'altérité des EAA et de leur apprentissage du français en contexte scolaire *TOUS* les acteurs du système éducatif, professeurs des classes ordinaires d'inclusion, cadres, personnels de santé social, etc. Ce passage au systémique représente un saut qualitatif de l'enseignement vers les médiations, et non pas seulement un changement d'échelle. Il est difficile à penser car il ne permet plus le mode binaire et polarisé qui réduit aux catégories fausses de la simplification par des OU exclusifs : le Casnav comme une petite équipe de permanents OU le Casnav comme le nom d'un réseau professionnel expert, l'UPE2A OU la classe ordinaire, le français OU les autres disciplines, dedans OU dehors, le monde OU la France, l'élève étranger OU l'élève autochtone, l'allophone OU le francophone, l'individuel OU le collectif, l'autre OU le même, etc. Le modèle inclusif ne propose plus à l'esprit que des à la fois closes et ouvertes, autres et identiques, singulières et universelles, empiriques et symboliques, mystérieuses et lisibles. L'inclusion est processus et non résultat, mouvement constant et non pas chose. Pas de réification pour qui doit reconnaître l'EAA comme acteur de son histoire, en capacité d'agir sur son présent et son avenir (HONNETH, 1993). L'inclusion, fondée sur la reconnaissance de l'autre comme soi-même (RICOEUR, 1990) n'a que faire de « l'idéalisation, de la rationalisation réductrice, de la normalisation et de la simplification » (MORIN, 1981, p. 22). Elle accepte les contradictions, les tensions, les émotions, les incertitudes, le divers, la multidimensionnalité de l'action, bref, elle s'arrange de la complexité du fait humain sous toutes ses formes en renonçant à la domination et au contrôle.

### Révolution inclusive, révolution réflexive

L'inclusion scolaire est avant tout une affaire empirique, au sens expérientiel du terme, puisque le *Code de l'éducation* comme la déontologie interdit d'intervenir en UPE2A avec des méthodes expérimentales. En effet, il ne serait pas soutenable par exemple d'envisager des groupes témoins d'élèves qu'on abandonnerait volontairement à des pratiques inéquitables de moindre prise en charge ou de prises en charge didactiques conçues par hypothèse comme moins efficaces. Les professeurs ont le devoir de fournir à tous les élèves la même qualité d'enseignement et de viser la même efficacité pour tous, a *fortiori* lorsque le destin scolaire et social de ces élèves vulnérables dépend seulement des institutions.

La révolution épistémologique de la relativité a posé que l'observation fait partie de l'expérience. « L'observateur concepteur doit s'intégrer dans sa conception et son observation. Il doit essayer de concevoir son *hic et nunc* socio-culturel » (MORIN, 1990, p. 172). Aucun point de vue panoptique et transcendant n'est possible.

> On ne peut entrer totalement dans l'autre culture, on ne peut sortir totalement de la sienne propre, mais notre esprit peut tenter de mener un jeu entre l'une et l'autre pour reconnaitre leurs singularités respectives. (MORIN, 1984, p. 24).

Aujourd'hui, c'est ce à quoi s'efforce la plupart des professeurs de français langue seconde de scolarisation. De plus en plus formés en didactique des langues et cultures à l'université avant d'exercer en UPE2A, les enseignants sont rompus à l'exercice du décentrement face à l'altérité (ABDALLAH-PRETCEILLE, 2017) de l'éclectisme (PUREN, 1994) propres à cette discipline. De plus, les professionnels du FLSco deviennent rapidement de bons experts des arcanes et de la culture du système éducatif français, car ils doivent expliciter pour les EAA tous les fonctionnements « évidents » ou implicites du contexte, qui restent invisibles tant qu'on ne les observe pas du point de vue de l'altérité. Leur valeur heuristique est en effet immense : c'est leur regard qui nous permet de saisir mieux qui nous sommes et dans quels cadres nous évoluons, nous qui sommes chargés de leur inclusion.

À cet ancrage épistémologique fort de la didactique des langues et des cultures en faveur de la position réflexive de l'enseignant de langue, s'ajoute en UPE2A une nécessité d'une autre nature. Le public scolaire des EAA est le plus souvent minorisé, objet de fortes représentations sociales clivantes ou incapacitantes dans un pays monolingue où la question de la citoyenneté se confond avec celle de la langue française, où la question de la langue française en soi est idéologiquement et historiquement intense (CALVET 1979 ; CERQUIGLINI, 2016). Nous ne pourrons éluder le fait que les représentations dominatrices et orthonormées de la langue majoritaire en contexte scolaire français (BLANCHET, 2016) sont de nature à aggraver les blessures morales fréquemment reçues par les élèves allophones porteurs de langues « autres ». Le recours à l'histoire de la langue permet d'éclairer la vulnérabilité linguistique à la lumière du paradoxe : l'élève vulnérable n'apparait pas seulement comme celui qui est fragile et davantage susceptible de subir des violences en milieu scolaire. Il reste, selon l'acception vieillie du dictionnaire Le Grand Robert (2001, v. 9, p. 840) celui qui « prête le flanc, donne prise à la critique, qui est attaquable ». Il semble qu'une figure de l'étranger, source potentielle de dangers et de risques, n'a pas fini de hanter l'imaginaire social à l'école. Les phénomènes d'expression de l'angoisse face à l'altérité, de rejet, de contre-transferts (ADAM-MAILLET, 2018 ; DEVEREUX, 1994) restent prégnants dans l'expérience quotidienne des professionnels du français langue seconde en milieu scolaire ; l'Institution scolaire dans ses fonctionnements ordinaires cherche constamment à réduire[12] les situations psycho et socio linguistiques des élèves, exigence tout à fait préjudiciable en termes d'enjeux individuels comme sociétaux ou civilisationnels.

> Malheureusement, la vision mutilante et unidimensionnelle, dans les phénomènes humains, se paie cruellement : la mutilation tranche dans les chairs, verse le sang, répand la souffrance. L'incapacité à concevoir la complexité de la réalité anthropo-sociale, dans sa micro-dimension (celle d'un être humain) comme dans sa macro-dimension (l'ensemble planétaire de l'humanité) ont conduit à d'infinies tragédies et nous conduisent à la tragédie suprême. (MORIN, 1986, p. 274).

Sur un tel terrain, le renforcement de la réflexivité du professionnel de l'éducation n'est pas seulement un gage d'efficacité didactique pour engager l'autre dans les apprentissages linguistiques, culturels, cognitif, mais aussi une condition pour lutter contre le risque psycho-social élevé en UPE2A. À cette condition seulement, les professionnels, formés et outillés, ont la capacité de produire les innombrables médiations réclamées par les processus inclusifs des EAA (LANGANNE ; RIGOLOT, 2021).

---

[12] Dans un système éducatif massifié, dont les fonctionnements reposent sur la standardisation, l'introduction de didactiques totalement individualisées heurte de front les cultures professionnelles en place.

## De la difficulté qu'il y a à faire percevoir la complexité en situation de formation ou d'information professionnelle

Un des défis auquel sont affrontés les Casnav consiste à assurer des interfaces de médiations entre des professionnels experts du FLSco et des professionnels, certes non experts des questions d'apprentissage du français langue seconde de scolarisation, mais experts de leurs champs professionnels propres (SERUSCLAT-NATALE ; ADAM-MAILLET, 2020). « Il est difficile de comprendre la complexité non parce qu'elle est compliquée (complexité n'est pas complication) mais parce que tout ce qui relève d'un nouveau paradigme est très difficile à concevoir » (MORIN, 1981, p. 383).

C'est pourquoi, au fil des années, le Casnav s'est doté d'une banque d'outils de formation, certains sous format PowerPoint, la plupart étant fabriqués localement collectivement et mis à disposition d'une équipe de chercheurs et praticiens qui interviennent dans le cadre des formations continues de l'Éducation nationale ou des formations initiales à l'Inspé, l'institut de formation des professeurs. Dépourvus en soi de valeur intrinsèque, ces outils ne prennent sens que mis en perspective dans des situations professionnelles d'interactions et de relations destinées à faire rapidement percevoir à tous la complexité dynamique des parcours des EAA.

### La centration sur les besoins singuliers des EAA et la carte de l'écosystème dans lequel ces besoins doivent être pris en charge par le Casnav

La schématisation (Figure 1) réalisée par la division des politiques linguistiques du Conseil de l'Europe[13] est fréquemment utilisée et bien connue. Elle doit cependant être complétée en contexte scolaire FLS par une deuxième représentation (Figure 2) montrant de façon dynamique les écarts sur des continuums que les enseignements apprentissages devront s'appliquer à réduire le plus rapidement possible. Le dernier item est propre à toutes les langues et tous les apprenants : la famille possède-t-elle un capital

---

[13] Conseil de l'Europe, *Plateforme de ressources et de références pour l'éducation plurilingue et pluriculturelle*. Disponible sur : https://www.coe.int/fr/web/platform-plurilingual-intercultural-language-education/home. Consulté le 12.11.2023.

académique, (soit culturel, social, symbolique) qui correspond à celui de l'école et de l'université ? (BOURDIEU, 1982). La migration peut en effet produire des situations où les familles perdent tout capital socio-économique, cependant que les parents sont des professionnels de haut niveau intellectuel. Certains items concernent spécifiquement la langue française pour tous (écart oral/écrit, écart production orale/production écrite dû à la difficulté orthographique), deux autres uniquement les EAA (écart langues sources/langue cible, écart entre la qualité de la scolarisation antérieure et la qualité de la scolarisation proposée dans le système d'accueil). Avec l'expérience, le schéma de ces tensions permet, sans opposer ni polariser, de projeter de manière assez fine la durée de l'apprentissage du FLSco pour les EAA en vue de la présentation aux évaluations certificatives (certificat de formation générale, diplôme national du brevet, certificat d'aptitude professionnelle, baccalauréat professionnel, technologique ou général).

Figure 1 – L'écosystème des langues à l'école

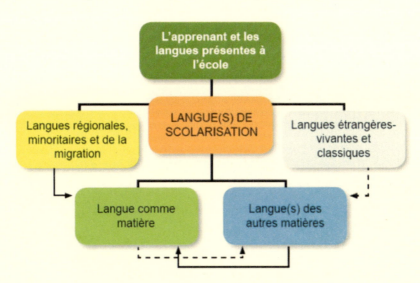

Source : Conseil de l'Europe, *Plateforme de ressources et de références pour l'éducation plurilingue et pluriculturelle*

Figure 2 – Les tensions en jeu dans le parcours des EAA

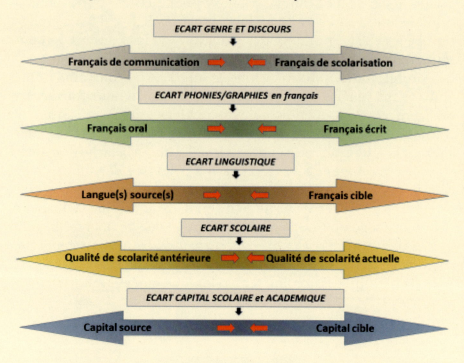

Source : Casnav de l'académie de Besançon, France

## Changement de paradigme : de la ségrégation à l'intégration/assimilation puis à l'inclusion

La première schématisation (Figure 3)[14] a connu du succès dans sa diffusion, notamment au sein des programmes d'échanges européens. Elle concerne la société en général dans laquelle s'inclut l'école. En revanche, la Figure 4, « un paradigme monolingue et assimilationniste tenace », permet de conscientiser la représentation monolingue et assimilationniste encore prégnante en milieu scolaire. La troisième illustration (Figure 5), par métaphore et comparaison, permet de surmonter avec humour la représentation précédente en ridiculisant des méthodes archaïques et inefficaces d'apprentissage, en montrant l'apprentissage comme joie, en faisant

---

[14] Disponible sur : https://www.suricats-consulting.com. Consulté le 12.11.2023

comprendre qu'une langue s'apprend dans un contexte (l'eau de la piscine symbolise le milieu scolaire « naturel » ordinaire). Cette représentation prête le flanc sur le plan intellectuel à de nombreuses objections : son propos au demeurant n'est pas la vérité scientifique, mais la maïeutique efficace de l'opinion commune, suivie du déplacement de l'interlocuteur non expert. De ce point de vue, elle fonctionne à coup sûr.

Figure 3 – L'inclusion ou l'harmonie universelle de la diversité

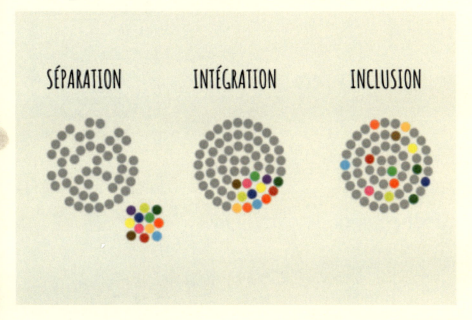

Source : https://www.suricats-consulting.com, consulté le 12/11/2023

Figure 4 – Un paradigme scolaire monolingue

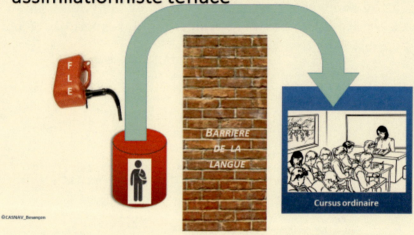

Source : Casnav de l'académie de Besançon, France

Figure 5 – L'inclusion comme l'apprentissage le plus rapide et efficace pour les EAA

## Changement de paradigme

Apprendre à nager avec une machine ou sur une table comme quand on avait peur de la noyade ?

ou

Apprendre à nager dans l'eau ?

Source : Casnav de l'académie de Besançon, France

## Passer de l'enseignement en classe à l'ensemble des médiations à assurer dans l'écosystème scolaire

L'inclusion a déplacé le champ de l'enseignement en classe tel qu'il avait pu être structuré par le FLE ou le FLS en l'incluant dans le domaine beaucoup plus vaste des médiations dans l'écosystème scolaire, l'enseignement lui-même devenant une forme particulière de médiation. De la didactique plurilingue des langues vivantes, la schématisation a conservé la centration sur l'apprenant et ses besoins. La figure 7 ci-dessous, est conçue pour que les rubans verts « médiations » s'inscrivent de façon progressive.

Figure 6 – L'écosystéme autour de l'EAA

Source : Casnav de l'académie de Besançon, France

Figure 7 – L'inclusion des EAA ou la multiplicité des médiations systémiques

Source : Casnav de l'académie de Besançon, France

## De la représentation de l'écosystème autour de l'élève allophone arrivant aux interactions écosystémiques dans les dispositifs inclusifs UPE2A

Cette dernière schématisation (Figures 8 et 9) de la diversité et de la complexité présente en UPE2A (complexité maximale dans le système éducatif français) se montre en principe *de façon dynamique* sur le diaporama, flèche après flèche soutenant le commentaire oral. Ces diapositives permettent de montrer des dynamiques et des interactions en train de se reconfigurer sans cesse à chaque nouvelle arrivée, à chaque changement dans le système scolaire.

Figure 8 – L'inclusion comme séries d'interactions écosystémiques poreuses

Source : Casnav de l'académie de Besançon, France

Par opposition au précédent clivage classe d'accueil fermée/cursus ordinaire existant avant 2012, les schématisations manifestent clairement que l'inclusion est un processus, un mouvement, une série d'ouvertures interactives dans différentes strates poreuses et mouvantes d'organisation scolaire/sociale en contact dans une seule et même cartographie de l'humanité.

Figure 9 – L'inclusion comme séries d'interactions écosystémiques poreuses

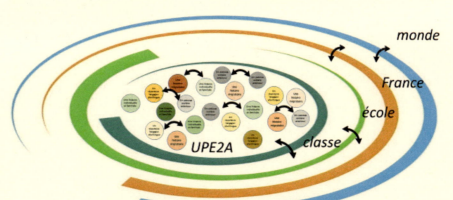

Source : Casnav de l'académie de Besançon, France

## Conclusion du chapitre

Pour conclure, dans les référentiels des métiers de l'Éducation nationale, l'étude des systèmes complexes, l'analyse des situations de travail complexes restent conçues comme l'apanage des fonctions « méta » d'encadrement, en tant que chefs d'établissement ou inspecteurs. Force est cependant de constater que l'apparition du paradigme inclusif dans les dispositifs UPE2A a constitué une occasion inédite, pour les réseaux des Casnav et pour les enseignants de FLSco, de développer des didactiques systémiques de la complexité nécessitant une large vision anthropologique du principe républicain de l'éducabilité universelle inscrit depuis 2013 dans le Code de l'éducation. Travailler aujourd'hui en UPE2A ou au profit du réseau des UPE2A, c'est produire une pensée réflexive qui refuse les clivages et les frontières, qui décloisonne les connaissances et les pratiques et les interroge en permanence, une pensée qui lit dans l'extrême diversité des langues, des cultures des sociétés, des dispositifs cognitifs et des symboles qu'ils produisent, la marque de l'unité de l'humanité, de sa capacité partagée à comprendre, apprendre, transmettre. « Cette diversité ne peut se comprendre à partir d'un principe simple d'unité. Sa base ne peut être dans une vague plasticité modelée au gré des circonstances par les milieux et les cultures. Elle ne peut être que dans l'unité d'un système hypercomplexe » (MORIN, 1979, p. 164).

Si évidente au vu de ses résultats empiriques incontestables qu'elle apparaisse aujourd'hui sur le plan intellectuel, la didactique de la complexité en FLSco, reste cependant plus que minoritaire, vouée à la recherche collective de l'excellence et au combat constant (y compris en soi-même) contre les représentations toxiques de l'altérité humaine et linguistique, de la langue française et de son apprentissage en contexte scolaire. Pour que le système éducatif s'empare des clés de la réussite scolaire universelle issues de ce laboratoire, il lui faudrait se doter d'autres modes d'organisation et de formation, intégrant l'expertise scientifique des sociolinguistes et sociodidacticiens en langue de scolarisation. On en viendrait de la sorte à considérer le français moins comme une religion civile ou une discipline scolaire de la norme immuable que comme une langue vivant parmi d'autres, et qui, comme les autres, se transforme, se crée et s'apprend sans limites.

## Bibliographie

ABDALLAH-PRETCEILLE, M. **L'éducation interculturelle**. Paris : PUF, 2017.

ADAM-MAILLET, M. De la discrimination dans le système éducatif français. Entretien avec Maryse Adam-Maillet. *In* : ESCUDÉ, Pierre (dir). Langues et discriminations. **Les cahiers de la LCD**, n° 7, Paris : L'Harmattan, p. 143-151, 2018.

ARMAGNAGUE-ROUCHER, M. *et al.* Rapport de recherche Evascol. Étude sur la scolarisation des élèves allophones nouvellement arrivés (EANA) et des enfants issus de familles itinérantes et de voyageurs (EFIV). 2018.

AUGER, N. « Allophone », trajectoire d'une catégorie aux prises avec la notion d'expertise. **Travaux Neuchatelois de Linguistique**, Suisse, v. 70, p. 23-41, 2019.

AUGER, N. **Elèves nouvellement arrivés en classe**. Réalités et perspectives. Paris : Editions des archives contemporaines, 2010.

AUGER, N. ; LE PICHON-VORSTMAN, E. **Contruire des ponts entre les cultures**. Défis et richesses des classes multilingues. Paris : ESF, 2022.

BACHELLARD, G. **La formation de l'esprit scientifique**. Paris : Vrin, 1938.

BEACCO, J. C. *et al.* **Langues et matières scolaires** : dimensions linguistiques de la construction des connaissances dans les curriculums. Unité des politiques linguistiques, Conseil de l'Europe, 2010.

BEACCO, J.-C. *et al.* **Les dimensions linguistiques de toutes les matières scolaires**. Un guide pour l'élaboration des currriculums et la formation des enseignants, Unité des politiques linguistiques, Conseil de l'Europe, 2015.

BEN ABDALLAH, K. Étude de l'intégration linguistique des nouveaux arrivants en France. Une enquête sociolinguistique au collège Diderot de Besançon. Éditions universitaires européennes, 2011.

BLANCHET, P. **Discriminations** : combattre la glottophobie. Paris : Textuel, 2016.

BONNEVALLE, P. **Rapport d'enquête sur 30 ans de fabrique politique de la dissuasion**. Collectif Humans rights observers, 2022. Disponible sur : https://www.lacimade.org/wp-content/uploads/2022/02/01-27a-PSM-Synthese-Rapport-30ans-V2-1.pdf. Consulté le 15.11.2023.

BOURDIEU, P. **Ce que parler veut dire** : l'économie des échanges linguistiques. Paris : Fayard, 1982.

CALVET, L.-J. **Linguistique et colonialisme** : petit traité de glottophagie. Paris : Payot, 1974.

CASTELLOTTI, V. **Pour une didactique de l'appropriation**. Diversité, compréhension, relation. Paris : Didier, 2017.

CAVALLI, M. ; ADAM-MAILLET, M. Postface : **Didactiques plurilingues et médiations culturelles** : prendre en compte le patrimoine culturel des élèves pour construire une société inclusive et plurielle. Presses Universitaires de Rennes, 2022.

CERQUIGLINI, B. **Le Monde**, 8 mars 2016. Le rapport à la langue en France est de l'ordre du sacré, 2016.

CHERQUI, G. ; PEUTOT, F. **Inclure** : français langue de scolarisation et élèves allophones. Paris : Hachette, 2015.

CHNANE, D. ; FERREIRA-PINTO, F. ; CERVONI, B. **Entrée en matière**. Paris : Hachette-FLE, 2005.

CNESCO. **Inégalités sociales et migratoires** : comment l'école les amplifie. Disponible sur : http://www.cnesco.fr/fr/inegalites-sociales-et-migratoires-comment-lecole-les-amplifie/. Consulté le 16.11.2023.

COSTE, D. ; CAVALLI, M. Éducation, mobilité, altérité. Les fonctions de médiation de l'école, Unité des politiques linguistiques, Conseil de l'Europe, 2015.

CUMMINS, J. **De l'importance des données de la recherche empirique pour les politiques éducatives en faveur des apprenants en difficulté**. Unité des politiques linguistiques, Conseil de l'Europe, 2011.

DEVEREUX, G. **De L'Angoisse à la méthode dans les sciences du comportement**. Paris : Flammarion, 2012.

DUBOIS, S. *et al.* **Connaissances et reconnaissance de l'expert.** halshs-00439662, 2006.

DURU-BELLAT, M. ; VAN ZANTEN, A. **Sociologie du système éducatif.** Les inégalités scolaires. Paris : PUF, 2017.

HONNETH, A. **La lutte pour la reconnaissance.** Paris : Gallimard, 1993. Titre original : Kampf um Anerkennung. Berlin : Suhrkamp, 1992.

LANGANNE, C. ; RIGOLOT, M. Munir les démunis. Vers des médiations transculturelles et numériques en Français langue seconde et de scolarisation. **Recherches en didactique des langues et des cultures,** Cahiers de l'acedle, France, v. 18, n. 3, 2021.

MAILLARD, N. **La vulnérabilité, une nouvelle catégorie morale.** Genève : Labor et Fides, 2011.

MORIN, E. **L'intelligence aveugle :** Big Brother, contribution au colloque George Orwell. Paris : L'Âge d'Homme, 1984. p. 269-274.

MORIN, E. **La méthode I.** Paris : Le Seuil, 1981.

MORIN, E. **Le paradigme perdu :** *la nature humaine.* Paris : Le Seuil, 1979.

MORIN, E. **Science avec conscience.** Paris : Le Seuil, 1990.

MORIN, E. **Sociologie.** Paris : Fayard, 1984.

PIASERE, L. **Roms, une histoire européenne.** Paris : Bayard, 2011. Titre original : I rom d'Europa : una storia moderna. Rome : GLF Editori Laterza, 2004.

PUREN, C. **La didactique des langues à la croisée des méthodes.** Essai sur l'éclectisme. Paris : Didier, 1994.

RICOEUR, P. **Parcours de la reconnaissance.** Paris : Gallimard, 2005.

RICOEUR, P. **Soi-même comme un autre.** Paris : Seuil, 1990.

ROUSSEAU, J.-J. **Le contrat social.** Paris : Garnier-Flammarion, 2011. (Première édition Amsterdam 1762).

SAYAD, A. **Qu'est-ce que l'intégration ?** Hommes et Migrations, Pour une éthique de l'intégration, Colloque de l'Adate, 24 et 25 juin, 1994. Saint-Martin-d'Hères. p. 8-14.

SERUSCLAT-NATALE, M. ; ADAM-MAILLET, M. Questionner une demande institutionnelle du système éducatif français : pour une définition empirique de la médiation à partir de l'action d'un Casnav. *In* : DE GIOIA, M. ; MARCON, M. (dir.). **L'essentiel de la médiation** : le regard des sciences humaines et sociales. Bruxelles : Peter Lang, p. 323-338, 2020.

SPAETH, V. Didactique du français langue étrangère et seconde : histoire et historicité. **Langue française**, France, v. 4, n. 208, p. 7-20, 2020.

TRONTO, J. **Un monde vulnérable**. Pour une politique du care. Paris : La Découverte, 2009.

VIGNER, G. **Le français langue seconde**. Paris : Hachette, 2015.

WENGER, E. **La théorie des communautés de pratique** : apprentissages, sens et identités. Les presses de l'université Laval, Québec, 2005.

# DE L'HABITUS MONOLINGUE DES INSTITUTIONS SCOLAIRES EN CONTEXTE PLURILINGUE : L'EXEMPLE DE LA FORMATION BILINGUE DES ENSEIGNANT.ES À BERN

Jésabel Robin

## Introduction : contexte sociolinguistique en tension

Depuis 1848, il y a en Suisse égalité de droit sur le plan fédéral entre les trois langues officielles : allemand, français, italien[15]. Toutefois, entre « langues officielles », « langues nationales », « plurilinguisme constitutionnel » et « principe de territorialité », le statut accordé (ou non) aux langues en Suisse contribue aux rapports ambigus entre les différentes communautés linguistiques. La dissymétrie démographique est importante : les alémaniques représentent plus de 66% de la population, les francophones[16] environ 19% et les italophones environ 6%[17]. Si ce déséquilibre est un paramètre important dans l'étude des rapports entre les communautés, le choix de la terminologie pour nommer la langue l'est tout autant : dans les programmes scolaires par exemple (et ce, quelle que soit la région linguistique), on désigne les autres langues nationales comme « langue étrangère ». Ainsi le français a le statut de langue étrangère dans les cantons alémaniques, même

---

[15] Si le romanche a acquis en 1939 le statut de quatrième « langue nationale », il n'est officiel que dans le canton des Grisons.

[16] Tous.tes les francophones de Suisse ne sont pas romand.es (il y a des étranger.es), en revanche pour désigner le territoire francophone de la Suisse, j'utilise le terme de Suisse romande.

[17] Les chiffres varient légèrement d'une source à l'autre. C'est ici la dysmétrie qu'il faut retenir.

dans ceux où son enseignement est obligatoire (ce qui n'est pas le cas de tous). Une langue peut ainsi avoir un statut différent (officielle, nationale, étrangère) selon la localité et/ou selon le niveau responsable du domaine (fédéral, cantonal ou communal). La langue première des 4.6% de francophones vivant en Suisse alémanique (LÜDI ; WERLEN, 2005, p. 29), est ainsi une langue étrangère.

Les cantons ne correspondent pas aux communautés linguistiques : trois des 26 cantons sont bilingues et un canton est trilingue. À l'intérieur de ces cantons, c'est le principe de territorialité qui s'applique pour déterminer la langue de fonctionnement. Le principe de protection des langues détermine qu'une langue est officielle là où elle est majoritaire. Une commune est dite bilingue si sa « minorité linguistique » représente au minimum 30% de la population communale, ce qui est extrêmement rare. À l'exception des quelques communes bilingues, à chaque commune ne correspond en fait qu'une seule langue de fonctionnement public.

> Sous des discours officiels prônant un plurilinguisme plus fantasmé que réel, on retrouve deux attitudes partagées par les Suisses : l'accord tacite de ne pas parler des désaccords [...] et le déni d'un fonctionnement en fait monolingue. (VEILLETTE ; GOHARD-RADENKOVIC, 2012, p. 102).

La Suisse alémanique est caractérisée dans son ensemble par une diglossie (les Alémaniques sont de fait plurilingues) entre allemand standard et dialectes alémaniques. La distribution fonctionnelle entre l'écrit et l'oral est claire : « L'allemand standard est pour l'essentiel à l'écrit tandis que les échanges oraux, même à la radio ou dans les milieux professionnels, recourent généralement à un parler » (WIDMER, 2004, p. 11).

Berne est capitale fédérale et capitale du canton bilingue de Berne. Les alémaniques représentent environ 85% de la population cantonale et les francophones moins de 10%. Située à une trentaine de kilomètres de la région francophone, la ville de Berne est exclusivement germanophone. Elle compte environ 7% de francophones[18]. Les services publics locaux y sont exclusivement offerts

---

[18] si l'on répertorie les bilingues, seulement 3% sans les bilingues. Chiffres 2020 de la Statistique de la ville de Berne.

EDUCAÇÃO EM PERSPECTIVA: CONTEXTOS POLÍTICOS, LINGUÍSTICOS E CULTURAIS

en allemand. L'administration scolaire communale *Schulamt* gère la quarantaine d'écoles publiques de niveau de scolarité obligatoire (jusqu'à l'âge de 16 ans) de la ville. À l'exception du projet pilote lancé en 2018 *Clabi* et qui ne touche qu'une infime minorité d'élèves[19], l'allemand y est la seule langue de scolarisation dans les écoles publiques gérées par cette administration. La proportion de francophones se situant largement en deçà des 30% nécessaires à un bilinguisme communal, le développement d'un bilinguisme au niveau des institutions communales, comme l'administration scolaire par exemple, n'a jamais été envisagé à Berne.

Ce n'est que depuis une quinzaine d'années que les projets et expériences pédagogiques cherchant à développer un bilinguisme allemand-français s'y développent. En plus de *Clabi* précédemment cité, deux hautes écoles pédagogiques monolingues complètement indépendantes, l'alémanique *Pädagogische Hochschule Bern* (PHBern) située en ville germanophone de Bern et la *Haute École Pédagogique des cantons de Berne, du Jura et de Neuchâtel* (HEP-BEJUNE) située à en ville francophone de Delémont, s'associent depuis 2018 pour proposer conjointement une formation initiale des enseignant.es du primaire bilingue (allemand-français). Proposant des stages pratiques dans les écoles publiques alémaniques, celle de Suisse romande et celles proposant deux langues d'enseignement, le diplôme obtenu à terme d'exercer légitimement aussi bien en Suisse alémanique qu'en Suisse romande ou bien encore au sein de classes dites bilingues. D'une durée classique pour la Suisse de trois années, la formation initiale post-Maturité[20] recouvre 180 ECTS, obtenus pour moitié dans chacune des deux institutions : trois semestres *en français* à Delémont et trois semestres *auf Deutsch* à Bern.

---

[19] L'offre centralisée des « Classes bilingues de la ville de Berne » met chaque année 12 places de jardin d'enfant bilingue à disposition pour environ 2`000 élèves qui commencent chaque année leur scolarité.Disponible sur : https://www.bern.ch/themen/bildung/schule/schulen-der-stadt-bern/ weitere-staedtische-und-kantonale-schulen/clabi-classes-bilingues-de-la-ville-de-berne-fr. Consulté le 10.01.2023.

[20] Équivalent suisse du Baccalauréat.

## Déconstruire une vision naïve (et coupable) du bilinguisme

Le terme « bilingue » est polysémique[21]. Être bilingue et s'auto définir bilingue- ou non- dépend de la conception que l'on s'en fait (DUCHENE, 2000). Si le mythe du bilingue parfait a scientifiquement était déconstruit, on oppose encore deux visions courantes sur le bilinguisme. D'un côté, une vision fractionnée qui considère que le bilingue « est l'équivalent de deux personnes monolingues », de l'autre une approche plus holistique où le bilingue est perçu comme un « locu-teur-auditeur compétent doté d'un profil linguistique unique » (GROS-JEAN, 1989). Ainsi, dans ce contexte, bilingue désignera dorénavant un individu pour lequel deux langues sont présentes au quotidien, que ce soit dans son contexte familial, social, scolaire ou professionnel.

Il existe une grande variété de modèles d'enseignement dit bilingue (BROHY ; GAJO, 2008). Si les variantes les plus communes en Suisse sont l'immersion partielle et l'immersion réciproque, l'une comme l'autre doivent de nos jours encore faire face à de nombreuses représentations négatives concernant le bilinguisme. Quarante ans de littérature scientifique et de recherches sur les enseignements immersifs ont pourtant permis de démonter bien des idées reçues : l'enseignement bilingue n'est pas réservé aux bons élèves, ni ne surmène les élèves (qui ne sont d'ailleurs pas des cobayes), on peut très bien apprendre à lire et à écrire en parallèle dans deux systèmes linguistiques, l'apprentissage d'une langue seconde ne se fait pas au détriment de la langue première, enfin, bien entendu, le bilinguisme parfait n'existe pas.

On a du mal à le croire aujourd'hui tant la vision du bilinguisme a évolué (et a même été complètement inversée dans certains cas) et tant l'instrumentalisation politique des formations bilingues est forte : le bilinguisme a longtemps été perçu comme une pathologie[22]. Bien qu'il soit monnaie courante d'en faire à présent un objet de

---

[21] Si je conviens d'entrée que le terme « pluri » linguisme devrait remplacer le terme « bi » linguisme (et plurilingue celui de bilingue) dans tout ce travail, les idées reçues que je tente de combattre ci-après concernent le texte bien précis des cantons de Berne, Jura et Neuchâtel et je me concentre ainsi (de manière restrictive et faisant également fi de la diglossie alémanique) exclusivement sur le bilinguisme français-allemand.

[22] On « associait autrefois systématiquement le bilinguisme avec toute une série de problèmes au niveau non seulement du langage, mais aussi de l'intelligence, des mœurs et du caractère, les bilingues seraient en fait des bilingoïdes » (BROHY, 2012, p. 62).

convoitise, il reste tout de même des traces encore visibles de cet héritage historique. La/les langues sont de plus des instruments de pouvoir et face au foisonnement des situations linguistiques individuelles, les ressentis divergent. Si « il y a des bilingues heureux ! », les témoignages malheureux de « bilinguisme nocif » (TABOURET-KELLER, 2011) ou de « plurilinguisme fardeau » (ROBIN, 2015, p. 359) ne manquent pas. En fonction de leur légitimité symbolique ou effective, les langues peuvent même être des instruments d'inclusion/exclusion (DUCHÊNE, 2012) et tous les bi/plurilinguismes ne se valent pas sur le marché des langues[23]. Ainsi le bilinguisme comme « nouvelle idéologie dominante » (MAURER, 2011) est à considérer avec prudence et il s'agit de démystifier une vision parfois naïve d'un bilinguisme considéré comme exclusivement souhaitable. L'enseignement immersif n'est d'ailleurs pas souhaité par tous.tes : la peur que l'immersion dans une langue, ne soit finalement une submersion de l'autre langue et vienne mettre en péril les identités minoritaires, comme cela a été étudié au Canada francophone[24], montre la diversité des attitudes possibles envers le bilinguisme.

Ainsi, et contrairement à ce que pourrait laisser penser le statut plurilingue de la Suisse, l'enseignement bilingue n'y a pas toujours eu le vent en poupe, ni le bi/plurilinguisme individuel bonne presse. Les écoles pratiquant l'enseignement immersif en Suisse, quelle que soit la formule adoptée, sont régulièrement taxées d'élitisme et ce malgré les précautions éthiques et sociales pourtant forcément respectées dans les établissements publics. Si enrichir son répertoire linguistique de langues valorisées et légitimées, comme le sont l'allemand et le français dans le contexte suisse, est attractif, associer le projet de vouloir doter son enfant de compétences valorisées ne correspond en soi à aucune définition de l'élitisme.

---

[23] Depuis Bourdieu (1980), on peut parler des langues en termes économiques. Considérer un marché aux langues, c'est se débarrasser d'une vision naïve « linguistico-politiquement correcte » (CALVET, 2002, p. 91) sur la soi-disant égalité des langues.

[24] « La grande majorité des enfants [qui fréquentent les écoles bilingues] sont anglophones. [...] Si les anglophones – dominants – ne prennent pas de risque linguistique en s'immergeant en français, l'inverse ne semble pas toujours vrai, les francophones, immergés en anglais, risquant de perdre leur français dans l'environnement anglophone dominant. La peur des francophones d'être assimilés et intégrés à la culture anglophone dominante en s'immergeant en langue anglaise est évidemment exacerbée par la lutte économico-politique entre [les provinces] » (DUVERGER, 1996, p. 83).

On reproche en outre à l'enseignement bilingue de provoquer des difficultés d'apprentissage qui prennent leurs origines ailleurs. Ce n'est pas l'enseignement bilingue qui les créée, mais il en est souvent le révélateur[25].

> Nous n'avons jamais pu obtenir de preuve sérieuse que les échecs, au demeurant moins fréquents dans ces classes que dans les classes monolingues, étaient dus à la présence des deux langues dans la classe. [...] L'enseignement bilingue ne règle pas les difficultés scolaires, notamment à l'écrit, et un « mauvais élève » ne devient pas « bon élève », mais il dispose de deux langues de communication et d'apprentissages potentiels ultérieurs au lieu d'une. (DUVERGER, 2009, p. 73-75).

S'il ne règle pas les problèmes d'échec scolaire, il est prouvé que l'enseignement bilingue ne les amplifie pas non plus et que rien ne le destine prioritairement aux meilleurs élèves. La prétendue surcharge n'est pas plus fondée. Il n'y a de fait aucune contre-indication scientifiquement prouvée à ce type d'enseignement.

Il semble par ailleurs incontournable de distinguer le bilinguisme individuel du bilinguisme institutionnel. La boutade est connue[26], si la Suisse est plurilinguisme, les Suisses ne le sont pas forcément. Ainsi un cursus de formation dit bilingue ne s'adresse pas forcément exclusivement à un public de bilingues ; de même, ce cursus ne rendra pas forcément bilingues tous.tes les participant.es. Il faut également distinguer le bilinguisme en tant que moyen et le bilinguisme en tant qu'objectif de l'enseignement bilingue. Ce dernier, sous couvert de démocratisation de l'accès au plus grand nombre, oublie de valoriser les ressources « déjà-là », en présence. Il n'est d'ailleurs pas rare d'entendre dire que les bilingues n'ont pas besoin d'enseignement bilingue « puisqu'ils sont déjà bilingues », comme si la seule mission de la scolarité était d'acquérir une langue. L'absurdité de ce type de raisonnement[27] cache un

---

[25] et les révèlent sans doute plus rapidement qu'une scolarité classique.

[26] Référence à Schultheis (1995).

[27] Ä ce compte-là, les alémaniques n'iraient pas à l'école en allemand puisqu'ils sont déjà alémaniques, ni les romand.es à l'école en français puisqu'ils parlent déjà français.

EDUCAÇÃO EM PERSPECTIVA: CONTEXTOS POLÍTICOS, LINGUÍSTICOS E CULTURAIS

raisonnement néolibéral : le bilinguisme est alors pensé en tant qu'objectif final, à construire, et donc non comme point de départ possible, excluant de fait les élèves bilingues de l'enseignement bilingue dont ielles auraient besoin justement parce qu'ielle sont locuteurs de ces langues[28]. Si l'entreprise de vouloir créer du bilinguisme peut sembler louable, elle doit être accompagnée d'une réflexion sur la véritable finalité de ce bilinguisme et ne doit pas pour oublier, justement, de valoriser le bilinguisme déjà-là.

Un reproche fréquemment formulé à l'encontre des cursus bilingues est qu'ils n'abordent que de manière lacunaire chacune des deux langues « un peu de tout, mais rien de bien ». Cette peur d'une maîtrise imparfaite des langues est liée à un travers extrêmement répandu et qui juge du bilinguisme au crible de normes monolingues. Or, évaluer le bilingue à l'aune de normes monolingues est tout aussi contre-productif que coupable et ne peut avoir d'autre résultat que de provoquer une image déficitaire du bilinguisme (qui renforcera le fameux héritage historique évoqué ci-avant). La réflexion est orientée plutôt sur l'objet : que souhaite-on évaluer, avec quels instruments et dans quels but(s) ? Prendre le monolinguisme comme modèle de base est en soi une vision biaisée[29]. Il convient, d'une part, de se départir des idées dangereuses de « langue pure »[30]. Cette vision est tout aussi fausse que fantasmée puisqu'il existe chez les monolingues toute une palette de locuteur.es, plus ou moins éloquent.es, dont la syntaxe est plus ou moins correcte, dont le vocabulaire est plus ou moins riche, etc. Face à ces questionnements, l'on convoquera d'autre part la célèbre métaphore de la course de haies (GROSJEAN, 2015) qui n'est du sprint, ni du saut en hauteur (bien qu'impliquant des aspects liés à ces deux disciplines) mais qui représente bel et bien une discipline en soi. Il convient dès lors de définir les modalités d'évaluation des compétences bilingues (qui ne sont ni celles de l'un, ni celles de l'autre, ni la somme des deux) ; modalités forcé-

---

[28] Les travaux de Dalley ont par ailleurs indiqué que pour avoir un répertoire linguistique riche et varié dans leur langue seconde, les élèves bilingues ont justement besoin d'interactions dans cette langue et que, à ce titre, une scolarisation, même partielle, dans cette langue est recommandable (2008).

[29] La majorité des habitants de cette planète étant plurilingue, d'un point de vue purement numérique c'est le monolinguisme qui est l'exception.

[30] Rappelons qu'une langue figée est une langue morte. Une langue n'est vivante que dans ses usages multiples et son évolution est au contraire un signe de bonne santé.

ment originales et propres aux profils bilingues. Les pratiques linguistiques du *code switching, code mixing, translanguaging*, etc. qui accompagnent le bilinguisme doivent être non seulement réhabilitées mais surtout valorisées, elles sont souhaitables et révélatrices de processus bilingues à l'œuvre, tout autant que de la créativité linguistique des individus.

De même, une conception de l'identité essentialisante et figée est caduque : on n'est pas « moitié-moitié »[31]. Personne n'est un.e demi-alémanique ni un.e demi-francophone, mais l'on peut être alémanique et francophone à la fois, créant alors une identité particulière. Les identités, comme les langues, sont complexes, multiples, évolutives et se superposent : l'une ne vient pas prendre la place de l'autre. Une peur courante au sujet de l'enseignement bilingue à Bern est qu'une partie du temps scolaire donnée à l'allemand par exemple, soit une partie de temps scolaire en moins pour le français – et inversement. On répondra ainsi que, ni les langues, ni les identités, ne sont morcelables. En revanche, on sait qu'un léger retard est possible (mais n'est pas une fatalité non plus) au début du développement de l'expression orale et que les élèves scolarisé.es en deux langues, quel que soit le modèle choisi, communiquent mieux : elles développent davantage d'empathie et de plus nombreuses stratégies de communication, notamment en situation de malentendu (GAMPE, 2018).

## L'accompagnement ou tenter de déjouer l'habitus monolingue (à peine) caché

Cette formation nécessite par ailleurs une intense collaboration entre deux institutions préexistantes, aux curricula et aux conceptions institutionnelles différentes. Il s'agit pour chacun des deux partis de faire montre d'ouverture et de respect envers le programme de formation proposé par l'institution partenaire. Des journées communes d'études et de sensibilisation à l'altérité des pratiques professionnelles ont par exemple été mises en place en 2018 et 2019 pour les formateur.es de ces deux institutions, qui

---

[31] L'expression prend toute sa saveur en contexte suisse où « moitié-moitié » est la recette de la fondue au fromage classique (moitié vacherin, moitié gruyère).

ont ainsi eu l'occasion de se rencontrer et d'échanger, souvent pour la toute première fois[32].

> Ainsi tolérance et décentration au contact de l'altérité sont de mise aussi bien pour les étudiants (micro-social) que pour les décideurs institutionnels et les divers acteurs universitaires (mesocial). (ROBIN, 2018a, p. 405).

Un module d'accompagnement ou *Begleitmodul* est prévu pour chacun des six semestres de la formation. Si les trois modules d'accompagnement proposés à la HEP-BEJUNE mettent davantage l'accent sur les interactions de classe et le matériel pédagogique, les trois *Begleitmodule* (dorénavant BM) proposés à la PHBern mettent en avant la diversité des pratiques de formation tant scolaire (l'école, niveau des élèves) que tertiaire (institut de formation, niveau des étudiant.es) dans les deux régions linguistiques ciblées, à savoir la Suisse romande et la Suisse alémanique. Des synergies sont mises en place durant les BM avec les *Clabi*, toutes proches.

Les différences de pratiques professionnelles de l'enseigne-ment tant au niveau scolaire qu'au niveau tertiaire (telles que les tra-duisent les formations initiales des enseignantes à la HEP-BEJUNE ou à la PHBern) sont révélatrices des différences de conception de l'éducation, du rôle de l'école, du rôle des enseignantes. Chaque semestre de BM est accompagné d'une copieuse liste de lectures[33]. De manière générale les BM sont pensés comme lieu d'échanges et de débats. Ils font la part belle aux approches transdisciplinaires et convoquent tout l'éventail des sciences humaines et sociales. Ils offrent d'autre part un lieu d'explicitation, de questionnements et de documentation de ces réflexions via un journal de bord, des lectures scientifiques nourries, des débats et des rencontre sti-mulantes avec de nombreux.ses intervenant.es externes invité.

---

[32] Les liens sont en effet plus évidents avec les institutions et homologues d'une même région linguistique qu'avec les institutions et homologues, même géographiquement très proches, d'un même canton (au sein du canton bilingue de Bern la PHBern et la HEP-BEJUNE ne sont séparées que par une quarantaine de kilomètres). En exerçant à la PHBern par exemple, les didacticien. nes connaissent souvent leurs homologues de Zurich ou de Lucerne mais rarement ceux.elles de Suisse romande.

[33] Liste qui s'enrichit chaque semestre des trouvailles et propositions de lectures venant des étudiant.es ielles-mêmes.

es : conférencier.es universitaires, praticien.nes et autres acteur.es engagé.es dans divers modèles d'enseignement bi/plurilingue, etc.

Les étudiant.es sont ainsi exposé.es à une grande diversité de conceptions et de pratiques concrètes de l'enseignement et de l'apprentissage des et par les langues. Il ne s'agit pas de *s'approprier* les compétences de l'autre au contact de la diversité mais de *complexifier* une réflexion. Dans ce contexte, il n'est pas tant question de relation à l'autre que de relation à soi : « *(re)définitions de soi versus de l'autre* » (GOHARD-RADENKOVIC, 2006). De nombreuses évidences et croyances sont déconstruites et questionnées : celles liées au « natif / non-natif » (DERIVRY-PLARD, 2020) et à leur (il-)légitimité à enseigner les/en langue « étrangère », les visions euphoriques et naïves de l'actuelle « doxa plurilingue » (ADAMI ; ANDRÉ, 2015), les perdant.es et les effets de minorisation du marché des langue (CALVET, 2002), etc. l'enjeu étant de développer tant une conscience plurilingue et pluriculturelle (COSTE ; MOORE ; ZARATE, 1997) qu'une réflexion personnelle critique et étayée au sujet des enseignements bi/plurilingues.

> Les représentations de l'étranger constituent paradoxalement l'une des voies les plus accessibles pour amorcer une réflexion sur le fonctionnement de son identité. [...] À l'instar de toutes les autres formes de représentations, les représentations de l'étranger renvoient à l'identité du groupe qui les produit. (ZARATE, 1993, p. 30).

Le paradoxe est connu : sur l'axe paradigmatique du proche et du lointain, c'est en s'éloignant que l'on se rapproche au mieux. Faire un détour par une forme d'étrangeté permet parfois de prendre conscience du fait que les évidences sont en fait des *constructions sociales*, au sens de Berger et Luckmann (2006). Le fait par exemple de s'immerger dans un système éducatif autre que celui dont on a soi-même fait l'expérience, peut par exemple inciter à questionner les convictions personnelles au sujet du monde de l'enseignement. Les fonctions de médiation de la mobilité et son articulation avec l'altérité, entendue ici comme ce qui est « autre », sont bien établies (COSTE ; CAVALLI, 2015). La mobilité des futur.es enseignant. es invite à la remise en question des habitudes professionnelles au travers de l'expérience d'une diversité. Ainsi, entrer dans des pratiques de classe « autres » constitue, dans la formation initiale des enseignant.es, un potentiel tournant réflexif.

> [...] accompagner [les étudiants] [...] à réfléchir à la manière dont leurs représentations à propos des langues et de l'apprentissage des langues sont empreintes de leurs « cultures d'enseignement-apprentissage » nécessite des compétences de réflexivité qui ne sont pas innées mais qui se développent. (AUGER, ca, 2011, p. 181).

Les « étonnements » (KELLER-GERBER, 2022) les étudiant.es alémaniques en stage pratique dans les écoles romandes, ou inversement les étonnements des romand.es dans les écoles alémaniques révèlent ainsi autant les constructions sociales de leur propre groupe que de celles rencontrées. Dans la transformation qu'opère forcément la didactisation de cette rencontre, cela semble être une entrée légitime, voire une nécessaire étape, dans le processus réflexif (ROBIN, 2023). De très belles évolutions sont à observer à la lecture de leur journal de bord où elles consignent leurs réflexions tout au long de leur trois semestres de formation en BM. Les anecdotes issues de stages pratiques, que ce soit dans les écoles romandes, alémaniques ou bilingues, y font toujours figure de distal (BAUDOUIN, 2009) ou moment fort du récit.

## Conclusion : reproduction de normes monolingues malgré tout ?

Chaque dispositif ou instrument didactique est un parti pris dont il convient de déclarer sans fard les soubassements épistémologiques. De par l'accompagnement proposé, la formation bilingue se fait fort de ne pas être une juxtaposition de deux formations monolingues, et pourtant, en se basant sur le concept d'immersion réciproque, n'use-t-elle pas des normes monolingues ? En fonction de la/les langue(s) de leur diplôme de Maturité, les institutions étiquettent en effet les étudiant.es à leur entrée en formation selon une appartenance linguistique *francophone* ou *germanophone*, « *chaque élève tenant ensuite le rôle (didactisé même) de représentant de « son » groupe linguistique* » (ROBIN, 2018b, p. 129). Enfermantes, réductrices, contre-productives et même coupables, ces étiquettes soutiennent les préjugés envers le bilinguisme évoqués ci-avant, tout autant que l'habitus monolingue contre lequel se présente pourtant cette formation. Les individus y sont essentialisé.es et instrumentalisé.es pour soutenir « l'autre » dans l'expérience présupposée « réciproque » de l'immersion (et d'ailleurs peut-on parler d'immersion dans sa propre langue/ ses propres langues ?). La formation bilingue ne fait-elle pas ainsi elle-même preuve d'assignations identitaires usant de ressorts monolingues ? S'il ne s'agit pas de changer le concept, je manque en effet d'imagination et de modèles pour véritablement prendre en compte les profils bi/plurilingues, il s'agit en revanche d'analyser et de questionner, encore et toujours, mes propres fonctionnements professionnels et intellectuels aussi bien que le cadre institutionnel.

## Bibliographie

ADAMI, H. ; ANDRÉ, V. **De l'idéologie monolingue à la doxa plurilingue** : regards pluridisciplinaires. Bern : Peter Lang, 2015.

AUGER, N. *et al.* Analyse de dispositifs universitaires FLE/S d'accompagnement au développement de compétences réflexives. *In* : BRETEGNIER, A. (ed.). **Formation linguistique en contextes d'insertion**. Compétences, posture, professionnalité : concevoir un cadre de référence(s). Bern : Peter Lang, 2011. p. 177-194.

BAUDOUIN, J.-M. L'autobiographie à l'épreuve du texte. *In* : BACHELART, D. ; PINEAU, G. (ed.). **Le biographique, la réflexivité et les temporalités**. Articuler langues, cultures et formation. Paris : L'Harmattan, 2009. p. 97-109.

BERGER, P. ; LUCKMANN, T. **La construction sociale de la réalité**. Paris : Armand Colin, 2018

BOURDIEU, P. **Ce que parler veut dire** : économie des échanges linguistiques. Paris : Fayard, 1980.

BROHY, C. Rapports entre «petites» et «grandes» langues : tensions et négociations identitaires - exemples dans divers contextes. **Alterstice**, 2, p. 55-66, 2012.

BROHY, C. ; GAJO, L. **L'enseignement bilingue** : état de situation et propositions. Vers une didactique intégrée. Neuchâtel : Ciip, 2008.

CALVET, L.-J. **Le marché aux langues** : essai de politologie linguistique sur la mondialisation. Paris : Plon, 2002.

COSTE, D. ; CAVALLI, M. Éducation, mobilité, altérité. Les fonctions de médiation de l'école. DGII : Conseil de l'Europe, 2015.

COSTE, D. ; MOORE, D. ; ZARATE, G. **Compétence plurilingue et pluriculturelle.** Vers un Cadre Européen Commun de référence pour l'enseignement et l'apprentissage des langues vivantes : études préparatoires. Strasbourg : Conseil de l'Europe, 1997.

DALLEY, P. ; SAINT-ONGE, H. Choix scolaire des couples exogames au Yukon. *In :* DALLEY, P. ; ROY, S. (ed.). **Francophonie, minorités et pédagogie.** Ottawa : Presses de l'Université d'Ottawa, p. 121-142, 2008.

DERIVRY-PLARD, M. A multilingual paradigm : bridging theory and practice. *In :* HOUGHTON, S. A. ; BOUCHARD, J. (ed.). **Native-speakerism:** its resilience and undoing. Singapore : Springer, p. 157-172, 2020.

DUCHÊNE, A. Cohésion sociale ? Le paradoxe de la langue. *In :* **Langues et cohésion sociale.** Enjeux politiques et réponses de terrain. Neuchâtel : Délégation à la langue française, p. 179-184, 2012.

DUCHÊNE, A. Les désignations de la personne bilingue : approche linguistique et discursive, **Tranel**, 32, p. 91-113, 2000.

DUVERGER, J. **L'enseignement bilingue aujourd'hui.** Paris : Albin Michel, 1996.

GAMPE, A. Ein zweischprachiges Kind kann besser kommunizieren. **ElternMagazin**, Herbst, p. 26-27, 2018.

GARCIA, O. ; WEI, L. **Translanguaging** : language, bilingualism and education. London : Palgrave Pivot, 2014.

GOHARD-RADENKOVIC, A. **La relation à l'altérité en situation de mobilité dans une perspective anthropologique de la communication.** Habilitation à diriger des recherches (HDR) en Sciences de la communication, Université Lumière-Lyon II, 2006.

GROSJEAN, F. Neurolinguists, beware ! The bilingual is not two mono-linguals in one person. **Brain and Language**, n. 36, p. 3-15, 1989.

GROSJEAN, F. **Parler plusieurs langues**. Le monde des bilingues. Paris : Albin Michel, 2015.

KELLER-GERBER, A. Lire les étonnements en classe de didactique pour faire dire ses étonnements en classe de langue. *In* : ROBIN, J. ; ZIMMERMANN, M. (ed.). **La didactique des langues dans la formation initiale des enseignant.e.s en Suisse** : quelles postures scientifiques face aux pratiques de terrain? [Fremdsprachendidaktik in der Schweizer Lehrer*innenbildung: an welchen wissenschaftlichen Positionen orien-tiert sich die Praxis ?] Bruxelles : Peter Lang, p. 147-168, 2022.

LÜDI, G. ; WERLEN, I. **Sprachlandschaft in der Schweiz**. Eidgenös-sische Volkszählung 2000. Neuchâtel: Bundesamt für Statistik, 2005.

MAURER, B. **Enseignement des langues et construction européenne**. Le plurilinguisme, nouvelle idéologie dominante. Paris : Editions des Archives Contemporaines, 2011.

ROBIN, J. « **Ils aiment pas le français** «. Le rapport au français de futurs enseignants du primaire de la PHBern dans leurs récits de formation et de mobilité. Bern : Peter Lang, 2015.

ROBIN, J. De l'expérience de la diversité comme condition de la profes-sionnalisation : le cas de la RAF « Didactique de la mobilité ». **Recherches et Applications**, n. 68, p. 123-145, 2020.

ROBIN, J. Des interventions didactiques systémiques en réponse aux conflits sociolinguistiques : quelles dynamiques et (r)évolutions à Berne ? *In* : ALÉN, C. *et al.* (ed.). **Identités, conflits et interventions sociolin-guistiques**. Limoges : Editions Lambert-Lucas, p. 399-407, 2018a.

ROBIN, J. La construction institutionnelle de l'altérité en mobilité : une réification bien pratique ? **Glottopol**, n. 39, 2023. DOI 10.4000/glottopol.4100.

ROBIN, J. Le bilinguisme comme moyen ou comme objectif de l'enseig-nement bilingue ? De la (non)conception d'un bilinguisme préexistant. **Contextes et Didactiques**, n. 11, p. 123-134, 2018b.

SCHULTHEIS, F. La Suisse est plurilingue mais les Suisses ne le sont pas. **Liber**, Suisse, n. 23, p. 3-5, 1995.

TABOURET-KELLER, A. **Le bilinguisme en procès, cent ans d'errance (1840-1940)**. Limoges : Editions Lambert-Lucas, 2011.

VEILLETTE, J. ; GOHARD-RADENKOVIC, A. Parcours d'intégration « à géométrie variable « d'étrangers en milieux plurilingues : le cas du Canton de Fribourg (Suisse). *In* : LECLERCQ, H. ; ADAMI, H. (ed.). **Les migrants face aux langues des pays d'accueil**. Acquisition en milieu naturel et formation. Paris : Presses Universitaires du Septentrion, p. 89-133, 2012.

WIDMER, J. **Langues nationales et identités collectives**. Le cas de la Suisse. Paris : L'Harmattan, 2004.

ZARATE, G. **Représentations de l'étranger et didactique des langues**. Paris : Didier, 1993.

# UNE INTERCULTURALITÉ TRANSCULTURELLE ? CONSIDÉRATIONS DIDACTIQUES ET ANALYSE D'UN PHÉNOMÈNE « CULTUREL » EN CLASSE DE FRANÇAIS LANGUE ÉTRANGÈRE

Marie Vautier

## Introduction

Indissociable de toute forme de communication, les éléments culturels sont omniprésents dans l'apprentissage des langues et y ont pris une dimension à part entière dans l'enseignement des langues (et notamment du Français Langue Étrangère, dorénavant FLE). Les approches interculturelles telles qu'appréhendées depuis le début des années 2000 ont connu plusieurs dérives, qui ont suscité certaines réactions de la part de la communauté scientifique, telle la proposition d'une approche transculturelle « dépassant » les carcans déterministes dans des situations de contacts entre les cultures. Cependant, s'agit-il d'une réelle dichotomie entre interculturalité et transculturalité ? Un tour d'horizon général sera alors dressé sur ce que représente le concept de culture en Sciences Humaines et Sociales. Son traitement sera également observé à travers sa relation avec la langue, puis sa dimension opératoire en classe de langue à travers les notions de multiculturalisme, interculturalité et transculturalité. Ce dernier concept sera particulièrement analysé au regard de certains résultats apportés par une recherche récente interrogeant l'articulation des cultures éducatives en classe de FLE (VAUTIER, 2022b).

## Le concept de culture en Sciences Humaines et Sociales

Si, de nos jours, le terme de culture se définit, dans son sens social et philosophique, comme étant un « [E]nsemble de coutumes, des manifestations religieuses, artistiques, intellectuelles qui caractérisent un groupe, une société » ou encore un « [E]nsemble de convictions partagées, de manières de voir et de faire qui orientent plus ou moins consciemment le comportement d'un individu, d'un groupe » (LE PETIT Larousse illustré 2022, p. 15), il a connu à travers les Sciences Humaines et Sociale un large développement.

Celui-ci trouve son origine à travers les travaux d'Edward Burnett Taylor (1832-1917), anthropologue britannique, qui, dans son ouvrage *Primitive Culture* définit pour la première fois la culture en tant que concept :

> La culture, ou la civilisation, comprise dans son sens ethnographique, est un tout complexe qui inclut les connaissances, les croyances, l'art, la morale, les lois, les coutumes et toutes autres dispositions et attitudes acquises par l'Homme en tant que membre d'une société. (TYLOR, 1873, p. 1).

Cette première définition va considérablement impacter l'anthropologie, puisqu'elle est à l'origine d'une dynamique qui permettra la naissance de plusieurs mouvements théoriques qui encreront ce domaine dans les Sciences Humaines et Sociales. Ainsi, le mouvement évolutionniste auquel Taylor a été rattaché (et qui conçoit les cultures de façon « verticale », comme des entités uniques connaissant des évolutions similaires), provoquera l'émergence du diffusionnisme (pour qui celles-ci sont à considérer « horizontalement » avec des développements uniques selon leurs modes de diffusions). Ce dernier sera, à son tour contrebalancé par le fonctionnalisme sous la houlette de Bronislaw Malinowski (qui envisage la culture selon ses manifestations en correspondance à des besoins). Ce mouvement suscitera à son tour l'émergence du culturalisme (ou interactionnisme symbolique), représenté par Ruth Benedict et Margaret Mead, qui, influencées par la recherche en psychologie, n'appréhenderont plus la culture en termes de fonction, mais en termes d'attitudes :

> Une culture est non seulement caractérisée par les uniformités du comportement de ses membres, mais aussi par les constantes que l'on peut discerner dans leur comportement non-uniforme et dissemblable, aussi bien que par les habitudes et les croyances très contrastées de groupes différents, néanmoins apparentés au même système, si bien que l'on peut considérer que même le criminel ou l'aliéné exprime les traits culturels principaux, dans une forme reconnaissable. (MEAD, [1963] 2004, p. 146).

Ruth Benedict sera à l'origine des *patterns of culture* (modèles de culture) en 1934, qui trouveront écho à leur tour en psychologie, mais aussi en sociologie.

En effet, l'intérêt pour la culture en sociologie provient de la définition d'Edward Burnett Taylor. Bien qu'il ait été, de prime abord, contourné par les grands noms fondateurs de cette discipline (Emile Durkheim lui préférant le concept de « fait social » et Max Weber de « particularités mentales que conditionne le milieu » (WEBER, 1964, p. 37), le thème de culture ne sera de nouveau que pleinement exposé à travers les travaux de Talcott Parsons. Celui-ci l'évoquera plus largement en ces termes :

> [...] les actions des individus en leur qualité de membres d'un système social doivent être orientées en fonction de la signification des systèmes de symboles culturels ou de ce que l'on appelle parfois des modèles de culture. (Traduction personnelle de PARSONS, 1972, p. 255).

On retrouve alors ici non seulement l'influence du fonctionnalisme (puisque les éléments culturels se présentent selon diverses fonctions selon lui) mais aussi du culturalisme à travers la reprise de l'expression de « modèles de culture », héritée de Ruth Benedict.

Cette appréhension de la culture comme exerçant un ensemble de contraintes poussant à une certaine uniformisation s'est particulièrement illustrée dans certains travaux positionnés au carrefour entre l'anthropologie et ce qui deviendra la psychologie interculturelle. Ralph Linton, par exemple, a été profondément influencé par les travaux d'Abram Kardiner mais aussi par ceux de Ruth Benedict. En effet, selon lui : « [U]ne culture est la configuration des comportements appris et de leurs résultats, dont les éléments composants sont partagés et transmis par les membres d'une société donnée » (LINTON, [1945] 1999, p. 33). Ces considérations influenceront plus tard Geert Hofstede, pour qui : « [L]a culture est constituée par les règles non-écrites du jeu social. C'est la programmation collective de l'esprit qui distingue les membres d'un groupe ou d'une catégorie de personnes des autres » (traduction personnelle d'HOFSTEDE *et al.*, 2010, p. 6). Il a, par la suite, également tenté de modéliser les manifestations de la culture à travers le modèle dit de « l'oignon » (Figure 1).

Figure 1 – Modèle de « l'oignon », les manifestations de la culture dans différents niveaux

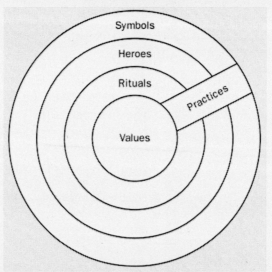

Source : Hofstede *et al.* (2010, p. 8)

Alors que le lien entre culture et identité a aussi permis l'émergence de certains champs disciplinaires, la sociologie s'est emparée du concept de la culture sous l'angle des faits sociaux. C'est le cas de Pierre Bourdieu, qui abordera, quant à lui, ce concept à travers les inégalités scolaires : certains enfants possèderaient un « capital culturel » (c'est-à-dire des éléments de connaissance culturels transmis par leur environnement social) qui, lorsque trop différent de celui de la culture « légitime » véhiculée par l'école, provoquerait, de fait, plus de difficultés à l'atteindre. Par la suite, un domaine spécifique de la sociologie s'est à son tour créé, celui de « la sociologie de la culture », qui appréhenderait surtout ce concept de façon plus empirique, notamment via des pratiques et leurs conditions d'accès.

Le concept de culture a alors eu un impact épistémologique conséquent en Sciences Humaines et Sociales. À travers l'observation de ce concept, on s'aperçoit d'ailleurs de la perméabilité des frontières académiques qui ont été nécessaires à l'encrage de certaines disciplines dans le paysage universitaire. En effet, sa définition dans certains domaines a permis d'inspirer les recherches dans d'autres et vice versa, tout en favorisant l'émergence de divers champs de recherches. Il n'est alors pas surprenant de constater la diversité des définitions et appréhensions données au concept culture. Kroeber et Kluckhohn, en avaient recensé en 1952 plus d'une centaine de définitions à travers les Sciences Humaines et Sociales, démontrant l'impossibilité de réduire ce concept à une unique acception. Néanmoins, au regard de la recherche présentée, il est à présent nécessaire de s'intéresser davantage au lien entre langue et culture, dont l'appréhension aura impacté non seulement la linguistique, mais aussi la psychologie sociale et, bien évidemment, la didactique des langues et cultures.

## L'articulation entre langue et culture

La thématique du lien entre langue et culture trouve son origine dans les travaux de Willhelm Von Humboldt. En effet, à partir d'analyses comparatives linguistiques, celui-ci a développé un postulat selon lequel les locuteurs qui partagent une même langue partageraient de fait, une même perception. Son idée trouvera un certain héritage en psychologie allemande ; notamment à travers la notion de Völkerpsychologie (souvent traduite par « psychologie culturelle ») particulièrement traitée par Wilhelm Wundt. Celui-ci formulera l'hypothèse selon laquelle laquelle la culture et le langage impacteraient les processus psychologiques relatifs à la signification, tandis que les processus physiologiques seraient affectés par la biologie et non par la culture (KASHIMA ; GELFAND, 2011). Dans le domaine de l'anthropologie, la pensée d'Humboldt trouvera un nouveau souffle à travers les travaux d'Edward Sapir pour qui « [N]ous voyons, entendons et expérimentons majoritairement comme nous le faisons parce que les habitudes linguistiques de notre communauté prédisposent à certains choix d'interprétation » (SAPIR in MANDELBAUM, 1951, p. 162, traduction personnelle). Cette idée sera particulièrement développée et exposée par son élève, Benjamin L. Whorf, pour qui les langues sont porteuses de concepts uniques qui leurs appartiennent (et induit ici le relativisme linguistique). De fait, il induit un certain déterminisme linguistique puisque, selon lui, le filtre interprétatif des individus s'en trouverait conditionné, faisant ainsi dépendre leurs connaissances du monde de leur langue. Ces théories n'ayant pas fait consensus au profit d'une linguistique cognitive (DE FORNEL, 2002), il est alors intéressant d'orienter à présent notre regard vers la sociolinguistique, plus spécifiquement variationniste. En effet, celle-ci a mis en avant, notamment à travers les travaux en ethnographie de la communication de Dell Hymes et de John Gumperz, l'étude approfondie des variations présentes dans les manifestations langagières humaines. Le concept de variation a alors permis d'envisager le rapport entre langue et culture de façon différente, à travers son aspect normatif, éminemment relié aux contextes et aux groupes sociaux dans lesquelles elles évoluent. Ces travaux influenceront, plus tard, la didactique des langues, donnant alors à ses méthodologies une envergure différente. En effet, il a fallu attendre les années 70 et les théories liées à l'approche communicative puis, plus tard, à l'approche actionnelle, pour questionner plus profondément le rapport entre langue et culture à travers l'apprentissage des langues. Jusque-là, la culture y a longtemps été réduite à de l'étude de textes littéraires, voire à des faits de civilisation. Par exemple, dans les méthodologies traditionnelles :

> La littérature est appréhendée comme un corpus unique qui alimente tout l'enseignement de la langue et de la civilisation et il est difficile d'établir une distinction entre un apprentissage de la langue par la

littérature ou un apprentissage de la littérature par la langue tant ces deux domaines sont intimement liés dans le courant traditionnel. (CUQ ; GRUCA, 2017, p. 266).

C'est alors grâce à l'influence de la linguistique variationniste et les travaux de Dell Hymes sur les composantes de la communication (à travers son modèle SPEAKING) que plusieurs tentatives de conceptualisation de la compétence de communication ont été élaborées en didactique. Ces tentatives, présentant à chaque fois des dimensions culturelles puis socioculturelles dans leurs composantes, ont contribué à l'aboutissement des définitions présentes dans le Cadre Européen Commun de Référence pour les Langues. Depuis, la culture y est perçue comme une composante « sociolinguistique » de la compétence de communication, distinguée ainsi de sa dimension pragmatique :

> • **La compétence sociolinguistique** renvoie aux paramètres socioculturels de l'utilisation de la langue. Sensible aux normes sociales (règles d'adresse et de politesse, régulation des rapports entre générations, sexes, statuts, groupes sociaux, codification par le langage de nombre de rituels fondamentaux dans le fonctionnement d'une communauté), la composante sociolinguistique affecte fortement toute communication langagière entre représentants de cultures différentes, même si c'est souvent à l'insu des participants eux-mêmes. (CONSEIL DE L'EUROPE, 2001, p. 18).

Le concept de culture prend alors en didactique des langues, et plus particulièrement à travers l'élaboration des matériels pédagogiques, une dimension plus opératoire. Celle-ci s'est particulièrement inscrite dans une démarche interculturelle développée plus intensément dès le début des années 2000. Celle-ci sera l'objet d'analyse de la partie suivante.

## Du multiculturalisme à l'inter- puis au trans-culturel

L'émergence des approches interculturelles en classe de langue est profondément liée à des considérations conceptuelles influencées par les mouvements migratoires des années 70 « à une époque où la massification scolaire, enfin officielle, rendait l'école plus sensible aux problèmes éducatifs propres aux enfants d'origine étrangère » (CUQ, 2003, p. 136). Ces approches ont pour origine une conception plus large, opposant multiculturalisme et interculturalisme. En effet, selon Cuq et Gruca, le multiculturalisme serait le « le fait d'envisager la coexistence de plusieurs communautés culturelles comme constitutive d'une société » (CUQ ; GRUCA, 2017, p. 56). Cette appréhension sociétale a été vite critiquée : on lui reproche la trop grande distinction des cultures entre elles, qui ne permet aucun lien les unes aux autres. L'interculturalisme s'est donc posé en opposition au multiculturalisme, en envisageant une convergence des cultures et leur interrelation au sein de l'espace sociétal. C'est dans cet ordre d'idées que la notion d'interculturel a émergé dans les Sciences Humaines et Sociales et a pris sa place dans les classes de langues, notamment celles de Français Langue Étrangère et Seconde. Ainsi les approches interculturelles se sont développées en Didactique des langues, encouragées notamment par Abdallah-Pretceille mais aussi Louis Porcher. Selon eux :

> L'interculturel repose sur un principe fort et simple, déjà dit : l'Autre et à la fois identitque à moi et différent de moi. S'il manque l'un des deux termes, on se trouve inévitablement projeté vers un enseignement de l'exclusion ou de la relégation. La pédagogie interculturelle instaure une dynamique, insuffle une vie cohérente à un ensemble par nature disparate. Elle se situe du côté du mouvement contre l'immobilisme et les positions défensives vindicatives, elle fait de l'école à la fois un lieu d'apprentissage et un lieu de vie. (ABDALLAH-PRETCEILLE ; PORCHER, 1996, p. 8-9).

De fait, les formations didactiques mais aussi les outils pédagogiques s'en sont trouvés influencés, tels les manuels de Français Langue Étrangère au début des années 2000 (VALETOPOULOS ; PEREZ PEDRAZA, 2012). Cependant, les approches pédagogiques liées à l'interculturalité ont connu certains écueils, reflétant deux grandes tendances générales concernant l'interculturalité et évoquées par Fred Dervin. En effet, en reprenant la synthèse de Zygmunt Bauman (2001), il distingue les approches interculturelles solides (qui « correspond à des approches qui ignorent le contexte d'interaction et la complexité des individus mis en contact, qui sont réduits à des faits culturels » (DERVIN, 2011, p. 33) et les liquides (qui « prend en compte (avec plus ou moins de complexité), de nombreux facteurs d'interaction » (DERVIN, 2011, p. 33). Il y aurait donc eu une « solidification » des approches culturelles en didactique des langues, et notamment celles en vigueur dans les classes de FLE. Ce phénomène sera observé par Chantal Forestal (2008, p. 400), pour qui :

> Nous avons à nous affranchir des limites du multiculturalisme et de l'interculturalisme surtout lorsqu'ils nous cantonnent à la célébration de la différence, des singularités distinctes, au respect intimidé des héritages culturels et des formes de pensée et, en fin de compte, quand ils oublient des traits communs à tous les humains : en particulier leur disposition à abandonner les routines et les protections dès qu'ils goûtent à un mieux-être fait de sécurité, de coopération mais aussi de liberté, et de création.

Pour certains, il s'agissait alors de proposer un nouvel axe permettant de traduire une nouvelle façon de gérer la culturalité en classe de langue, mais aussi, d'une manière plus générale, dans la société. Chantal Forestal a alors proposé une approche relevant du « transculturalisme » :

> L'échange entre cultures devrait correspondre certes à un projet élaboré en commun pour vivre ensemble, mais aussi à un « plus culturel ». Il ne s'agit pas en acceptant certaines normes-valeurs « d'ailleurs » de revenir à des valeurs similaires à celles dont des luttes historiques d'« ici » ont mis des siècles à s'émanciper (cf. celles d'Arnolphe et de Tartuffe). Si l'interculturel implique une adaptation, le transculturel va au-delà et implique une transformation. (FORESTAL, 2008, p. 402).

Il s'agirait alors d'orienter les actions pédagogiques en classe dans l'objectif de dépasser la culturalité et d'en générer une transformation commune au sein des groupes d'apprenants. Cette transformation a une dimension éthique non négligeable :

> Transversale aux démarches inter, méta et co-culturelles, la démarche transculturelle de la DLC a en effet une dimension philosophique, c'est-à-dire à la fois éthique et politique, qui participe de la recherche d'une « bonne vie » pour chacun, et pour la communauté des hommes. (FORESTAL, 2008, p. 405).

Il y aurait alors, au-delà de la transformation, une visée de cohésion inter-groupale à cette perspective. Cependant, il semblerait que ce concept ainsi défini demeure inconnu des enseignants de langue et participe à une confusion terminologique (CAYET, 2020)[34].

En dehors de ces considérations, il apparaît que transculturalité (telle que définie par Forestal) et l'interculturalité dans sa dimension liquide (telle qu'évoquée par Dervin) ne semblent pas, par nature, créer de dichotomie lorsqu'elles sont appréhendées de concert. En effet, il semble ici que la transculturalité soit potentiellement induite dans tout contact interculturel : l'autre nous définit et nous transforme, notamment à travers l'interaction. Chacun peut ainsi dépasser ses propres normes culturellement encrées et se transformer, tout en créant des bases communes nouvelles : il s'agit d'aller au-delà d'un métissage et de créer des habitus nouveaux [puisque ceux-ci sont, par nature, « des structures structurantes » (BOURDIEU, 1980, p. 88)]. Un résultat saillant de mes travaux semble aller dans ce sens : il sera amplement exposé et détaillé ci-après.

---

[34] Plus récemment, la question de la transculturalité est réapparue dans le milieu universitaire français de la didactique des langues, avec les travaux de Jean-Paul Narcy-Combes sur le *translanguaging*, qu'il accompagne du *transculturing*. Le phénomène qualifié par ce terme, volontairement non traduit afin de mieux illustrer sa nature dynamique, serait à l'origine des productions translangagières (NARCY COMBES 2018, 2019). Ces travaux étant toujours en cours et n'ayant pas encore fait l'objet d'une application opératoire dans l'enseignement du Français Langue Étrangère, la transculturalité sera ici uniquement appréhendée comme approche pédagogique (telle qu'encouragée par Forestal).

EDUCAÇÃO EM PERSPECTIVA: CONTEXTOS POLÍTICOS, LINGUÍSTICOS E CULTURAIS

## Un exemple de transculturalité en classe de Français Langue Étrangère ?

### a)    *Thématiques et chemins de recherche*

Les thématiques de la culture et de la norme en classe de FLE ont alors profondément été interrogées par ma recherche doctorale[35]. Celle-ci, de nature profondément qualitative (et non pas quantitative), avait pour objectif d'identifier les éléments appartenant à l'ethos d'étudiants présents dans ces contextes éducatifs [le concept d'ethos ayant été compris comme « le système culturellement normé des émotions, qui revêtirait une dimension représentative et identitaire forte » (VAUTIER, 2022a, p. 48)]. Elle s'est caractérisée par une enquête de terrain se déroulant en deux phases : une diffusion de questionnaires complétés d'entretiens. Les questionnaires ainsi que le guides d'entretien employés se sont composés de plusieurs catégories thématiques dans lesquelles apparaissaient des questions majoritairement concernant : des informations générales au sujet des apprenants interrogés, leurs motivations d'apprentissage, leur vie et leur communication en France, leurs représentations de la langue française et de la France, leurs représentations concernant la classe de français, leurs vécus et images de la classe de langue du pays d'origine et les normes[36]. Cette enquête a été menée auprès de deux groupes d'étudiants distincts. Le premier groupe se compose d'étudiants de FLE de toutes nationalités et présents à l'Institut de Langue et de Culture Françaises (ILCF) à l'Université Catholique de Lyon. En raison de la pandémie, le choix de recueil de données s'est porté sur de la passation de questionnaire à distance via le logiciel en ligne Limesurvey. Les entretiens se sont déroulés selon les modalités souhaitées par les étudiants volontaires : à distance par téléphone ou par visioconférence (via les logiciels Zoom ou Skype) ou en présentiel (dans un café lyonnais). Le second public de notre enquête est composé d'étudiants malaisiens présents à l'Université de

---

[35]  VAUTIER, 2022b : *L'ethos communicatif et l'articulation des cultures éducatives en classe de FLE : identification, influences et adaptations*, dirigée par M. Embarki et Kaouthar Ben Abdallah, Université de Franche-Comté.

[36]  Pour consulter les questionnaires et les guides d'entretien employés tout au long de cette enquête, voir VAUTIER 2022 a et b.

Franche-Comté (UFR SLHS, Centre de Linguistique Appliquée) en raison d'un programme de formation pour futurs professeurs de français. Les questionnaires ont été diffusés sous format papier puis remplis en présentiel, et les entretiens se sont déroulés majoritairement en présentiel dans des cafés bisontins. Les résultats qui seront exposés ici proviennent majoritairement du groupe de l'ILCF puisque c'est à travers leurs réponses aux questionnaires et entretiens que la thématique d'une transculturalité atteinte en classe de FLE semble se dessiner.

b)      *De la transculturalité dans les classes de l'ILCF ?*

Les étudiants de l'ILCF forment un groupe fondamentalement hétérogène en termes de nationalité mais aussi d'âge et de parcours. Les données collectées auprès de ce public sont composées de 36 retours de questionnaires complétés en ligne et de 6 transcriptions d'entretiens semi-dirigés menés auprès de 6 d'entre eux. C'est plus particulièrement à l'occasion des questions « Pour vous, qu'est-ce qu'un étudiant doit faire en classe ? » et « Qu'est-ce qu'un étudiant ne doit pas faire en classe ? », posées dans le questionnaire et réitérée lors des entretiens semi-dirigés que certaines réponses mettent sur la piste de la transculturalité. Outre les réponses d'ordre général évoquant le respect en classe (et présente dans 5 réponses au questionnaire à la première question et 3 à la deuxième), on y retrouve la l'idée de ne pas déranger autrui. Deux étudiants précisent qu'il ne faut pas interrompre ou impacter les autres. Le questionnaire LY35 évoque même qu'il ne faut pas « prendre la parole des autres », et d'autres mentionnent la nécessiter de ne pas faire de bruit ou insulter et se moquer des autres. Si la thématique du respect envers autrui, de l'interruption, du silence et des moqueries se retrouvent également dans les réponses des apprenants malaisiens de l'Université de Franche-Comté, c'est à l'occasion des entretiens que leurs sens diffèrent quelques peu. En effet, pour les apprenants malaisiens, ces normes semblent profondément liées à leur culture éducative/communicative d'origine (qui semblent être jugulées par un ethos très présent dans les écoles malaisiennes) alors que pour les apprenants de l'ILCF, ces réponses prennent un tout autre sens au regard de leurs expériences vécues au sein

EDUCAÇÃO EM PERSPECTIVA: CONTEXTOS POLÍTICOS, LINGUÍSTICOS E CULTURAIS

de la classe de FLE en France. On peut ici remarquer, lors de ces entretiens semi-dirigés, que cinq apprenants de l'ILCF étaient très sensibles à la question de la gestion des tours de parole en classe.

Ainsi, T1[37], un apprenant d'origine japonaise ayant une grande expérience de l'apprentissage du français en France (à Orléans et Lyon), évoque la nécessité de permettre à chacun de s'exprimer en classe :

> T1 : c'est peut-être en entre les élèves il faut pas parler une seule personne qui est euh il faut pas qu'une seule personne qui parle tout le temps // euh il faudrait attribuer de la chance de de :::: participation à tout le monde / et parfois c'est difficile parce que ils sont ::: une personne qui sont plus timide que les autres et ::: / et au moins cette telle personne qui essaye de parler il faut /// il faut attribuer leur occasion que les autres personnes qui parlent tout le temps.

Il y a donc une nécessité selon lui à prendre en considération la timidité de certains apprenants. Ce point de vue est également partagé par T5, étudiante russe qui a également appris le français à Besançon puis Lyon. Selon elle, permettre à chacun de s'exprimer est indissociable de l'ininterruption. Ainsi, à la question « *qu'est-ce que c'est pour toi respecter les ::: les élèves et le professeur en classe* », posée durant l'entretien, elle a répondu :

> Euh ne pas interrompre [...] Déjà / pour le début (rires) parce que il y a beaucoup de ::: gens qui sont très enthousiastes qui veulent partager leur point de vue / mais ::: ils ne respectent pas les autres qui ::: vont qui veulent faire la même chose / et aussi il faut prendre en compte qu'il y a des étudiants plus euh ::: modeste ? [...] Oui plus modestes / donc ils ont du mal à exprimer toujours leur point de vue / ils ont peur d'être jugés ou c'est juste / bon c'est leur comportement ils ont besoin de plus de temps pour euh ::: pour agir / donc oui c'est ça le respect de permettre à tout le monde peu importe leur caractère de s'exprimer et de ne pas les juger / de ne pas ::: / bon ça veut pas dire qu'on doit juste on

---

[37] Les entretiens ont été anonymisés dans le respect de la RGPD. Ainsi, les noms des étudiants interrogés durant les entretiens semi-dirigés ont été remplacés par un code (T pour « témoin » et un numéro selon leur ordre de passage à ces entretiens. Ainsi les apprenants de l'ILCF interrogés ont des codes allant de T1 à T6).

> *ne doit pas contrarier / on peut contrarier si on veut // il*
> *faut toujours faire tout ce qu'on veut donc ::: oui / c'est :::*
> *c'est ça // c'est le fait de ne pas ::: ne contrarier mais ::: /*
> *de savoir écouter et de savoir s'exprimer soi-même / voilà.*

Cette thématique de l'interruption est notamment partagée par T2, apprenante colombienne : « je pense euh pour les étudiants ainsi que le professeur quand quelqu'un parle et prend la ::: la parole c'est important de ::: de écouter / et de pas interrompre les autres quand ils parlent / ça c'est important ». Ces témoignages révèlent ici l'importance de l'écoute et de son lien avec la gestion des tours de parole. Savoir écouter autrui est également valorisé par T3, étudiant d'origine mexicaine, présent depuis 3 ans en France au moment de l'entretien :

> *T3 : je pense que :: la partie la plus importante pour le*
> *respect c'est vraiment avoir une attitude ou une capacité*
> *d'écoute et rester poli et de donner l'espace et la ou la voix*
> *à tout le monde de s'exprimer de de partager et de trouver*
> *des points commun en commun pour faire des liens quoi.*

Ainsi, l'écoute, désignée comme « capacité » par T3 ou « savoir » selon T5, permettrait, lorsqu'elle est accompagnée d'une attitude attentive, une meilleure distribution de la parole apporterait une plus grande cohésion du groupe-classe. Écouter est également primordial pour T4, apprenant américain lui aussi présent depuis 3 ans en France. Selon lui, cette faculté représente « *un niveau de respect pour les autres* » : « *il faut que / j'écoute bien sûr mais il faut que je j'en comprende assez précisément même l'idée n'est pas forcément claire* ». Elle accompagne aussi l'idée de ne pas être « fermé d'esprit » dans son rapport avec autrui.

Force est alors de constater ces similitudes entre ces apprenants de l'ILCF au regard de ce lien entre le respect et les comportements à adopter en classe concernant la gestion des tours de parole. Il y a donc dans une certaine mesure un « consensus » entre les apprenants de l'ILCF interrogés sur l'écoute entre pairs et les conditions d'émergence de la parole en classe de Français Langue Étrangère. Une telle insistance sur ces points, qui se retrouve moins dans les réponses des apprenants malaisiens de l'UFC, semble révéler une « défaillance » des normes communicatives/éducatives présentes dans les classes auxquelles ils auraient participé. Il semblerait donc qu'à la suite de ces rencontres interculturelles, une norme implicite aurait émergé ou se serait solidifiée dans l'esprit de ces apprenants. Serait-ce le signe d'un phénomène transculturel ?

c)    *Discussion*

Le consensus évoqué précédemment entre les étudiants de l'ILCF interrogés semble révéler une expérience communicative en classe de FLE en France « lacunaire », d'après leur expérience, en ce qui concerne l'expression de chacun en classe. Dans le cadre de mes recherches, j'avais émis l'hypothèse que ces expériences auraient encouragé l'émergence d'un ethos commun autour de la notion de respect en classe de FLE, qui nécessiterait l'écoute (sans jugement) d'autrui et des aménagements entourant la gestion des tours de parole. S'agit-il d'un phénomène transculturel, tel qu'évoqué par Forestal ? Au regard des expériences vécues permettant l'émergence de ces dires, il semblerait effectivement que cela soit le cas : il semble y avoir une forme de « transcendance » de ces normes à la suite de ces expériences et celle-ci semble aller au-delà des rapports interpersonnels. En effet, les étudiants de l'ILCF semblent s'accorder tacitement sur la dimension éthique qu'implique les contacts interculturels dans leur contexte d'apprentissage à la suite de leurs vécus. Il s'agit pour eux d'aménager l'espace de la classe de FLE afin que tout le monde puisse s'y exprimer sans jugements ou moqueries. Il y a donc une réelle dimension philosophique à cette norme émergente en classe de FLE, qui ne semble pas indissociable, à travers leurs discours, de leur perception du monde. Bien sûr, cette norme pouvait d'ores et déjà être incorporée dans leurs habitus et leurs imaginaires au préalable, mais une telle insistance sur ces faits, ne peut qu'encourager à envisager une transformation ou une solidification commune de cet espace normatif. De plus, en comparant avec les réponses du groupe, plus homogène, dans une certaine mesure, des apprenants malaisiens, on comprend que celui-ci n'a pas vécu ce changement éthique en regard de leurs expériences, qui, bien qu'interculturelles, semblent avoir moins développé, au premier abord, cette dimension transculturelle. Bien sûr, d'autres facteurs contextuels ne sont pas à négliger : les apprenants malaisiens sont présents dans des cadres spatiaux et éducatifs différents, ils ont une expérience de la vie en France fondamentalement distincte. D'ailleurs, il est également nécessaire de rappeler ici que le phénomène observé auprès du public de l'ILCF est susceptible d'être circonscrit au contexte de notre public : les apprenants de l'ILCF interrogés appartiennent à deux groupes-classes de niveaux élevés avec une expérience d'apprentissage en France plus longue, il est alors évident qu'il s'agit ici de relativiser le phénomène observé et le restreindre à ces contextes spatiaux et temporels spécifiques. On peut cependant, au regard de ce qui a été évoqué précédemment, s'interroger davantage sur la préexistence de certains universaux normatifs éthiques entourant la notion de respect. Si celle-ci possède des particularités relevant d'habitus présents dans les cultures d'origine des apprenants, il y a indubitablement des similitudes dans les contextes éducatifs de par le monde. Quoiqu'il en soit, appréhender la transculturalité comme finalité pédagogique n'est peut-être pas la seule piste à envisager quant à sa présence en classe. En poursuivant ce raisonnement, le transculturel semble être intrinsèque à l'interculturel, comme une expérience implicite à travers les divers contacts. Cette transculturalité peut être notamment appréhendée, dans le cas présenté ici, comme une forme convergence : les apprenants interrogés ont une intention commune, teintée d'empathie, celle d'inclure l'intégralité du groupe classe dans tout échange au sein de la classe de FLE. Il s'agirait alors pour les enseignants d'identifier ces phénomènes et de les faire conscientiser en classe.

## Conclusion

Ce chapitre a alors démontré la versatilité du concept de culture selon ses appréhensions dans divers domaines des Sciences Humaines et Sociales. Son inclusion dans l'enseignement des langues et plus particulièrement celle du FLE est fondamentalement influencée par les problématiques géopolitiques présentes à travers les époques, mais aussi par diverses considérations véhiculées par les Sciences du Langage. De fait, le multiculturalisme a été abandonné au profit de l'interculturalité, ayant pour finalité le contact et les liens entre les cultures. Cependant, son traitement a parfois abouti à une appréhension culturaliste voire déterministe de divers éléments culturels, notamment socio-pragmatiques, suscitant de nombreuses réserves et critiques de la part de la communauté scientifique. La transculturalité, vue comme une façon de transcender les rapports interculturels, a alors été encouragée par certains, sans cependant connaître un franc succès dans les approches méthodologiques et outils didactiques employés en classe de langue. Bien que la thématique transculturelle ne fasse pas fondamentalement l'objet de la recherche évoquée précédemment, certains résultats de cette étude doctorale présentés ici semblent cependant démontrer une transculturalité inhérente à certains contacts interculturels. De nouveaux travaux à venir doivent alors être encouragés pour démontrer l'importance de cette dimension dans les contextes éducatifs et ainsi venir étoffer la formation de formateurs afin de la conscientiser, dans une certaine mesure, en classe de langue.

## Références

ABDALLAH-PRETCEILLE, M. ; PORCHER, L. Éducation et communication interculturelle. Paris : PUF, 1996.

CAYET, A.-S. **La pratique philosophique avec des adolescents plurilingues** : penser en langues dans une perspective interculturelle. Thèse (Doctorat) – Université Sorbonne Nouvelle, 2020.

COLLECTIF. Culture. *In :* LE PETIT Larousse illustré. 2021.

CONSEIL DE L'EUROPE. **Cadre Européen Commun de Référence pour les Langues**. Apprendre, enseigner, evaluer. Didier. 2001.

CUQ, J.-P. **Dictionnaire de didactique du français langue étrangere et seconde**. CLE International, 2003.

CUQ, J.-P. ; GRUCA, I. **Cours de didactique du français langue étrangere et seconde** (4. éd.). Grenoble : PUG, 2017.

DE FORNEL, M. Le destin d'un argument : le relativisme linguistique de Sapir-Whorf . *In :* DE FORNEL, M. ; PASSERON, J.-C. (ed.). **L'argu-**

mentation : preuve et persuasion. Paris : Éditions de l'École des hautes études en sciences sociales, 2022.

DERVIN, F. **Impostures interculturelles**. Paris : L'Harmattan, 2011.

FORESTAL, C. L'approche transculturelle en didactique des langues--cultures : une démarche discutable ou qui mérite d'être discutée ? **Éla (Études de linguistique appliquée)**, Sévres, 152, p. 393-410, 2008.

HOFSTEDE, G. ; HOFSTEDE, G. J. ; MINKOV, M. **Cultures and organizations** : software of the mind ; intercultural cooperation and its importance for survival (Rev. and expanded, 3. Ed.). McGraw-Hill, 2010.

KASHIMA, Y. ; GELFAND, M. J. A history of culture in psychology. *In* : HANDBOOK of the history of social psychology (3e éd.). Routledge, 2011.

LE PETIT Larousse illustré, Paris : éditions Larousse, 2022.

LINTON, R. **Le fondement culturel de la personnalité**. Dunod, 1999.

MANDELBAUM, D. G. (ed.). **Selected writings of Edward Sapir in language, culture and personality**. University of California Press, 1951.

MEAD, M. **Moeurs et sexualité en Océanie** (2e éd.). Paris : Plon, 2004.

NARCY-COMBES, J.-P. Comment la réflexion sur le transculturing conduit à repenser la compétence interculturelle. Neofilolog, Pologne, p. 353-371, juin 2019.

NARCY-COMBES, J.-P. Le transculturing : un construit pour découvrir les ressorts du translanguaging. **LEM**, France, 1, p. 52-65, 2018.

PARSONS, T. Culture and social system revisited. **Social Science Quaterly**, USA, v. 53, n. 2, p. 253-266, 1972.

TYLOR, E. B. **Primitive culture** : researches into the development of mythology, philosophy, religion, language, art and custom. 1873. v. 1. Disponible sur : lehttps://gallica.bnf.fr/ark:/12148/bpt6k61535g. Consulté le 02.07.2023.

VALETOPOULOS, F. ; PEREZ PEDRAZA, N. A. Enseigner l'interculturalité aux apprenants colombiens du FLE. **Revista Interacción**, Madrid, p. 43-56, 2012.

VAUTIER, M. « L'appréhension des spécificités communicatives pour un meilleur apprentissage de la langue/culture étrangère en classe de Français Langue Étrangère. *In* : DIAS CHIARUTTINI, A. ; HAMEZ, M.-P. (coord.). **Enseigner le français en contexte plurilingue** à travers **le monde** : essais francophones. Paris : Gerflint, v. 7, p. 46-59, 2022a.

VAUTIER, M. **L'ethos communicatif et l'articulation des cultures éducatives en classe de FLE** : identification, influences et adaptations. Thèse (Doctorat) – Université de Franche-Comté, 2022b.

WEBER, M. **L'éthique protestante et l'esprit du capitalisme**. Librairie Plon, 1964.

# GÊNERO E DIVERSIDADE: UMA REFLEXÃO SOBRE OS CURSOS DE FORMAÇÃO DE PROFESSORES NO AMAPÁ-BRASIL

Heryka Cruz Nogueira

## Introdução

Este estudo apresenta reflexões sobre aspectos de cidadania que se fazem presente nos cursos de formação inicial de professores no Brasil, tendo como mote principal a formação do homem/ sujeito integral. A formação desse homem/sujeito integral pressupõe a inclusão de todas as pessoas que compõem uma sociedade, independentemente da sua condição social diversa, seja de raça, seja de credo, gênero, idade ou orientação sexual. Os conceitos e preconceitos de gênero e diversidade têm demonstrado, na prática, que o discurso nem sempre reflete a realidade. Isso porque as tensões de valores, de respeito à diversidade e das identidades de gênero esbarram em situações que desafiam as relações cotidianas na formação dos professores e no dia a dia da escola.

Um levantamento bibliográfico demonstrou que ainda há poucos escritos na área de gênero e da diversidade sexual nos cursos de formação inicial de professores. As universidades, em cursos de licenciaturas, devem ampliar e fortalecer o debate, pois são cursos vocacionados em sua essência para a formação de futuros professores que precisarão lidar com essa realidade nas escolas brasileiras. Entendemos que a formação do homem/sujeito integral que saiba respeitar as diferenças, as diversidades encontradas nas escolas, sem transformá-las em desigualdades, é condição de ordem primeira.

A construção de uma cultura de respeito à diversidade no que tange aos direitos de cidadania somente poderá ser superada quando tornarmos visíveis os indícios de preconceito, por meio do diálogo, da reflexão, do debate e do direito de todos à igualdade. Nas escolas, o desenvolvimento do respeito às questões de gênero e de diversidade sexual é um ato educativo e está sob a responsabilidade do professor, o que reforça a importância de discutir diversidade e gênero dentro da formação inicial de professores, bem como em cursos de formação continuada aos professores que já atuam nas escolas.

Este texto tem intenção de levar a um debate necessário para a formação de professores no combate ao preconceito, em prol da cidadania, do respeito às questões de gênero e da diversidade na escola.

## Identidades sexuais e de gênero

A identidade, segundo Louro (2007), apresenta um conceito polissêmico, que é empregado e traduzido por diversas vertentes teóricas e campos disciplinares. Aqui, é assumido na ótica da cultura e da história, que é onde os nossos estudos demonstram que as identidades se definem. De acordo com Stuart Hall (2006), as sociedades modernas são sociedades de mudanças constantes, rápidas e permanentes. Esta é a principal distinção entre as sociedades "tradicionais" e as "modernas". Anthony Giddens argumenta que:

> [...] nas sociedades tradicionais, o passado é venerado e os símbolos são valorizados porque contém e perpetuam a experiência de gerações. A tradição é um meio de lidar com o tempo e o espaço, inserindo qualquer atividade ou experiência particular na continuidade do passado, presente futuro, os quais, por sua vez, são estruturados por práticas sociais recorrentes. (GIDDENS, 1990, p. 37-38).

Um sujeito constitui-se de múltiplas e distintas identidades (de gênero, raça, etnia, sexualidade etc.). Para Stuart Hall (2006), a identidade é um ponto de apego provisório — é temporária — a uma determinada posição de sujeito. E afirma ainda que:

> A identidade plenamente unificada, completa, segura e coerente é uma fantasia. Ao invés disso, à medida em que os sistemas de significação e representação cultural se multiplicam, somos confrontados por uma multiplicidade desconcertante e cambiante de identidades possíveis, com cada uma das quais poderíamos nos identificar - ao menos temporariamente. (HALL, 2006, p. 13).

Somos sujeitos de identidades transitórias e contingentes, e tudo isso pode se aplicar à identidade de gênero e sexual. E as próprias identidades de gênero e sexual têm caráter fragmentado, instável, histórico e plural. Historicamente, as sociedades demarcam fronteiras que definem as redes de poder e representam a norma. Dentro da fronteira do aceitável, do consonante, estão aqueles que não se distinguem do padrão constituído. Todos os outros ficam à margem dessa fronteira, dessa linha que demarca claramente os diferentes.

Tipologias e relatos de casos, classificações e minuciosas hierarquias caracterizam os estudos da nascente sexologia, buscando conhecer, explicar, classificar, regrar e disciplinar a sexualidade, usando discursos como se fossem autoridades da ciência, conflitando-os ou combinando-os com as leis, a Igreja ou a moral. Nasce então a nomeação do homossexual e da homossexualidade; do heterossexual e da heterossexualidade; e do bissexual e da bissexualidade. Lembrando que aquilo que não se encaixasse na regra e na norma se define como desviante. O padrão estabelece o homem branco, heterossexual, de classe média urbana como a referência-padrão. Todos os outros, tais como mulheres (o segundo sexo), lésbicas, gays, transexuais (desvio da norma heterossexual), que divirjam estão à margem do padrão.

Para Gertz (1987, p. 22), "o homem é um animal inserido em tramas e significados que ele próprio teceu", o que significa dizer que a cultura é uma estrutura de significação socialmente construída. Foucault (2005), em sua obra *A arqueologia do saber*, afirma que as práticas sociais exigem uma linguagem que se sustenta em definir algo pelo seu oposto (bonito/feio, homem/mulher, gay/hétero...), e essa linguagem define o discurso. O corpo, portanto, é produzido pelo discurso, dessa forma, a pretensão é, então, entender o gênero como constituinte da identidade dos sujeitos. E aqui nos vemos diante de outro conceito complexo, que pode ser formulado segundo diferentes perspectivas: o conceito de identidade.

O gênero pode ser compreendido como a estilização do corpo. Foucault (2005) centrou seu estudo sobre a sexualidade de forma investigativa, isto é, com uma análise acerca do controle e do poder sobre os corpos que os discursos produziam como verdades.

> A noção de que pode haver uma "verdade" do sexo, como Foucault a denomina ironicamente, é produzida precisamente pelas práticas reguladoras que geram identidades coerentes por via de uma matriz de normas de gênero. A heterossexualização do desejo requer e institui a produção de oposições discriminadas e assimétricas entre "feminino" e "masculino", em que estes são compreendidos como atributos expressivos de "macho" e de "fêmea". A matriz cultural por intermédio da qual a identidade de gênero se torna inteligível exige que certos tipos de "identidade" não possam "existir" — isto é, aquelas em que o gênero não decorre do sexo e aquelas em que as práticas do desejo não "decorrem" nem do "sexo" nem do "gênero". (BUTLER, 2003, p. 42).

A matriz cultural estabelece uma relação política de leis que regulam a sexualidade. Prosseguindo pela perspectiva foucaultiana, Butler (2003) afirma que não há como viver fora da "norma", no entanto há possibilidades de enfrentamento. Dessa forma, apresenta seu conceito de "subversão", que interpreta a realidade de outro modo, a ludibriar as expectativas impostas.

Na história grega, foi por volta do século VI a.C. que o mito cedeu lugar à razão; e os deuses, aos homens: em seu sentido literal, ao masculino. E o uso de gêneros masculinos na sociedade grega durante o século XXI em quase nada se desprendeu dessa realidade vivenciada pelas civilizações passadas, nas quais o gênero masculino fora dotado de toda a liberdade, e que só mais tarde "privilegiariam" o feminino, promovendo a existência de determinados grupos que, em detrimento da minoria, proporcionaram o surgimento de preconceitos e, consequentemente, discriminação. Ou seja, as desigualdades entre as pessoas do sexo masculino e feminino são evidenciadas nas concepções impostas pela sociedade como verdade absoluta, opondo-se a qualquer opinião adversa a elas mesmas. Isto corresponde principalmente aos discursos enfatizados ao longo da história da humanidade.

Assim, o importante papel que a figura masculina assume na sociedade da Grécia antiga está ligado à ideia de uma visão filosófica que se amplia no seio de uma sociedade patriarcal, que confere ao homem a liberdade em vários aspectos, entre eles o sexual, ao passo que concede pouca, ou quase nenhuma, credibilidade a mulheres, crianças e escravos. Isso se refletirá também nos campos da ciência e da religião.

## Gênero e diversidade na escola

A escola, um dos ambientes de trabalho do futuro professor, é aquela que deve ser verdadeiramente inclusiva. Para o ser, precisa que a formação do futuro professor seja capaz de esclarecer conceitos como desigualdade, diferença, identidade de gênero, machismo, feminismo, empoderamento feminino, tolerância, entre outros. Ao identificar conceitos e preconceitos, tornando visível algo que se esforça para se manter invisível, o estudo contribui para a ampliação e disseminação do respeito à diversidade no ambiente escolar e universitário, legitimando, assim, o combate ao preconceito e à discriminação de grupos que não se insiram dentro dos padrões culturais de identidade de gênero e/ou sexualidade.

De acordo com o programa de formação de professores do Ministério da Educação (MEC) sobre Gênero e Diversidade na Escola (BRASIL, 2009, p. 26), *preconceito* "é algo que vem antes (pré) do conhecimento (conceito), ou seja, antes de conhecer já defino 'o lugar' daquela pessoa ou grupo". Por ser um agrupamento de seres diferentes e únicos, a sociedade acaba por conter um grande número de preconceitos. Dessa maneira nasce o preconceito, a discriminação e tantas outras formas de exclusão social.

A visão que o outro tem e seu julgamento sobre o que vê são o estereótipo, o que geralmente é carregado de preconceitos. Vejamos um conceito mais amplo sobre estereótipo:

> [...] consiste na generalização e atribuição de valor (na maioria das vezes negativas) a algumas características de um grupo, reduzindo-o a essas características e definindo os 'lugares de poder' a serem ocupados. É uma generalização de julgamentos subjetivos feitos em relação a um determinado grupo, impondo-lhes o lugar de inferior e o lugar de incapaz no caso dos estereótipos negativos. (BRASIL, 2009, p. 24).

Essa conceituação explicita que estereótipo é uma imagem que se faz de um determinado grupo, considerando-se apenas características gerais que são transformadas em padrão para todos os seus integrantes. Os estereótipos de gênero implicam uma arbitrariedade cultural, mudando de acordo com o contexto no qual se apresentam, e isso os faz diferentes em cada sociedade, conforme a variação da cultura. Sendo assim, existem desde culturas matriarcais, nas quais a mulher dita as regras e tem o comando da família e do grupo social, até culturas extremamente machistas, em que a mulher é vista como um animal a ser domesticado e escravizado pelo homem.

O resultado de todo esse aprendizado histórico-social sobre o que pertence a eles e o que pertence a elas são dados que ainda revelam uma realidade brasileira preconceituosa. No tocante às mulheres, a situação é mais crítica, pois atinge índices sociais. As assimetrias de gênero existentes no Brasil chegam até mesmo a privar a mulher de ter acesso a direitos básicos, como educação: devido à criação doméstica que têm, elas perdem a oportunidade de frequentar a escola, já que, para a sociedade machista, quem deve se preparar para trabalhar fora é o homem, cabendo à mulher o serviço da casa.

Na Universidade do Estado do Amapá, campo desse estudo, existem políticas recentes de incentivo as oportunidades educacionais para aqueles que estão excluídos ou em vulnerabilidade, com a política de cotas de acesso ao ensino superior que abrange pretos, pardos, indígenas, comunidades tradicionais e extrativistas, transgêneros e transsexuais um compromisso claro com a ampliação do acesso à educação e à equidade de gênero (UEAP, 2022b; UEAP, 2022c).

Apesar das transformações sociais ocorridas nas últimas décadas, os estereótipos e preconceitos ainda se fazem presentes e notáveis e refletem em todas as áreas da sociedade, criando obstáculos para a equidade de gênero.

E o que se entende sobre sexualidade dos indivíduos? Segundo Weeks (2000, p. 40), sexualidade é "'uma construção social', uma invenção histórica, a qual, naturalmente, tem base nas possibilidades do corpo: o sentido e o peso que lhe atribuímos são, entretanto, modelados em situações sociais concretas".

No que concerne à ciência, dá-se à medicina e às ciências biológicas em geral o papel mais importante na concepção de gênero que as tradições sociais reproduzem. Durante muitos séculos, creu-se que o que determinava as funções e capacidades de cada sexo era a constituição anatômica de cada indivíduo, designada pelos cromossomos X e Y. A medicina procurou destacar e divulgar as diferenças biológicas e psíquicas existentes entre homens e mulheres, assinalando que estas eram determinantes na atuação de cada um na vida em sociedade. Esse pensamento, apesar da forte aceitação no ideário social em geral, não satisfaz mais os grupos que buscam a libertação desses tabus.

Segundo Louro (1997):

> [...] é constante nas análises e na compreensão das sociedades um pensamento dicotômico e polarizado sobre os gêneros; usualmente se concebem homem e mulher como polos opostos que se relacionam dentro de uma lógica invariável de dominação-submissão. Para ela seria indispensável implodir essa lógica. (LOURO, 1997, p. 14).

Observa-se então que as desigualdades entre identidade de gênero vão muito além do que é tratado neste texto, pois não há aqui espaço para a discussão biológica, histórica e cultural, e essa diversidade de gênero evidencia preconceitos impostos pela sociedade como verdade que limita toda e qualquer opinião adversa. O que precisamos, enquanto educadores e formadores de profissionais licenciados, é fortalecer esse conhecimento nos cursos de formação de professores, seja de graduação ou de pós-graduação.

BRIGIDA TICIANE FERREIRA DA SILVA • KAOUTHAR BEN ABDALLAH
PAULO ROBERTO MASSARO • ABDELJALIL AKKARI (ORG.)

## Os objetivos e os componentes curriculares obrigatórios dos cursos de formação de professores da Universidade do Estado do Amapá

As informações contidas nos Projetos Pedagógicos dos Cursos de formação inicial de professores da Universidade do Estado do Amapá, que tem duração mínima de quatro anos, indicam que o tema deve ser tratado transversalmente, de forma a oportunizar ao aluno as condições de respeitar a diversidade, de valores, crenças e comportamentos relativos à sexualidade.

De acordo com a análise documental realizada nos projetos pedagógicos dos seis cursos de formação de professores da Universidade do Estado do Amapá (Ueap) — licenciaturas em Matemática, Letras, Ciências Naturais, Pedagogia, Ciências Naturais e Música, sobre os objetivos do curso para a formação inicial de professores, os componentes curriculares obrigatórios e as suas cargas horárias de aulas, apresentamos a seguir os resultados por curso.

O curso de licenciatura em Matemática apresentou os seguintes objetivos e componentes curriculares :

> Formar profissionais, críticos e reflexivos, comprometidos com as transformações educacionais e sociais, garantindo-lhes a apropriação e construção integrada e ativa de conhecimentos sobre as aprendizagens, técnicas, habilidades humanas, desenvolvimento intelectual, cultural e ético, e o aprofundamento de conhecimentos no campo da Educação Escolar formal que contribua para a formação do aluno como profissional e como pessoa. (UEAP, 2017, p. 19).

> Dessa forma, entendemos que, o curso de matemática dentre os seus objetivos propõe na sua formação ao comprometimento com a educação inclusiva e com a diversidade cultural para a construção de uma sociedade justa, igualitária e ética. No que se refere a matriz curricular, os conteúdos ligados as questões de gênero e diversidade podem ser trabalhadas em disciplinas como : filosofia da educação (60h/a), sociologia da educação (60h/a), psicologia da educação (60h/a) e educação e diversidade (60h/a).

O curso de licenciatura em Ciências Naturais com habilitação em Biologia tem os seguintes objetivos e componentes curriculares:

> Formar profissionais com habilitação em Licenciatura em Ciências Naturais com Habilitação em Biologia, para exercerem, com a devida competência, a docência do ensino das Ciências no Ensino Fundamental II e Médio, assim como o planejamento educacional, em face de realidade local e suas múltiplas relações econômicas, políticas, sociais e culturais;
>
> [...]
>
> Formar profissionais para ações de ensino, pesquisa e extensão, visando à promoção do desenvolvimento regional;
>
> Estabelecer vínculos entre o programa de formação de professores do curso de Licenciatura em Ciências Naturais com Habilitação em Biologia e instituições de Educação Básica, órgãos gestores do sistema Estadual e Municipal de ensino;
>
> Promover práticas pedagógicas que irão demonstrar a realidade do processo de ensino e aprendizagem no ambiente educacional;
>
> Promover ao longo do curso a integração entre ensino, pesquisa e extensão; Promover a interdisciplinaridade e transversalidade dos componentes curriculares. (UEAP, 2019a).

O curso de ciências naturais com habilitação em biologia apresenta objetivos amplos promovendo a interdisciplinaridade e transversalidade na formação docente da área. No que concerne a componentes curriculares que podem se aproximar da discussão sobre gênero e diversidade, identificamos a sociologia da educação (60h/a), filosofia da educação (60h/a), psicologia da educação (60h/a), educação inclusiva (60h/a), antropologia cultural (45h/a) e educação e direitos humanos (45h/a).

No curso de licenciatura em filosofia os objetivos buscam uma aproximação com a realidade da existência, dos valores, incluindo temas emergenciais e polêmicos da sociedade contemporânea. No que se refere aos componentes curriculares, estes apresentam amplo espaço para o debate e o diálogo sobre gênero e diversidade, sendo elas : sociologia da educação (60h/a), psicologia da educação (60h/a), antropologia filosófica (60h/a), ética (60h/a) e ética aplicada (60h/a). O curso de licenciatura em Letras tem os seguintes objetivos:

> Formar profissionais na área de Língua Portuguesa e Literatura, Língua Espanhola, Francesa ou Inglesa e respectivas Literaturas capazes de lidar com a linguagem nos contextos oral e escrito e suas manifestações literárias; que sejam conscientes de sua inserção política na sociedade e aptos a usar suas capacidades intelectuais para realizar atividades de forma competente na docência e na pesquisa nessas áreas.
>
> [...]
>
> Propiciar a vivência de valores humanos (partilha, cooperação, ética, solidariedade) necessários à construção de uma sociedade mais justa; (UEAP, 2022a, p. 35).

Compreendemos que o curso de licenciatura em Letras apresenta objetivos amplos promovendo o desenvolvimento e a ampliação da língua culta oral e escrita, bem como as literaturas na formação docente da área, não sendo objetivo do curso as discussões transversais de gênero e da diversidade. Embora a língua portuguesa seja um dos maiores componentes de carga horária na educação básica, o pouco que vislumbra como objetivo na formação dos professores do curso é neutro, "propiciar a vivência de valores humanos (partilha, cooperação, ética, solidariedade) necessários à construção de uma sociedade mais justa" (UEAP, 2022a, p. 35). Os componentes presentes no currículo do curso que poderiam se aproximar das discussões sobre gênero e diversidade na escola são: sociologia da educação (60h), filosofia da educação (45h), psicologia da educação (60h) e educação inclusiva (60h). Há diversos componentes optativos no curso, embora não são obrigatórios à formação docente.

O curso de licenciatura em Pedagogia objetiva:

> Oportunizar a formação do profissional para o exercício da docência, organização e gestão de sistemas, unidades e projetos educacionais para a produção

e difusão do conhecimento, com visão histórica e científica das ciências da educação, capaz de estabelecer relações com outras áreas do conhecimento e compreender o mundo que o cerca, instrumentalizado para a análise dos problemas educacionais.

Fortalecer o desenvolvimento e aprendizagem de crianças da Educação Infantil e Anos Iniciais do Ensino Fundamental, proporcionando meios para a aprendizagem do ser humano em relação à Educação Infantil e Anos Iniciais do Ensino Fundamental, inclusive na perspectiva da educação ao longo da vida.

Favorecer a atuação profissional em contextos escolares e não escolares, na promoção de aprendizagem de sujeitos em diferentes fases do desenvolvimento humano.

Formar profissional para atuar na coordenação do trabalho pedagógico, na gestão de sistemas, unidades, projetos educacionais e experiências educativas próprias da educação escolar e não escolar (UEAP, 2019c, p. 37).

O curso de formação de professores em pedagogia apresenta objetivos amplos direcionados a formação do profissional para atuar na educação escolar e não-escolar, compreendendo o mundo que o cerca e proporcionando o desenvolvimento de crianças da creche, anos iniciais e ao longo da vida. Sobre os componentes curriculares que podem se aproximar da discussão sobre gênero e diversidade, identificamos os fundamentos sócio-antropológicos da educação (60h), sociologia da educação (60h/a), filosofia da educação I (60h/a), filosofia da educação II (60h/a), psicologia da educação I (60h/a), psicologia da educação II (60h/a), educação inclusiva (60h/a) e educação e direitos humanos (60h/a). Há diversos componentes optativos no curso, embora não são obrigatórios à formação docente.

O curso de licenciatura em Química possui os seguintes objetivos:

O curso de Licenciatura em Química destina-se a formar professores para a rede pública e privada de ensino, para atuarem no ensino médio. Pretende ter uma organização curricular de tal forma que possibilite ao futuro professor de Química adquirir as competências e habilidades necessárias para o ensino da Química, interpretando esta como linguagem de criação de modelos que permitem resolver problemas das mais diversas áreas do conhecimento, e como uma ciência com seus métodos de descobrimento e argumentos lógicos para construção de uma estrutura formal articulada.

[...]

Estabeleça ao longo do curso a integração entre ensino, pesquisa e extensão, alicerçada ao protagonismo acadêmico nas ações com a comunidade externa e suas problemáticas.

[...]

Compreendam que as decisões sobre currículos, estratégias de ensino, práticas adotadas em sala de aula, dentre outras, derivam de visões de mundo e posicionamento de caráter político, social e moral que os professores assumem, de modo que o ensino não possa ser considerado atividade neutra. (UEAP, 2020b, p. 13-14)

Foram identificados onze objetivos específicos no curso de licenciatura em química, quase todos estão focados e direcionados a atividade do ensino de química e, somente os objetivos citados acima poderiam se aproximar das discussões ligadas as questões de gênero e diversidade. No que se refere a matriz curricular, os componentes que poderiam ter conteúdos ou discussões acerca da temática são: filosofia da educação (45h/a), sociologia da educação (45h/a) e psicologia da educação (45h/a).

O curso de licenciatura em Música tem como objetivos :

[...] formar o professor de música, o profissional responsável pelo ensino de música em diversos níveis da educação básica e ensino especializado, que integre de maneira efetiva os conhecimentos humanísticos, pedagógicos-musicais e práticas musicais ao seu ensino, visando o desenvolvimento cultural, social e econômico a nível regional e nacional.

[...]
Oportunizar aos futuros docentes uma vivência de formas diversificadas de ação pedagógica e artístico-musical, dando ênfase ao trabalho interdisciplinar. (UEAP, 2020a, p. 13).

Entendemos que o curso de licenciatura em música, possui um objetivo especializado de formar professores de música, promovendo a melhoria do conhecimento em música de pessoas que já possuem identificação com aos instrumentos com vistas ao aperfeiçoamento. Na sua proposta pedagógica, o curso amplia o olhar sobre o mundo e afirma que "a Educação Musical assimila e reflete o conhecimento gerado por outras áreas, notadamente a Psicologia, a Sociologia, a Antropologia, a Musicologia e a Etnomusicologia, assumindo uma tendência multidisciplinar" (UEAP, 2020, p. 23). Na matriz curricular componentes como filosofia da educação (45h/a), sociologia da educação (45h/a) e psicologia da educação (45h/a) poderiam discutir a temática de gênero e da diversidade além de temas transversais que poderiam ser trabalhados em outros componentes da sua matriz de 61 disciplinas e em atividades de extensão.

Nesse sentido, concluímos que os objetivos da formação de professores e os currículos precisam passar por contínuas atualizações, ser menos generalista e mais específicos e críticos com a finalidade de atender a realidade educacional que ora se apresenta nas escolas, descortinando os silêncios, os segredos de um currículo genérico e com sexualidade-padrão, pois há necessidade de discutir a questão das identidades sociais que se refletem nas escolas públicas do país.

## Considerações finais

Este estudo traz à luz a necessidade urgente de ampliar o debate sobre as questões de gênero no currículo dos cursos superiores de formação de professores, os quais ainda demonstram fragilidades, por quase não conterem ações pedagógicas que se mostrem afirmativas ao garantir a igualdade de tratamento e de oportunidades, o que ainda torna invisíveis questões de ordem primeira: a formação do homem integral.

BRIGIDA TICIANE FERREIRA DA SILVA • KAOUTHAR BEN ABDALLAH
PAULO ROBERTO MASSARO • ABDELJALIL AKKARI (ORG.)

Discutir as questões de gênero e diversidade nos cursos superiores de formação inicial de professores é necessário para a construção de uma sociedade respeitosa, igualitária e cidadã. A invisibilidade em tratar dessas temáticas em cursos de formação de professores é motivo de preocupação, considerando que a universidade **é um espaço de liber**dade e autonomia didático-científica que deve discutir as questões que envolvem a sociedade com vistas ao desenvolvimento social local, regional e nacional.

O currículo para discussão das temáticas, ainda se faz mínimo nos cursos de formação de professores na Universidade do Estado do Amapá. Os componentes que mais teriam tendências em discutir essas questões de gênero e diversidade sexual que são sociologia da educação, psicologia da educação, antropologia cultural, ética, educação inclusiva, educação e direitos humanos, possuem cargas horárias entre 45 e 60 horas aulas e, em média 4 por curso que corresponde a 240 horas/aulas. O implica dizer que o espaço nos currículos dos cursos que podem possibilitar as discussões sobre a temática não chega a 10% da carga horária do curso.

No espaço escolar, a sexualidade não se faz presente apenas nas portas de banheiros, em muros e paredes, ela está presente na escola por meio das atitudes dos alunos em sala de aula e da convivência social entre eles.

## Referências

BRASIL. **Formação de professores em gênero, sexualidade, orientação sexual e relações étnico-raciais**. Ministério da Educação. Curso de Gênero e Diversidade na Escola, Brasília. 2009.

BUTLER, J. **Problemas de gênero**: feminismo e subversão de identidade. Rio de Janeiro: Civilização Brasileira, 2003.

FOUCAULT, M. **A arqueologia do saber**. Tradução de Luiz Felipe Baeta. Rio de Janeiro: Forense Universitária, 2005.

GERTZ, C. Descripción densa: hacia una teoría interpretativa de la cultura. *In*: GERTZ, C. **La interpretación de las culturas**. México: Gedisa, 1987.

GIDDENS, A. **As conseqüências da modernidade**. Tradução de Raul Fiker. São Paulo: Editora UNESP, 1990.

HALL, S. **A identidade cultural na pós-modernidade**. Tradução de Tomaz Tadeu da Silva e Guaracira Lopes Louro. 11. ed. Rio de Janeiro: [*s. n.*], 2006.

LOURO, G. **Gênero, sexualidade e educação**: uma perspectiva pós-estruturalista. Petrópolis: Vozes, 1997.

LOURO, G. Gênero, sexualidade e educação: das afinidades políticas às tensões teórico-metodológicas. **Educação em revista**, Belo Horizonte, n. 46, p. 201-218, dez. 2007.

UNIVERSIDADE DO ESTADO DO AMAPÁ (UEAP). **Projeto pedagógico do curso de licenciatura em Ciências Naturais com habilitação em Biologia**. Macapá: Ueap, 2019a.

UNIVERSIDADE DO ESTADO DO AMAPÁ (UEAP). **Projeto pedagógico do curso de licenciatura em Filosofia**. Macapá: Ueap, 2019b.

UNIVERSIDADE DO ESTADO DO AMAPÁ (UEAP). **Projeto pedagógico do curso de licenciatura em Letras**. Macapá: Ueap, 2022a.

UNIVERSIDADE DO ESTADO DO AMAPÁ (UEAP). **Projeto pedagógico do curso de licenciatura em Matemática**. Macapá: Ueap, 2017.

UNIVERSIDADE DO ESTADO DO AMAPÁ (UEAP). **Projeto pedagógico do curso de licenciatura em Música**. Macapá: Ueap, 2020a.

UNIVERSIDADE DO ESTADO DO AMAPÁ (UEAP). **Projeto pedagógico do curso de licenciatura em Química**. Macapá: Ueap, 2020b.

UNIVERSIDADE DO ESTADO DO AMAPÁ (UEAP). **Projeto pedagógico do curso de licenciatura em Pedagogia**. Macapá: Ueap, 2019c.

UNIVERSIDADE DO ESTADO DO AMAPÁ (UEAP). **Projeto pedagógico do curso de licenciatura em Pedagogia**. Macapá: Ueap, 2019c.

UNIVERSIDADE DO ESTADO DO AMAPÁ (UEAP). **RESOLUÇÃO No 436/2020 – CONSU/UEAP (Alterada pela Resolução no 450, de 2020)**. Inclui cota de 5% das vagas oferecidas nos Processos Seletivos Discentes da UEAP, para estudantes integrantes de povos e comunidades tradicionais e extrativistas. Macapá, 2022b.

UNIVERSIDADE DO ESTADO DO AMAPÁ (UEAP). **RESOLUÇÃO No 437/2020 – CONSU/UEAP (Alterada pela Resolução no 451, de 2020).** Inclui cota de 5% das vagas oferecidas nos Processos Seletivos Discentes da UEAP, para estudantes transgêneros e transexuais. Macapá, 2022c.

WEEKS, J. O corpo e sexualidade. *In*: LOURO, G. L. (org.). **O corpo educado**: pedagogias da sexualidade. 2. ed. Belo Horizonte: Autêntica, 2000. p. 37-48.

# RIOS, TERRA E BRINCADEIRAS: LUDICIDADE E CULTURA INFANTIL NA AMAZÔNIA

Angela do Céu Ubaiara Brito

Priscilla Pantoja do Nascimento

## Introdução

O estudo envolveu a discussão da ludicidade e da cultura infantil na Amazônia, no sentido de compreender as formas de brincar em um território tão vasto e que tem como centro a floresta e as águas que envolvem a comunidade ribeirinha. Dessa forma, investigou-se os territórios imaginário e concreto, elementos que compõem a cultura infantil por meio do brincar nos rios, na terra, com a lama e com gravetos.

Assim, o território imaginário amazônico pertencente ao universo infantil é formado "do fantasioso e da criatividade das crianças, capaz de incrementar cenários do brincar e favorecer o desenvolvimento mental delas, a partir de artefatos existentes nesse universo tão vasto, que é a criatividade das crianças". Já o território concreto "refere-se aos artefatos disponíveis no ambiente natural em que vivem, como também os construídos e modificados pelas próprias crianças, os quais também representam parte de sua cultura infantil" (BRANDÃO, 2019, p. 16).

As crianças têm oportunidade de relacionar-se diretamente com os rios, os animais, as florestas — um ambiente propício à criatividade —, construindo seus próprios brinquedos, jogos e brincadeiras, valendo-se de galhos, caroços, cipós, folhas, frutos e diversos outros materiais encontrados naquele território.

Todavia, existe uma emergência cada vez mais latente no século XXI de compreender a cultura ribeirinha, principalmente no que diz respeito à criança, visto que esse cenário compõe a identidade dos povos amazônicos, em sua originalidade. Segundo Brandão (2019), a cultura amazônica constitui a base ancestral de grande parte da população brasileira, na matriz dos povos originais que foram abruptamente colonizados pelos europeus. E, quando o trabalho faz o recorte das crianças, é no sentido de estudá-las dentro da cultura ribeirinha e em suas manifestações infantis, pois estas ainda são pouco visibilizadas e necessitam de respeito e da devida valorização, sobretudo nos espaços educativos, com vistas à garantia do direito à infância.

Assim, o trabalho discute a criança como ator social e histórico, produtor de cultura e sujeito autônomo de seu aprendizado na comunidade, que deve sustentar-se em um processo educativo dos saberes que produzam conhecimento e cultura mediante possibilidades oportunizadas tanto pelos seus pares como pelas experiências práticas, valendo-se do meio que o cerca.

Nessa perspectiva, o estudo buscou investigar como as crianças da comunidade da Arraiol apresentam sua ludicidade, tendo em vista a constituição da cultura infantil, por meio das brincadeiras. O objetivo geral é compreender a contribuição do brincar da comunidade, identificando sentidos, significados, peculiaridades na representação da ludicidade.

Para tanto, usou-se a metodologia qualitativa com base etnográfica de estudo para compreender os elementos de um brincar entre rios e terra na constituição da ludicidade e cultura infantil de crianças que ainda têm o privilégio de viver experiências da sua infância em uma comunidade preservada de valores e aculturação urbana, como a comunidade do Arraiol.

O trabalho discute, na primeira subseção, a ludicidade e a cultura infantil, isto é, como a criatividade da criança e suas manifestações estão presentes nas brincadeiras com os elementos da natureza e a ludicidade da criança. A segunda descreve a metodologia e o contexto de pesquisa, caracterizando a comunidade de Arraiol e os participantes, bem como trata da análise de conteúdo. Depois, descrevemos a análise dos dados, na subseção intitulada "Rios, terras e brincadeiras: o brincar das crianças no Arraiol". Esta apresenta, de forma etnográfica, três brincadeiras das crianças na comunidade, as quais envolvem a constituição lúdica e cultural do brincar típico da região.

Assim, pretende-se contribuir para dar visibilidade ao brincar das crianças ribeirinhas, entendendo que este tem um processo de aprendizagem na formação delas na relação estreita com a natureza e na manifestação lúdica da cultura infantil.

## Ludicidade e cultura infantil na Amazônia

A discussão da ludicidade parte do princípio que envolve a criatividade da criança e suas manifestações; dessa forma, as brincadeiras constituem-se em representações mais visíveis da ludicidade da criança, uma vez que ela constrói cenários materiais para o brincar e suas relações, fazendo parte da construção de sua cultura infantil. É brincando que a criança conhece a realidade e interage com esta, pois as brincadeiras propiciam mudanças nas ações, valendo-se de objetos concretos, assim como significado para essas ações.

Carneiro (2010, p. 53) reforça a relevância da fantasia nas brincadeiras, para quem "o brincar criativo e imaginário ajuda no desenvolvimento das competências fundamentais para a concepção do raciocínio abstrato". Ressalta ainda que essas brincadeiras ajudam a criança na compreensão e na forma como agirá diante da realidade. Do mesmo modo, ao abordar a fantasia, Sarmento (2004, p. 26) destaca que "o 'mundo de faz de conta' é parte integrante da construção pela criança da sua visão de mundo e da atribuição do significado das coisas".

Nessa perspectiva, entende-se que o uso da imaginação é determinante nas brincadeiras infantis, por meio da qual as crianças elaboram histórias inéditas, reproduzem e modificam objetos e situações. Assim, o imaginário é processo que envolve a cultura amazônica e, constantemente, a constituição das culturas infantis.

As brincadeiras são manifestações culturais nas quais a criança expressa suas experiências adquiridas na convivência com o mundo adulto. Para a criança, as experiências oportunizadas por meio do brincar constituem-se em um espaço de aprendizagem. Assim, a criança amazônida convive com um ambiente cercado pela natureza, com rios e florestas, em uma relação íntima com a natureza, uma relação de pertencimento, o que faz com que, em suas brincadeiras, prevaleça o uso da imaginação; e o seu contexto lúdico

> [...] está intrinsecamente ligado aos mitos, lendas e brincadeiras que se originam da água e das riquezas naturais que a cercam. Entender o que representa para ela estes elementos, nos fará compreender seu universo lúdico e sua própria cultura. (ROJAS; FERREIRA, 2013, p. 10).

A criança ribeirinha constrói sua aprendizagem ao se relacionar com a natureza, isto é, brincando em um ambiente cercado por árvores, rios, flores, frutos, sementes, entre outros. Esse ambiente possibilita o desenvolvimento da criatividade da criança ao produzir seus próprios brinquedos, dando vida e identidade aos objetos no decorrer de suas brincadeiras. Desse modo, Tedesco afirma que

> [...] ser criança ribeirinha/pantaneira significa estar em contato direto com a natureza e com tudo que ela oferece. A criança de maneira espontânea evidencia a íntima relação entre o real e o imaginário cultivado com o rio, com as árvores e os bichos. Estes elementos estão sempre carregados de simbolismo e são fundamentais para a ludicidade infantil. (TEDESCO, 2016, p. 117).

A população ribeirinha tem uma rica cultura lúdica, que ainda é desconhecida pela maioria da população de outras regiões. As brincadeiras das crianças ribeirinhas expressam suas culturas particulares, seus costumes, seus modos de vida, sendo a natureza a principal fonte lúdica para essas crianças. É notável que os sujeitos ribeirinhos da Amazônia apresentam um modo de vida singular, uma vez que

> [...] é marcado pela relação profunda com a natureza, vivendo em função da floresta e do rio, especialmente, deste último, elemento marcante que cria, ao mesmo tempo, vínculos e isolamentos entre as pessoas da região. (HARRIS, 2000 *apud* TEIXEIRA, 2013, p. 6).

Em uma pesquisa realizada por Reis *et al.* (2014), sobre brincadeiras em uma comunidade ribeirinha, constatou-se que as brincadeiras mais utilizadas pelas crianças são realizadas na natureza: brincam na mata e nos rios. Dentre as brincadeiras realizadas, os autores destacam as brincadeiras de locomoção, como balançar em árvores de grandes portes, em que pulavam de um galho para outro, penduravam-se e pulavam ao chão, brincadeiras essas realizadas apenas por crianças maiores. Ainda, nadar no rio é comum nas brincadeiras infantis ribeirinhas, mas sempre sob supervisão de um adulto. Nestas, as crianças realizam diversas brincadeiras na água, como natação e pira-pega; fazem barcos de madeiras, como o "miritizeiro"; brincam também de salto mortal na maré cheia, utilizando galhos de árvores como trampolim para dar pirueta; e andam de canoa ou casco, realizando competições de canoa.

Já as brincadeiras de exercício com objetos destacadas pelos autores são: jangada, na qual devem manter o equilíbrio sem afundar, e o vencedor é quem permanece por mais tempo; e barquinhos, que são brinquedos confeccionados pelas crianças utilizando uma palmeira da região, a qual, por ser leve, mantém o brinquedo flutuante, brincadeira esta que pode ser realizada também individualmente; o bole-bole, uma brincadeira típica das comunidades ribeirinhas cujo brinquedo é uma semente chamada olho-de-boi e é realizada em grupo — nesta, o vencedor é quem joga a semente para o alto e consegue pegar todas com o dorso da mão, e é uma atividade realizada por todas as faixas etárias (REIS *et al.*, 2014).

Há também brinquedos de construção. Segundo os autores, são confeccionados com recursos naturais como miriti, como é chamada popularmente a *Mauritia flexuosa*, e troncos de matuti, cujo nome científico é *Pterocarpus amazonicus huber* e *P. officinalis Jacq.*, utilizados para confeccionar barcos, revólveres e espingardas, gaiolas, bonecos e celulares, e carros — que, muitas vezes, não fazem parte de seu contexto, mas são representados na brincadeira como um desejo de posse (REIS *et al.*, 2014).

Outro tipo de brincadeira apresentada pelos autores são as simbólicas, de faz de conta, que reproduzem a vida cotidiana dos adultos nas áreas ribeirinhas, quais sejam: a caçada e a brincadeira de casinha. Nestas está incluído o gênero masculino, já que os meninos "caçam" para sustentar a família; e o feminino, uma vez que as meninas são as "donas de casa". Fazem tabernas representando a venda de produtos de uso cotidiano, por meio de plantas da região; a pesca, utilizando folhas para representar peixes; as fazendas, momento em que utilizam sementes e frutos não comestíveis para representar bois; fazem também serrarias, que é uma forma de trabalho ainda muito presente nas comunidades e que são representadas pelas crianças. Por fim, há as brincadeiras de regras, como pique-esconde, pique-pega, bandeirinha, futebol, entre outras, que também fazem parte da cultura urbana (REIS *et al.*, 2014).

As brincadeiras nas áreas ribeirinhas variam de acordo com o contexto da criança, mas, em geral, são as que mais estão presentes nessas comunidades. Por meio da pesquisa desses autores, é possível perceber que a cultura, o meio em que se vive, influencia diretamente as brincadeiras que as crianças realizam, portanto o brincar pode ser considerado fruto do meio cultural, em que a criança reproduz práticas cotidianas em suas brincadeiras (NEGRINE; NEGRINE, 2010).

## Percurso e contexto da pesquisa: comunidade do Arraiol

O estudo está fundamentado na abordagem qualitativa de caráter descritivo e buscou compreender as brincadeiras das crianças na comunidade em comento. Denzin (1997) define a investigação qualitativa como multimetódica, pois inclui uma perspectiva interpretativa, além das dimensões construtivistas e naturalistas, em face do seu objeto de estudo. Tal aspecto qualitativo envolve o "sujeito interpretativo" no contexto investigado (DENZIN; LINCOLN, 2000, p. 188).

Dessa forma, foi necessário que se investigasse a realidade no seu contexto natural, procurando dar-lhe sentido e interpretando os fenômenos de acordo com os significados que têm para as pessoas que dela participam. Entende-se que, na "pesquisa qualitativa, os sujeitos envolvidos na investigação participam não como objeto de estudo, mas como sujeito intérprete dos fenômenos educativos" (IMBERNÓN, 2002, p. 14). Portanto, a investigação qualitativa implica a utilização de uma variedade de ferramentas para obter um maior número de informações sobre o objeto de estudo (DENZIN, 1997; DENZIN; LINCOLN, 1998).

Considera-se que essa metodologia ofereceu um conjunto de procedimentos que possibilitaram explicar e investigar a realidade social e estudá-la, compreendendo seus fenômenos do brincar na comunidade do Arraiol. Assim, a metodologia empregada foi a etnografia como fonte coleta de dados na vivência com as crianças, no sentido de compreender o objeto de estudo. Para Creswell (2014), a pesquisa etnográfica constitui-se em uma íntima relação com o estudo em questão, na qual se pode descrever como os elementos da natureza Amazônica se envolvem no brincar das crianças e no uso da ludicidade e construção das culturas infantis.

A pesquisa e as narrativas contaram com registro de dados por meio de entrevistas semiestruturadas para colhimento de narrativas relacionadas ao brincar e à cultura infantil; e tiveram como base apenas perguntas abertas e questões-chave referentes aos tipos de brincadeiras e brinquedos, locais para brincar, companhia, fonte de aquisição dos brinquedos e outros, que suscitaram o diálogo, com o propósito de responder aos objetivos da pesquisa no que tange à análise de costumes específicos dessa região e também para descrever de que maneira essas práticas ocorrem.

Os participantes da pesquisa residem na comunidade de Arraiol, localizada no Arquipélago do Bailique (Figura 1). Conforme informa Queiroz Jr. (2016), esse arquipélago é um distrito do município de Macapá, localizado na zona rural e composto por oito principais ilhas no leste do estado do Amapá: Bailique, Brigue, Curuá, Faustino, Franco, Marinheiro, Igarapé do Meio e Parazinho. Geograficamente, localiza-se na foz do Rio Amazonas, que deságua no Oceano Atlântico. Dista de 160 a 180 km da capital, Macapá, e a chegada ao local torna-se possível apenas por via fluvial ou aérea. Já a população do Arquipélago do Bailique representa 2% da população de Macapá, com mais de 7 mil habitantes, espalhados pelas oito ilhas, com cerca de 40 comunidades, e 1.700 km$^2$ de área, incluindo água e continente (ARQUIPÉLAGO, 2011).

Figura 1 – Comunidades pertencentes ao distrito do Bailique

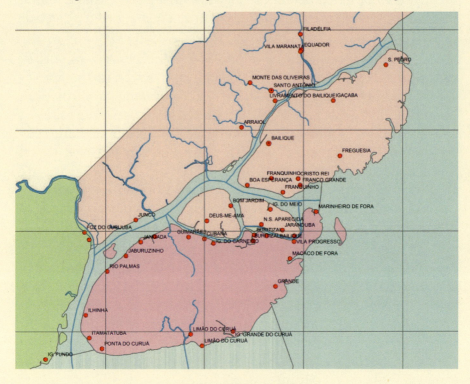

Fonte: SEMA (2004)

As comunidades do arquipélago são tipicamente ribeirinhas, as quais vivem em função das águas, das florestas e do plantio na roça. Desse modo, o rio constitui-se tanto em fonte de alimentos quanto em via de transporte dos que ali vivem. É também lugar de lazer para as famílias e do brincar para as crianças, representando manancial de vida para os moradores.

Os participantes foram crianças de 4 a 12 anos incompletos. Participaram da pesquisa somente aquelas crianças que foram devidamente autorizadas pelos pais, e foi atendido o princípio da livre e espontânea vontade na participação, quando estavam de acordo com a pesquisa (GIL, 2008).

Para a análise e tratamento dos dados, utilizou-se o método denominado análise de conteúdo. De acordo com Franco (2005, p. 13, 38), "o ponto de partida da Análise de conteúdo, é a mensagem, seja ela verbal (oral ou escrita), gestual, silenciosa, figurativa, documental ou diretamente provocada". A autora enfatiza também que a palavra é "a menor unidade de registro usada em Análise de Conteúdo. Pode ser uma simples palavra (oral e/ou escrita), um símbolo ou um termo". Na mesma perspectiva, para Bardin (2016), no processo de tratamento de dados baseado na análise de conteúdo, há um campo de investigação que busca compreender um saber que está por trás da superfície textual, antes vista como neutra, e agora, em controvérsia, surge uma nova concepção de que em toda mensagem há um sentido e um significado.

## Rios, terra e brincadeiras: o brincar das crianças no Arraiol

O princípio etnográfico possibilitou o contato com a comunidade na convivência por meio da estadia dentro da casa de moradores e no espaço de suas adjacências, em que é possível observar muitas práticas culturais relacionadas ao brincar, e nas quais se identificaram algumas delas ainda bastante tradicionais, que dizem respeito àquele brincar antigo, no qual os brinquedos são produzidos de elementos da terra, extraídos da própria natureza, e feitos de forma manual, como os barquinhos confeccionados com sobras de madeira, material que os adultos retiram da natureza para construir suas casas.

Entre esses modos de vida próprios da comunidade ribeirinha, e por se tratar de um lugar de biodiversidade muito rica e diversa, porém sem muitos brinquedos industrializados, as crianças utilizam-se de sua criatividade criando e recriando cultura em forma de brinquedos e brincadeiras; são profissionais em exploração, por natureza, confeccionam brinquedos e brincam com o elemento material que está ao seu alcance.

O organograma a seguir (Figura 2) apresenta elementos do brincar com as crianças em registros etnográficos na comunidade e que evidenciam uma relação direta com a natureza.

Figura 2 – Brincadeiras com elementos da natureza

As águas dos igarapés são o principal elemento com que se criam ricas situações lúdicas.

Curralzinho, brincadeira que as crianças preferem realizar quando o solo está seco.

A brincadeira de lama é pertencente à cultura das crianças ribeirinhas.

Fonte: adaptada de Brandão (2019)

Em análise, compreende-se que os elementos da natureza — terra, lama e água — servem como pivôs de mediação que constituem o brincar das crianças e que envolve a ludicidade como processo que permeia as brincadeiras. Observa-se, por meio das vivências no cotidiano, identificado na primeira imagem da Figura 2, que a criança ribeirinha usa a natureza e seu corpo para as brincadeiras. Compreende-se que essas manifestações corporais são favoráveis à criança e que se expressam mais vigorosamente em razão das oportunidades que o próprio ambiente natural lhe proporciona.

A criança amazônica tem a facilidade de movimentar o corpo das maneiras mais exóticas possíveis, elemento lúdico que a difere das crianças de outros grupos; mais que isso, denota sua singularidade, e garante-lhes uma identidade concernente à sua regionalidade. A respeito dessa sensibilidade para a compreensão do brincar corporal da criança, Piorski traz sua contribuição:

> Como primeiro chão de trabalho, proponho a materialidade do brinquedo e o gesto do brincar que se

> fazem brincadeira ao carregar, como sustentação ou fonte de expressão, um inconsciente : os quatro elementos da natureza. Se bem observado, é possível detectar linguagens, corporeidades, materialidades e sonoridades do brincar associadas a esse inconsciente natural que mora no imaginar e, constantemente, se mostra no fazer das crianças. (PIORSKY, 2016, p. 19).

Dessa forma, encontra-se sentido nas brincadeiras da comunidade, as quais são constituídas por meio da estreita relação com a natureza, uma vez que não se usa a água somente para a função dos afazeres cotidianos, atos de cozinhar e higienizar, por exemplo. Na verdade, entrelaça-se e é cenário para o brincar das crianças na relação íntima de criar propostas de brincadeiras no rio.

Em outro registro etnográfico, na segunda imagem da Figura 2, podemos observar as crianças e o típico brincar no chão, na terra. Dessa maneira, o solo também acaba por definir, de certo modo, o tipo de brincadeira a ser realizada pelas crianças, como no exemplo da imagem, onde se observa o curralzinho, brincadeira que as crianças preferem realizar quando o solo está seco, pois, quando é inverno, o solo fica permeável, formando poças de lama, e, como não há sistema de encanação, a água utilizada no cotidiano também vai para o solo, que, misturada às pegadas dos animais, dificulta as brincadeiras das crianças.

O brincar no chão traz o imaginário para as crianças, visto que elas utilizam as brincadeiras para exteriorizar seus sentimentos e formular o mundo de forma que seu espaço seja garantido. É brincando que a criança conhece a realidade e interage com ela. Nessa brincadeira de curralzinho, as crianças transferem uma atividade adulta para o brincar, uma vez que não poderiam realizá-lo com os bois de verdade e muito menos estar na lida com os adultos. Assim, a imaginação na construção dos aspectos lúdicos possibilita, por meio dos elementos da natureza, a brincadeira, até mesmo com semente e frutinhas quais boizinhos e gravetos como cercado.

Na observação etnográfica dessa brincadeira, torna-se relevante analisar a concepção de Vigotsky sobre o brincar, pois, em suas teorias, ele buscou compreender o processo evolutivo cultural e o desenvolvimento psicológico do homem (VIGOTSKY, 2007). Embora sua teoria tenha sido formulada há muitos anos, continua sendo disseminada e utilizada como fundamentação em relação à compreensão do brincar e à cultura das crianças.

Vigotsky (2007, p. 137) explica que "a essência do brinquedo é a criação de uma nova relação entre o campo do significado e o campo da percepção visual, ou seja, entre situações no pensamento e situações reais" — e são essas relações que vão influenciar o desenvolvimento da criança e suas futuras ações. Ainda segundo o autor, a situação imaginária, a imitação e as regras são elementos fundamentais no brincar. Neste sentido, Vigotsky considera o brincar como gerador de uma Zona de Desenvolvimento Proximal (ZDP), que se refere às atividades que a criança consegue realizar. Tal processo, na teoria vigotskyana, é denominado como mediação, que pode se dar por meio de adultos ou outras crianças mais experientes, quando o autor se refere à mediação entre sujeitos.

Corsaro (2011) corrobora o autor ao considerar o caminho percorrido pela criança para o seu desenvolvimento real, que consiste na solução de qualquer problema e desenvolvimento potencial, forma que utilizará para a resolução de problemas.

Ainda, estudos em psicologia da aprendizagem humana comprovam que o brinquedo é estímulo para que a criança desenvolva seus processos de apropriação de conhecimentos e experiências, além de fortalecer o imaginário. Com exemplo, Vigotsky (2007, p. 117) enfatiza que, "no brinquedo, a criança sempre se comporta além do comportamento habitual da sua idade, além do seu comportamento diário; no brinquedo, é como se ela fosse maior do que é na realidade". O brinquedo propicia à criança uma mudança nas ações com objetos concretos e os significados dessas ações. Ao discutir a relevância do brinquedo, Vigotsky (2007) destaca a brincadeira do faz de conta, na qual a criança simboliza viver alguma situação desejada, como a brincadeira em análise, que é o brincar com curralzinho. Segundo o autor, nas brincadeiras em que as crianças reproduzem o comportamento dos adultos no cotidiano, torna-se mais fácil a associação de situações reais com elementos fantasiosos.

Segundo Brito,

> A situação imaginária tem a capacidade de provocar mudanças, uma vez que o significado se constitui em uma cadeia de ações, deixando de ser apenas um atributo do objeto. Por meio da brincadeira, a criança aprende a atuar numa esfera cognitiva, que depende de motivações internas. (BRITO, 2013, p. 87).

As brincadeiras em que utiliza a imaginação e o mundo da fantasia são repletas de significação para a criança, visto que, por meio delas, esta desenvolve seu senso criativo, interpretativo e interativo; dessa forma, essas brincadeiras contribuem de forma significativa para a construção de seu desenvolvimento.

Conforme Vigotsky (2007), as brincadeiras realizadas pelas crianças podem evoluir de uma brincadeira com regras implícitas para uma brincadeira em uma situação imaginária com regras explícitas. O uso da imaginação é determinante nas brincadeiras infantis, por meio da qual as crianças elaboram histórias inéditas, reproduzem e modificam objetos e situações. Entretanto, Vigotsky afirma que as brincadeiras imaginárias não surgem inconsciente-mente; trata-se de uma atividade consciente, pois são resultados de ações reais, ou seja, as crianças representam em suas brincadeiras situações do dia a dia que observam e com as quais aprendem, com base na realidade em que vivem.

Outra brincadeira pertencente à cultura das crianças ribei-rinhas é a da lama, terceira imagem da Figura 2. Um *"souvenir"* de sensações surge ao observar essa brincadeira, e muitas são as possibilidades que ela proporciona à criança. E com isso se analisa etnograficamente que o brincar se constitui em uma forma mais viável de a criança adquirir aprendizados, por meio da partilha de saberes e experiências de forma natural. Para Brito:

> O eixo das interações e das brincadeiras, no desen-volvimento das experiências, no âmbito da educação infantil, propicia desconstruir uma visão equivocada da brincadeira como algo para passar o tempo com as crianças, sem responsabilidade de oferecer um brincar com qualidade. (BRITO, 2015, p. 63).

O brincar na lama (que para alguns também pode ser visto com olhos negativos, por parecer algo anti-higiênico, sujo) pode se revelar como instrumento libertador da criança para com os seus próprios sentidos. Para Piorski:

> As matérias pegajosas são excelente brinquedo para libertar as crianças marcadas pela obsessão asséptica, perfeccionista. Aproximam as crianças das imagens da germinação, imagens seminais. As mãos distraídas são capturadas pelo grude, jogadas na desordem, experimentam novas provocações de fuga. Assim a repugnância aos contatos pode ser transformada em prazer amigo, deixando a pele macia e agradável quando se brinca com o grude, a cola a lama, as tinturas naturais e pegajosas. As mãos lisas ganham personalidade de destreza em se libertar do aperto, em não se deixar apanhar. O corpo se permite colar as substâncias. São metáforas de enlace amoroso. Esses brinquedos das gosmas e dos sujos criam férteis campos de imagens da entrega, confiantes. (PIORSKI, 2016, p. 123).

No contexto de uma aprendizagem mediada pelas culturas infantis, convém considerar que "as aprendizagens do cotidiano não substituem as que se efetuam num contexto instituído, mas aparecem no conjunto dessas contribuições como bases da atividade dos sujeitos. O sujeito que aprende é, em primeiro lugar, um sujeito epistêmico". Isto é, sua relação com os saberes é também uma relação de si para com o outro. Além disso, o ser humano é um analista crítico e reflexivo em torno da natureza e do conhecimento humano sobre o saber científico, ou seja, aquilo que é considerado verdade (BROUGÈRE; ULMANN, 2012, p. 6).

Acerca dessa hierarquização de saberes, Brougère e Ulmann (2012, p. 6) colocam que "o mundo comum constitui então um espaço de aprendizagem muitas vezes ignorado. Apesar de encerrar recursos numerosos e variados para a compreensão do mundo que nos constrói socialmente e que nós construímos em nossas relações com o outro". De fato, muitos saberes cotidianos são encurralados, reduzidos pelo próprio ser humano, por não serem entendidos; e, assim, são julgados de maneira errônea.

Ainda no contexto do brincar que envolve o aprendizado sensorial, outra brincadeira realizada com o mesmo elemento é a de fazer comidinhas com a lama. As crianças partilham desse elemento, e utilizam-se de sua imaginação e criatividade para suas criações. O tato representa um importante instrumento nessa relação, pois possibilita um estímulo à sua experiência sensorial. Em suas brincadeiras com a lama, surgem bolos, bonecos, tigelas, e os objetos são quase sempre alimentos. A etnografia registra que brincam misturados meninos e meninas, mas as meninas são quase sempre as mais interessadas. Os matinhos podem ser temperos, enfeites ou acompanhamentos. Pedaços de madeira transformam-se em velas; pequenas frutas ou folhas viram coberturas. Os caroços e sementes também podem cumprir esta função. Conforme Piorski diz:

> A criança, essa criatura, por excelência tátil, têm olhos nas mãos. Só quase sabe ver com as mãos, ver com os olhos não lhe basta, pois, o campo de repercussões por ela almejado é das mais recuadas impressões corpóreas. A tatilidade é seu mais poderoso recurso imaginador, a porta do vínculo onírico com tudo. Pela tatilidade, ela não apenas vê como também ouve e empenha diálogo com os materiais. A criança os entende em sua profundidade. Descreve-os em seus detalhes. (PIORSKI, 2016, p. 109).

Dessa forma, entendemos que o brincar é uma atividade universal, isto é, está presente em diversas culturas e manifesta-se de diferentes formas em cada grupo. Conforme ressalta Winnicott (1975, p. 96 *apud* BROUGÉRE, 2016, p. 19),

> [...] toda criança que brinca se comporta como um poeta, pelo fato de criar um mundo só seu, ou, mais exatamente, por transpor as coisas do mundo em que vive para um universo novo, de acordo com suas conveniências.

Da mesma forma, Brougère (2016, p. 20) sustenta que "brincar não é uma dinâmica interna do indivíduo, mas uma atividade dotada de uma significação social precisa que, como outras, necessita de aprendizagem". Assim, compreende-se que o ato de brincar se constitui em um aprendizado social, uma vez que não nasce com a criança, mas é por ela aprendido, conforme sua construção cultural, junto de outras crianças, bem como de seus pares mais avançados.

## Considerações finais

O estudo de cunho etnográfico que buscou registrar as brincadeiras entre os rios e açaizais que caracterizam um brincar na comunidade ribeirinha, na estreita relação com a natureza, reflete o cerne da cultura infantil, que a criança constrói por meio das brincadeiras na ludicidade que propõem o brincar.

As crianças brincam com temas próprios de seu contexto cultural, e o brincar constitui-se em eixo pelo qual perpassam diversas situações de aprendizagem dos saberes locais; é também uma forma de mediar a cultura infantil ribeirinha, uma vez que é por meio dele que as crianças manifestam seus saberes, trocam conhecimentos aprendendo umas com as outras, e ainda ressignificam os saberes aprendidos em seu meio cultural, em uma rica construção de suas culturas infantis.

Os dados indicam ainda que o brincar com a natureza se faz presente no cotidiano da comunidade e é forma de mediar o processo de aprendizagem da criança intermediado pelas culturas infantis, as quais são características da comunidade ribeirinha e que permeiam ações via artefatos sociais e culturais.

Entende-se também que o ato de brincar funciona como um elemento de mediação nas contribuições das brincadeiras na constituição das culturas infantis do contexto investigado. Nessa perspectiva, o estudo etnográfico, que analisou aqui três formas de brincadeiras com as crianças na concepção da cultura ribeirinha, presente na região amazônica, e as questões lúdicas dessa cultura, possibilita-nos compreender que o sujeito social é construído conforme sua relação com o brincar na infância, espelhado nos costumes e práticas sociais de seu contexto. Portanto, quanto mais esse processo for estimulado e bem vivenciado nesse período, melhor será para a aprendizagem e para o seu pleno desenvolvimento.

# Referências

ARQUIPÉLAGO de Bailique, no Amapá, recebe maior navio de guerra da Amazônia para atendimento. **O Globo**, Amazônia, 2011, 10.11.2011. Disponível em: https://oglobo.globo.com/brasil/arquipelago-de-bailique-no-amapa-recebe-maior-navio-de-guerra-da-amazonia-para-atendimento-3149271. Acesso em: 9 fev. 2018.

BARDIN, L. **Análise de conteúdo**. Lisboa: Edições 70, 2016.

BRANDÃO, P. P. N. **Saberes culturais ribeirinhos**: o brincar e a cultura infantil a partir das narrativas dos moradores da comunidade de Arraiol – arquipélago do Bailique/AP. Dissertação (Mestrado) – Unifap, Macapá, 2019.

BRITO, A. C. U. **Práticas de mediação de uma professora de educação infantil**. Tese – São Paulo, 2013.

BRITO, A. C. U. **Práticas de mediação na educação infantil**. Jundiaí: Paco editorial, 2015.

BROUGÉRE, G. A criança e a cultura lúdica. *In*: KISHIMOTO, T. M. (org.). **O brincar e suas teorias**. São Paulo: Cengage learning, 2016.

CARNEIRO, M. A. B. **Cócegas, cambalhotas e esconderijos**: construindo cultura e criando vínculos. São Paulo: Articulação Universidade Escola, 2010.

CORSARO, W. A. **Sociologia da infância**. Porto Alegre: Artmed, 2011.

CRESWELL, J. **Investigação qualitativa e projeto de pesquisa**: escolhendo entre cinco abordagens. Tradução de Sandra Mallman da Rosa. 3. ed. Porto Alegre: Penso, 2014.

DENZIN, N. K. Triangulation in educational research. *In*: KEEVES, J. P. (ed.). **Educational research, methodology and measurement**: an international handbook. Oxford: Pergamon, 1997. p. 318-322.

DENZIN, N. K.; LINCOLN, Y. The discipline and the practice of qualitative research. *In*: DENZIN, N. K.; LINCOLN, Y. (ed.). **The Sage handbook of qualitative research**. Thousand Oaks: Sage Publications, 2000.

FRANCO, M. L. P. B. **Análise do conteúdo**. 2. ed. Brasília: Liber Livro editora, 2005.

GIL, A. C. **Métodos e técnicas de pesquisa social**. 6. ed. São Paulo: Atlas, 2008.

IMBERNÓN, F. (coord.). **La investigación educativa como herramienta de formación del profesorado**. Barcelona: Graó, 2002.

NEGRINE, A. S.; NEGRINE, C. S. **Educação infantil**: pensando, refletindo, propondo. Caxias do Sul: Educs, 2010.

PIORSKI, G. **Brinquedos do chão**: a natureza, o imaginário e o brincar. São Paulo : Petrópolis, 2016.

QUEIROZ JUNIOR.A. Bailique: um arquipélago em transformação. *In*: QUEIROZ JUNIOR. A [*S. l.*], jul. 2016. Disponível em: http://queirozjunior.blogspot.com/2016/07/bailique-um-arquipelago-em-transformaca. html. Acesso em: 16 jan. 2023.

REIS, D. C. *et al.* Um estudo descritivo das brincadeiras em uma comunidade ribeirinha amazônica. **Temas em Psicologia**, [*S. l.*], v. 22, n. 4, p. 745-758, 2014. Disponível em : http://pepsic.bvsalud.org/scielo.php?script=sci_arttext&pid=S1413-389X2014000400006. Acesso em: 29 jan. 2023.

ROJAS, J.; FERREIRA, F. M. N. S. **Cultura lúdica formativa para diferentes etnias na região do Pantanal/Aquidauana/MS**. *In:* IV Encontro de Educação do Pantanal e IV Semana de Pedagogia.O Lúdico e a Aprendizagem na educação Infantil. 2013. (Encontro). IV Jornada de Educação de Mato Universidade Federal de Mato Grosso do Sul, 2013. Disponível em: https://www.pucsp.br/webcurriculo/edicoes_anteriores/ encontro-pesquisadores/2013/downloads/anais_encontro_2013/oral/ franchys_marizeth_nascimento_santana_ferreira_jucimara_rojas.pdf. Acesso em: 19 jan. 2023.

SEMA. **Mapas do Disttito do Bailique**. Macapá: Sema, 2004. Disponível em: https://3.bp.blogspot.com/- QkMNCSiOOmQ/UMCMhcAeXlI/ AAAAAAAAHXs/mEbQf7zlXow/s1600/bailique.jpg. Acesso em: 12 jan. 2023.

SARMENTO, M. J. As culturas da infância nas encruzilhadas da 2ª modernidade. *In:* SARMENTO, M. J.; CERISARA, A. B. **Crianças e**

**miúdos**: perspectivas sociopedagógicas da infância e educação. Porto: Edições ASA, 2004. Disponível em: http://www.andreaserpauff.com.br/arquivos/disciplinas/brinquedosebrincadeiras/4.pdf. Acesso em: 12 jan. 2023.

TEDESCO, E. S. F.. **Infância pantaneira**: a percepção de mundo e a constituição de identidade das crianças ribeirinhas. Cáceres, 2016. Disponível em: http://portal.unemat.br/media/files/PPGEdu/Dissertacoes/Defendidas_2016/Elisangela_da_Silva_Franca_Tedesco.pdf. Acesso em: 5 jan. 2023.

TEIXEIRA, S. R. S. **A relação cultura e subjetividade nas brincadeiras de faz de conta de crianças ribeirinhas da Amazônia.** *In:* Reunião Nacional da ANPEd, 36., 2013, Goiânia Goiânia, 2013. Disponível em: http://www.anped.org.br/sites/default/files/gt073369texto.pdf. Acesso em: 2 jan. 2023.

VIGOTSKY, L. S. **A formação social da mente**: o desenvolvimento dos processos psicológicos superiores. 7. ed. São Paulo: Martins Fontes, 2007.

# POLÍTICAS EDUCACIONAIS PARA OS POVOS INDÍGENAS DA ETNIA KARIPUNA EGRESSOS DO CURSO DE LICENCIATURA INTERCULTURAL INDÍGENA: OIAPOQUE/AP

Iranir Andrade dos Santos

Armando Paulo Ferreira Loureiro

Carlos Alberto Alves Soares Ferreira

## Introdução

Este estudo pauta-se na educação para os povos indígenas como forma de respeitar os grupos étnicos diferenciados, com direito a manter sua organização social, costumes, línguas, crenças e tradições, o que nos levou a acreditar que é possível trabalhar e incentivar cada vez mais as políticas educacionais indigenistas.

Com a Constituição de 1988, os povos indígenas passaram a ter uma legislação específica que legitima sua diferença étnica dentro do território nacional, assegurando-lhes o uso de suas respectivas línguas maternas, de sua cultura própria e de seus territórios tradicionais; assim, sua história e suas estruturas sociais ficam protegidas por lei e devem ser respeitadas em todas as instâncias do território brasileiro. Ainda nesse viés, existem vários documentos que relatam e que pretendem assegurar aos indígenas seus direitos, mas nenhum deles mostra de forma clara que os índios estejam sendo de fato ouvidos ou fazendo parte da elaboração desses documentos.

Diante da realidade amapaense, este estudo propõe-se a aprofundar conhecimentos, produzir saberes e integrar a sociedade na direção de uma ampliação nas discussões acerca do índio, problematizando e analisando seus desafios, avanços e retrocessos em um tempo histórico e que ainda nos concebem sob a lógica assistencialista e compensatória. Com isso, o presente trabalho traz como relevância a alteridade como forma de conhecer a diferença não como ameaça a ser destruída, mas como alternativa a ser preservada.

No que se refere à relevância pessoal deste estudo, destaca-se que, enquanto profissional da educação no Amapá, um dos pesquisadores é responsável pela disciplina Educação Escolar Indígena, e com isso percebemos a necessidade de buscar discussões em torno das políticas públicas para a educação superior destinada aos indígenas, como também a necessidade de trabalhar a questão do indígena com linhas de pesquisa específicas, considerando que o estado do Amapá é marcado por uma significativa população de indígenas. Com relação à importância acadêmica, esta pesquisa contribuiu significativamente para despertar maiores interesses às questões indigenistas, assim como incentivar sua valoração cultural; além de fazer com que nossos acadêmicos despertem para a temática em questão como forma de qualificarmos mão de obra local, já que esse é um ramo onde a maioria dos profissionais, seja da saúde, seja da educação ou da pesquisa, vêm de fora do estado do Amapá. Pela falta de leitura da população local, poucos têm interesse em ingressar na temática voltada para os indígenas.

Dessa forma, o trabalho em questão tem como problema: Quais as políticas educacionais para os povos indígenas e as contribuições do curso de Licenciatura Intercultural Indígena (LII) para a práxis pedagógica dos professores indígenas da etnia Karipuna de Oiapoque/AP? Como objetivo geral, temos o seguinte: analisar as políticas educacionais para os povos indígenas e as contribuições do curso de LII para a práxis pedagógica dos professores indígenas da etnia Karipuna no município de Oiapoque. Já os objetivos específicos são: conhecer o Projeto Político-Pedagógico do Curso de Licenciatura Intercultural Indígena (PPPCLII) e verificar se está de acordo com os princípios filosóficos/pedagógicos e legais da educação escolar indígena; identificar as contribuições do currículo desenvolvido pelo PPP para a práxis dos professores da etnia

Karipuna nas escolas indígenas do baixo Rio Curipi; e verificar se as metodologias utilizadas pelos professores indígenas no processo de ensino e aprendizagem dos educandos do ensino fundamental estão de acordo com os princípios da educação escolar indígena.

Para isso, o presente capítulo está dividido da seguinte forma: esta introdução, onde demonstramos o contexto da temática; em seguida fazemos uma abordagem do curso de graduação Licenciatura Intercultural Indígena no campus binacional no município de Oiapoque e suas subseções sobre política educacional para os povos indígenas do estado do Amapá — o curso LII e a origem e criação do curso mais o PPPCLII. Em seguida, a metodologia e os desdobramentos do estudo, os resultados e as discussões fruto da pesquisa de campo; e, por fim, as considerações finais.

## Graduação Intercultural Indígena no campus binacional de Oiapoque

No atual contexto, as produções teóricas e as legislações vigentes inserem educação escolar indígena nas seguintes premissas: do reconhecimento de que o Brasil é uma nação constituída por diferentes etnias, com histórias, saberes, valores e culturas próprias, entre estas um grande número de povos indígenas; do reconhecimento de que esses povos construíram, ao longo de sua história, suas organizações sociais, seus saberes, conhecimentos e filosofias, pela pesquisa e reflexão; do reconhecimento do direito dos povos indígenas à autodeterminação e à autonomia em relação à própria vida e a projetos, incluindo a educação escolar; e do reconhecimento do direito constitucional, como cidadãos brasileiros, a uma educação diferenciada que considere suas especificidades étnicas e culturais.

### Política educacional para os povos indígenas do estado do Amapá: o curso Licenciatura Intercultural Indígena

A Resolução do Conselho Nacional de Educação (CNE/CEB) 3/1999, referente às Diretrizes Curriculares Nacionais da Educação Escolar Indígena, diz que há toda uma legislação a ser atendida de acordo com a realidade local, entre elas: fundamentação, conceituações da educação indígena; criação da categoria escola indígena; definição da esfera administrativa; formação do professor indígena; currículo e sua flexibilização; flexibilização das exigências e das formas de contratação de professores indígenas; estrutura e funcionamento da "escola indígena".

Em sua 107ª Sessão Plenária, de 13 de setembro de 2007, a Declaração das Nações Unidas sobre os Direitos dos Povos Indígenas, no Art. 14, diz que:

> 1. Os povos indígenas têm o direito de estabelecer e controlar seus sistemas e instituições educativos, que ofereçam educação em seus próprios idiomas, em consonância com seus métodos culturais de ensino e de aprendizagem. 2. Os indígenas, em particular as crianças, têm direito a todos os níveis e formas de educação do Estado, sem discriminação. 3. Os Estados adotarão medidas eficazes, junto com os povos indígenas, para que os indígenas, em particular as crianças, inclusive as que vivem fora de suas comunidades, tenham acesso, quando possível, à educação em sua própria cultura e em seu próprio idioma (Declaração das Nações Unidas, 2007).

Nessa fala, todas as ações destinadas aos povos indígenas necessitam da anuência destes, bem como valorizar a mão de obra já existente em suas comunidades para que sua cultura seja preservada, e assim incentivar o respeito às diversidades. É mister também estreitar a relação escolar urbana e universidade para que percebam os povos indígenas como seres humanos dotados de sabedoria e que em nada deixam a desejar, como qualquer outra comunidade da área urbana. Quanto às escolas, percebemos que as crianças ainda veem nossos indígenas com estranhamento e acabam "rindo" deles pelas vestimentas. Nesse sentido, é necessário trabalhar a educação escolar indígena, desde as séries iniciais, para que não tenham esse estranhamento ao verem um indígena.

A questão da política educacional e da valorização da cultura de saberes indígenas trata de uma realidade que ainda precisa de atenção, mas que juntos podemos ajudar para que, de fato, seja efetivada, pois, em um país democrático, todo cidadão tem direito a educação; neste caso, especialmente a educação escolar indígena, necessita de um olhar menos excludente para que a comunidade indígena possa, de fato, se sentir acolhida.

A emergência do indígena no cenário nacional dá-se no bojo das discussões que começaram acontecer de maneira mais organizada e formalizada sobre esse processo de descolonização. Pereira (2008, p. 36) diz que:

> [...] durante muitos anos as leis do Brasil falavam de como os índios deveriam deixar de serem índios. As leis falavam de como os índios deveriam ser integrados ao resto da população brasileira. Isso porque durante muito tempo os políticos brasileiros pensavam as culturas e os jeitos de viver dos índios eram inferiores ao jeito dos não índios [...].

Nesses termos, em 1973 entrou em vigor o Estatuto do Índio, Lei 6.001, de 19 de dezembro, que dispõe sobre a relação do Estado com os povos indígenas. Este menciona, explicitamente, a alfabetização dos índios "na língua do grupo a que pertencem". E assegurado o "respeito ao patrimônio cultural das comunidades indígenas, seus valores artísticos e meios de expressão" (BRASIL, 1973, Art. 49, 47).

No entanto, nada menciona sobre a adaptação dos programas educacionais às realidades sociais, econômicas e culturais específicas de cada situação, o que deixa implícita a ideia meramente instrumental de uma educação bilíngue, sem nenhum interesse pela valorização das culturas indígenas.

### Origem e criação do curso licenciatura Intercultural Indígena

Criado em setembro de 2006 pela Resolução 21/2006, do Conselho Universitário da Universidade Federal do Amapá (Consu/Unifap), o curso vem para atender a uma política pública educacional para o nível superior dos povos indígenas do estado do Amapá, adequado à realidade local e em diálogo com as lideranças das aldeias. O curso Licenciatura Intercultural Indígena já existe em mais de 20 universidades públicas e vem também para estimular a autoestima e valorização dos saberes indígenas. Na Unifap, as primeiras discussões deram-se com o Projeto Político-Pedagógico para o curso de licenciatura em Educação Escolar Indígena (PPPEEI) em 2005, que uniu várias instituições e organizações indígenas e não indígenas que atuaram na construção do curso. Entre estas, o Conselho de Educação, a Unifap, a Câmara de Vereadores de Oiapoque, a Fundação Nacional do Índio (Funai) do Amapá, a Funai do Oiapoque, a Secretaria de Estado da Educação do Amapá (Seed/Amapá), a Fundação Nacional de Saúde (Funasa) etc. Com o PPPEEI, a:

> [...] proposta é resultado das discussões desenvolvidas no âmbito do Grupo de Trabalho Interinstitucional Portaria n.º 859/UNIFAP, de 26 de novembro de 2003, que foi criado com o propósito de discutir e propor medidas que garantam o acesso de indígenas ao ensino superior, processo desenvolvido a partir de abril 2003 até dezembro de 2005. (UNIFAP, 2005, p. 6).

Mostra o início da luta dos movimentos sociais indígenas diante da universidade para que a educação superior fosse garantida, atendendo às peculiaridades da comunidade e a suas especificidades, pois já havia tentativa de indígenas adentrarem a educação superior. Porém não o lograram, porque a nota de corte era muito alta para o nível de ensinamento que eles já haviam recebido. Em sua maioria, o ensino médio foi proveniente do "sistema modular de ensino e esse não era específico para os povos indígenas" (PPPCLII, 2005, p. 6 ).

Dessa forma, a busca pela formação na educação superior é uma união de esforços originada pelo movimento social indígena para garantia e permanência no ensino superior. Uma busca que em muito contribui para a equidade diante da necessidade e pela dificuldade de acesso às áreas urbanas, pois a maioria das TI fica distante dos polos das universidades. O estado do Amapá possui uma universidade estadual com dois polos na capital Macapá e um no município de Amapá; e a Unifap com um polo em Macapá, um no município de Santana e o outro no município de Oiapoque, sendo este último a sede para implantação do curso LII.

O campo de atuação desses futuros profissionais são as escolas das áreas indígenas com um perfil para uma

EDUCAÇÃO EM PERSPECTIVA: CONTEXTOS POLÍTICOS, LINGUÍSTICOS E CULTURAIS

> [...] cultura ampla curiosidade intelectual, criatividade, domínio do idioma e das áreas dos conhecimentos indispensáveis ao ensino-aprendizagem. Para isso o egresso deverá apresentar a capacidade para compreender, analisar, interpretar, explicar e contextualizar as informações do mundo em que vive (PPPCLII, 2005, p. 21).

Ainda, um perfil com competências e habilidades que venham compreender e construir seus processos próprios dentro da temática da educação escolar indígena.

## Projeto político-pedagógico do curso Licenciatura Intercultural Indígena

A matriz curricular está intimamente ligada ao tipo de educação que se pretende assegurar para essa determinada população, bem como para que esta consiga dirigir sua própria educação no futuro. Para isso, o currículo proposto foi pensado também no ensino, na pesquisa, na extensão, todos com enfoque no ensino, para "privilegiar os conhecimentos produzidos pelas comunidades durante o processo ensino-aprendizagem" (PPPCLII, 2005, p. 21). Alterado pela Resolução 12/2011 do Consu/Unifap, o PPPCLII vem atender às diretrizes brasileiras para a educação indígena das comunidades residentes no estado do Amapá e no Norte do Pará, que são: Palikur, Karipuna, Wajãpi, Tiriyó, Katxyana, Galibi Marworno, Galibi Kalinã e Apalai.

Para isso, foi criada uma matriz conceitual com temas contextuais de **formação geral** com um conjunto de conhecimentos com competências e com uma carga horária de 2.145 horas, do início do curso ao quarto semestre, que envolve as temáticas: Povos Indígenas e a Legislação Indigenista, Fundamentos Pedagógicos da Educação Escolar Indígena, Povos Indígenas no Amapá e Norte do Pará, Política de Revitalização Cultural e Linguística, Saúde e Educação Indígena, Organização e Legislação da Educação Escolar Indígena, Cultura, Identidade e Educação, Didatização para a Escola Indígena I, Prática de Ensino I, Estágio Supervisionado em Docência I, e Atividades Artístico-Culturais.

Em seguida, o acadêmico escolhe uma área para se habilitar, entre elas: **Linguagem e Artes**, que abordará: Diversidade de Linguagens e Políticas Linguísticas, Descrição e Documentação de Línguas, Linguagem e Construção Identitária, Artes, Cultura e Sociedade, Dialogia e Construção Social das Linguagens, Criação Artística, Didatização para Escolas Indígenas II, Estágio Supervisionado em Docência II, sendo comum estas duas últimas para as demais áreas.

A área seguinte é **Ciências Sociais**, que trabalhará: Povos Indígenas no Brasil, Povos Indígenas no Amapá e Norte do Pará, Projetos Econômicos em Terras Indígenas, Desenvolvimento e Qualidade de Vida, Desenvolvimento e Meio Ambiente.

E, por fim, **Ciências Exatas e da Natureza**, com temáticas voltadas para: Conceitos Básicos em Ciências da Natureza e Matemática, Fenômenos Naturais, Políticas Ambientais e Terras Indígenas, Qualidade de Vida, Usos Ambientais e Qualidade de Vida.

Todos esses conteúdos foram construídos em conjunto com as lideranças indígenas e as organizações educacionais.

O processo de avaliação do PPPCLII possui uma metodologia envolvendo a processual e os relatórios dos professores efetivos e não efetivos, mais as falas da comunidade, com críticas ou não. As avaliações são construídas para que o estudante perceba em que deve melhorar e como pode servir de estímulo para sua prática futura no papel de docente, como também para ser um agente transformador na comunidade em que vive.

## Desdobramentos da pesquisa

A presente pesquisa apresenta a estrutura de investigação quali-quantitativa, a qual norteará todas as etapas deste estudo, pois, de acordo com Günther (2006), ela permite, por meio da interpretação dos dados, descrever e analisar os fenômenos envolvidos no meio em que vivemos. Além disso, Yin (2010) ressalta que as evidências entre as abordagens, em estudos de casos, são complementares para compreensão complexa dos fatos pesquisados.

Sobre as discussões que circulam em torno da viabilidade de pesquisa quali-quantitativa, Minayo e Sanches (1993) enfatizam que esta última deve ser entendida como uma questão de linguagem, pois, quanto mais complexo é o fenômeno sob investigação, maior deverá ser o esforço para se chegar a uma quantificação dos fatos, sem, no entanto, deixar de refletir sobre a linguagem utilizada de forma qualitativa do fenômeno, pois as abordagens quali-quantitativas são complementares para a compreensão do objeto de estudo desta pesquisa.

Fundamentamo-nos em um estudo de caso por buscarmos a compreensão dos saberes de uma realidade específica no contexto particular, o que, para Yin (2010), pode contribuir com o conhecimento dos fenômenos individuais, grupais, organizacionais e sociais da realidade ali existente, sabendo que o estudo de caso permite identificar características significativas da vida real, por ser uma investigação empírica que procura compreender os limites e o contexto dos fatos pesquisados (ALVES-MAZZOTTI; GEWANDSNAJDER, 1999).

Portanto, optamos por este método por entender que ele comporta técnicas de coleta de dados que subsidiam esta pesquisa, como, por exemplo: observação direta e entrevistas.

### Procedimento da pesquisa/área do estudo

A área de estudo se concentrou no povo Karipuna, por habitar em comunidades mais próximas umas das outras, porém, distante da capital do estado do Amapá, Macapá 650 km via transporte terrestre, por uma estrada que tem asfalto por 400 km; em seguida, tem um trecho de 110 km de estrada sem pavimentação, o que em período de chuva dificulta bastante o acesso até o município de Oiapoque, sendo necessário ainda viajar mais 30 km até o polo-base da aldeia Manga. Na entrada da aldeia até chegar ao perímetro urbano, temos mais 7 km de ramal (sem pavimentação). A TI aqui estudada foi a Uaçá.

Os participantes da pesquisa foram as comunidades do baixo Rio Curipi, totalizando 15 comunidades. Na ordem descendo o Rio, são as seguintes: Japii, Benoá, Mubaca, Zacarias, Manga, Bastion, Paixubal, Tipidon, Pacapuá, Santa Izabel, Taminã, Kubahi, Espírito Santo, Jondefe e Açaizal. E essas aldeias têm vários professores que são graduados pelo curso Intercultural Indígena, todos da etnia Karipuna.

## Resultados e discussões

Os elementos levantados são originados das entrevistas e das observações das aulas dos egressos, e também são levadas em consideração suas concepções e análises referentes ao curso de Licenciatura Intercultural Indígena. Assim, foram organizados os dados de modo que os objetivos fossem contemplados.

Dado que o objetivo geral foi o de analisarmos as políticas educacionais para os povos indígenas e as contribuições do curso de Licenciatura Intercultural Indígena para a práxis pedagógica dos professores, percebemos quanto foram ricas essas contribuições. Quanto à prática pedagógica do docente Karipuna, essa prática é mediada pelo seu jeito próprio de ser e de educar suas crianças, o que, na fala de um dos líderes indígenas em uma palestra ministrada na abertura do curso de formação continuada dos professores das escolas do campo do município de Macapá em agosto de 2013, Benedito Iaparrá:

> Queremos uma escola própria do índio [...] dirigida por nós mesmos, [...] com professores do nosso próprio povo, que falam a nossa língua [...]. A comunidade deve decidir o que vai ser ensinado na escola, como vai funcionar a escola e quem vão ser os professores. (IAPARRÁ, B., s/p, dados da pesquisa).

Salientamos que os docentes realizam seu trabalho ainda dentro do que rege a matriz curricular do Estado e do município, mas que em algumas aldeias se esforçam para mudar essa realidade. As entrevistas foram realizadas com seis docentes indígenas que mostram como é esse saber construído da formação que obtiveram no curso Licenciatura Intercultural Indígena, bem como suas possíveis contribuições. Na ordem, seguem as entrevistas realizadas nas seguintes aldeias: **Aldeia Manga**, **Taminã** e Açaizal. Fizemos em 2022 uma parte e demos sequência nas entrevistas em 2023 nas aldeias: **Pacapuá**, **Santa Izabel** e **Espírito Santo**. Neste momento, a pesquisa de campo em muito vem para ajudar nas buscas das respostas ou não à problemática deste estudo.

Quanto à práxis pedagógica dos professores Karipuna do Baixo Rio Curipi, a escola da **ALDEIA MANGA**, cujo nome é Escola Indígena Estadual Jorge Iaparra, oferta toda a educação básica, distribuída da seguinte forma, conforme o Quadro 1, no ensino fundamental e médio:

Quadro 1 – Distribuição das turmas da educação básica, ensino fundamental, Aldeia Manga

| Turmas (por ano) | | | | | | | | | Número de alunos (por ano) | | | | | | | | |
|---|---|---|---|---|---|---|---|---|---|---|---|---|---|---|---|---|---|
| 1º | 2º | 3º | 4º | 5º | 6º | 7º | 8º | 9º | 1º | 2º | 3º | 4º | 5º | 6º | 7º | 8º | 9º |
| 1 | 1 | 1 | 1 | 2 | 2 | 1 | 1 | 2 | 18 | 24 | 32 | 24 | 18(A) 16(B) | 25(A) 22(B) | 28 | 23 | 18(A) 21(B) |

Fonte: a autora Iranir Andrade dos Santos (2022-2023)

O primeiro ano tem uma turma com 18 alunos; o segundo, 24 estudantes; o terceiro, 32; o quarto, 24 alunos. O quinto ano tem uma divisão nas turmas: a turma A com 18 estudantes; e a turma B, 16. Assim segue no sexto ano, cuja turma A tem 25 alunos; e a B, 22. O sétimo ano tem 28 estudantes; o oitavo, 23. O nono ano também se divide em duas turmas: a turma A com 18 alunos; e a B, 21. Essa escola já apresenta em seu quadro outras etnias indígenas, pois a escola contempla toda a educação básica e, por isso, é mais procurada pelas demais etnias.

Com as observações, percebemos como se dá esse saber pedagógico, bem como a ideologia da etnia Karipuna. Um povo que busca em coletivo trabalhar a educação de suas crianças e seus adolescentes de forma dinâmica, envolvendo a docência e suas práticas sociais.

Pelas entrevistas e observações, as disciplinas trabalhadas no projeto político-pedagógico do curso de Licenciatura Intercultural Indígena em muito contribuiu, durante a formação geral, para que esses egressos pudessem despertar a riqueza local, do ponto de vista da pesquisa, com os seus alunos e abordando os princípios filosófico-pedagógicos e legais da educação escolar indígena.

Também percebemos que, em muito, a educação escolar indígena, mesmo com todas as dificuldades, está voltada para a defesa do território, do ambiente, do fortalecimento da cultura e das identidades dos povos e, principalmente, para a valorização do saber local. Trabalham os conteúdos de forma que o respeito também seja evidente entre todos.

Todos os egressos entrevistados e observados se preocupam em construir atividades de nivelamento para os alunos com baixo desempenho na disciplina, e isso foi uma questão que foi também trabalhada durante a formação superior no LII. Em relação ao planejamento das aulas entre os professores, se o curso ensinou a proporcionar esses momentos, parte deles não o relatou nem nas entrevistas nem na observação. Mas percebemos que realizam seus planejamentos individuais. A aldeia com mais estrutura, até mesmo com eletricidade 24 horas, a Manga, tem esses momentos de planejamento, pois também dispõe de coordenação pedagógica, que consegue dar um suporte maior para os professores e os alunos.

O saber pedagógico e a ideologia Karipuna são construídos coletivamente, envolvendo a comunidade e seu jeito próprio de ser. Um povo com peculiaridades distintas, mas que em muito se preocupa em fazer educação à sua maneira. A natureza é parte desse saber, tanto que o calendário da escola leva em consideração o plantio e a colheita nas roças; as crianças e os adolescentes muito ajudam para o sucesso desse trabalho, mas alguns pais até liberam esses adolescentes para estudar, preocupados com o futuro destes. *"Porém, tem alguns adolescentes que usam de esperteza e, simplesmente, não se dedicam aos estudos como deveriam para não irem para a roça trabalhar"* (DOCENTE, 2022, s/p, dados da pesquisa). Mas, no geral, a maioria ajuda os pais.

Quanto à práxis pedagógica observada nas salas de aula, muitos docentes informaram que foi construída da formação no curso de LII e que só tem melhorado. Aprenderam a ser mais criativos e, com isso, incentivam a construção do conhecimento nas crianças e nos adolescentes. Também melhorou a relação com a comunidade, pois sentem-se mais respeitados. Para Ghedin e Pimenta (2002, p. 19 ):

> Uma identidade profissional se constrói, pois, a partir da significação social da profissão; da revisão constante dos significados sociais da profissão; da revisão das tradições. Mas também da reafirmação de práticas consagradas culturalmente e que permanecem significativas. Práticas que resistem a inovações porque prenhes de saberes válidos às necessidades da realidade. Do confronto entre as teorias e as práticas, da análise sistemática das práticas à luz das teorias existentes, da construção de novas teorias.

A fala da autora leva-nos a considerar a autonomia do profissional docente e quanto este pode influenciar positivamente seus alunos e a comunidade a fim de que a realidade local seja construída conforme suas necessidades, dando visibilidade à própria ideologia do povo Karipuna. Com isso, o professor egresso é muito respeitado, e a comunidade deposita uma confiança nele a ponto de elegê-lo como cacique e vice-cacique. Alguns indígenas ficam preocupados, pois este assume mais uma responsabilidade de chefe de governo daquela comunidade e acaba saindo da sala de aula, e isto, para os estudantes, não é bom, porque deixa uma lacuna, e fará falta para a educação local.

## Considerações finais

Este estudo teve como objetivo inicial analisar as políticas educacionais para os povos indígenas e as contribuições do curso de Licenciatura Intercultural Indígena para a práxis pedagógica dos professores indígenas da etnia Karipuna no município de Oiapoque/AP. Os objetivos geral e específicos foram: conhecer o projeto político-pedagógico do curso de LII e verificar se estão de acordo com os princípios filosófico-pedagógicos e legais da educação escolar indígena; identificar as contribuições do currículo desenvolvido pelo PPP para a práxis dos professores da etnia Karipuna nas escolas indígenas do Baixo Rio Curipi; e verificar as metodologias utilizadas pelos professores indígenas, no processo de ensino e aprendizagem dos educandos do ensino fundamental, e se estão de acordo com os princípios da educação escolar indígena.

Buscamos, por diferentes caminhos, perseguir esses objetivos, e estes felizmente foram alcançados com êxito. Com isso, percebemos na pesquisa de campo que o engajamento desses indígenas nessa construção de sua educação escolar do seu jeito e com suas peculiaridades.

Observamos também a forma própria de educação para com os povos indígenas, além de estimular para que, de fato, haja real diferenciação diante da alteridade. Com isso, percebemos que, mesmo diante de uma matriz pronta vinda do Estado e do município de Oiapoque, esses professores fazem a adequação para a realidade local.

Quanto às políticas públicas para os indígenas, percebemos que também é um desafio colocar em prática o que preconiza a Lei 11.645/2008, que é um desmembramento da Lei 9.394, de dezembro de 1996, ao disciplinar a educação escolar indígena para ser trabalhada de forma que tenha um currículo flexível. Depois da formação no curso de LII é que esses docentes se sentiram mais seguros em colocar em prática seus conhecimentos referentes às políticas públicas e às leis que lhes asseguram ser donos dos seus processos sociais. Com isso, buscam também colocar em prática a educação bilíngue. Na pesquisa de campo, vimos o quanto tudo isso ainda é muito principiante.

Os docentes desconhecem, até mesmo pela dificuldade de acesso, informações, leis e políticas públicas que reforçam o respeito às diferenças, e infelizmente, com a atual gestão do governo federal, este não leva em consideração direitos que, historicamente, foram conquistados por esse povo — mais um motivo para que eles se preocupem —, o que desvia a atenção para a criação e dos seus currículos próprios.

Nas observações, percebemos a satisfação em exercer o papel de professor, o que parecia ser um sonho jamais alcançado. O curso de LII, que está sendo reformulado, vem melhorar o envolvimento desse futuro profissional indígena em face de sua realidade local. Então, quanto ao curso, foi verificado na pesquisa de campo que os pontos positivos se sobrepõem aos negativos.

Os indígenas que detêm maior formação e estudos referentes às políticas já estão engajados nos movimentos sociais e acabam assumindo toda uma luta em prol das comunidades menores. As manhãs históricas a que Paulo Freire se refere são um eufemismo diante da luta diária que os povos indígenas têm de realizar para se manterem firmes no que já foi conquistado, o que, infelizmente, não é um direito garantido permanentemente.

Vimos, ao realizar a pesquisa de campo, o que Geertz diz quanto aos vários conceitos de cultura referente a diversidade. Foi de fato evidenciado, ou seja, varia muito de uma comunidade para outra. Uma comunidade fala apenas a língua portuguesa, a outra que é vizinha, além de falar a lingua portuguesa fala outro idioma chamado *kheol*.

Sentem-se preparados para realizar processos seletivos e entrar na especialização, e alguns já concluíram o mestrado. Vale destacar que também alguns entraram recentemente num mestrado em Linguística pela Federal. O processo teve vaga respeitando certo percentual para indígenas, e a maioria que participou conseguiu ser aprovada. No entanto, já houve seleção que alguns prestaram para mestrado em que, infelizmente, sobraram vagas. E a indígena que estava concorrendo não adentrou. Com isso, vemos também que, apesar dos esforços, pouco ainda tem sido feito referente à formação continuada para esses povos.

Como principais resultados deste estudo, verificamos que, quanto ao problema da pesquisa, a práxis docente vem influenciando de forma positiva a vivência das comunidades, bem como esses profissionais são fonte de inspiração para as crianças e os adolescentes. Além disso, em relação aos compromissos do governo do Estado do Amapá GEA, ficou evidente a ausência do Estado quanto à educação escolar para os povos indígenas. Escolas em madeira totalmente destruída pelo tempo; cadeiras e mesas inadequadas para estudos; sala de aula sem a devida iluminação, nem mesmo a natural; fios elétricos colocados diretamente no concreto; goteiras nas salas de aula, tudo vem reforçar o distanciamento do Estado. A comunidade é quem constrói para não deixar as crianças sem estudar.

Não há eletricidade 24 horas por dia na maioria das comunidades pesquisadas; apenas uma possui energia 24 horas. Falta material didático. Há total ausência de estrutura para alunos, professores e gestão das escolas realizarem seu trabalho. Observamos que esses profissionais têm boa vontade, mas não dispõem de recursos financeiros para atender às demandas das escolas.

Dentro das políticas públicas, e em especial para esse público, os indígenas, é possível a solução para as problemáticas nas escolas das comunidades indígenas pesquisadas. Dependendo da determinação política para essafinalidade, verificamos os seguintes caminhos possíveis:

- Destinar uma verba para cada comunidade a fim de que o cacique ou o conselho da comunidade administrem e façam a devida prestação de contas. Nesse segmento, em muito se poderia melhorar as condições das escolas nessas aldeias;

- Destinar emendas parlamentares para atender, principalmente, à questão da eletricidade 24 horas. Já nas comunidades de difícil acesso para instalar a eletricidade, esta deveria ter uma cota maior de combustível que garanta as 24 horas de uso, e isso pode facilitar para que algumas comunidades tenham o ensino ampliado, não necessitando se deslocar para aldeias vizinhas (e a aldeia onde há a educação básica é bem mais distante);

- Outra questão que já existe, mas que está em falta, é a merenda das crianças. Essa falta as tem prejudicado, pois as crianças são liberadas mais cedo, e isto compromete a finalização dos conteúdos, com posterior atraso no calendário, além de este ter de ser construído respeitando as especificidades desse povo. Ainda, é preciso garantir transporte e recurso para se manterem, pois, para receber o único benefício que alguns recebem, há mais gastos até chegar ao local.

Em campo, percebemos quanto a vida desses indígenas não é fácil. Um povo com sede de conhecimento, mas que não possui o básico para alcançar tal estudo. Além das condições estruturais, apresenta-se a questão econômica, que em muito tem atrapalhado para que esse povo consiga realizar seus anseios e desejos profissionais.

Por fim, nas categorias trabalhadas na análise de dados, vimos a percepção dos professores participantes do estudo acerca das contribuições do curso de LII e as mudanças na sua prática docente oportunizadas pela formação.

Enfim, este estudo não se esgota aqui, mas é um início de uma trilha de pesquisa a ser desenvolvida dentro das limitações da educação escolar indígena, bem como para a qualidade da educação. Este estudo se comprometeu à análise à luz da educação escolar indígena. Não nos aprofundamos em exigências da educação como a falta de estrutura, limitações essas que pretendemos detalhar em outra oportunidade e em outras pesquisas.

**Referências**

ALVES-MAZZOTTI, A. J.; GEWANDSZNAJDER, F. **O método nas ciências naturais e sociais:** pesquisa quantitativa e qualitativa. 2. ed. São Paulo: Pioneira, 1999.

ANDRADE, C. R. Linguagem e diversidade cultural. **Revista de Estudos da Linguagem,** Campinas, v. 17, n. 1, p. 11-36, 2009.

BRASIL. **Constituição da República Federativa do Brasil.** Brasília: Senado Federal, 1988.

BRASIL. **Decreto nº 6.001, de 19 de dezembro de 1973.** Brasilia, 1973. Dispõe sobre o Estatuto do Índio. https://www.planalto.gov.br/ccivil_03/leis/l6001.htm. Brasília, 21 dez. 1973.

BRASIL. **Lei de Diretrizes e Bases da Educação Brasileira.** Brasília: Senado Federal, 1996.

BRASIL. Ministério da Educação. Conselho Nacional de Educação. **Resolução CNE/CEB nº 3/1999.** Brasília: CNE, 1999.

GEERTZ, C. **A interpretação da cultura.** Rio de Janeiro: Guanabara Koogan, 1978.

GOULARTE, R. S.; MELO, K. R. A lei 11.645/08 e a sua abordagem nos livros didáticos do ensino fundamental. **Entretextos,** Londrina, v. 13, n. 2, p. 33-54, jul./dez. 2013. Disponível em: http://www.uel.br/revistas/uel/index.php/entretextos/article/download/16035/13888>GUNTH. Acesso em: 20 jan. 2018.

GHEDIN, E; PIMENTA, S. G. (org.). Professor reflexivo: da alienação da técnica à autonomia crítica. *In:* **Professor reflexivo no Brasil**. São Paulo: Cortez, 2002.

GÜNTHER, H. Pesquisa qualitativa versus pesquisa quantitativa: esta é a questão? **Psicologia:** Teoria e Pesquisa, [*S. l.*], v. 22, n. 2, p. 201-210, maio./ago. 2006.

IAPARRÁ, Benedito. **Palestra ministrada na abertura do curso de formação continuada dos professores das escolas do campo do município de Macapá.** Liderança indígena. 2013.

MINAYO, M. C. S.; SANCHES, O. Quantitativo-qualitativo: oposição ou complementaridade? **Cadernos de Saúde Pública**, [*S. l.*], v. 9, n. 3, p. 239-262, 1993.

ORGANIZAÇÃO DAS NAÇÕES UNIDAS (ONU). **Declaração das Nações Unidas sobre os Direitos dos Povos Indígenas.** Rio de Janeiro: ONU, 2008.

PEREIRA, L. **Legislação ambiental e indigenista**: uma aproximação ao direito socioambiental no Brasil. Amapá: Iepé, 2008.

UNIVERSIDADE FEDERAL DO AMAPÁ (UNIFAP). Pró-Reitoria de Ensino de Graduação, e Interiorização. **Projeto político pedagógico do curso Educação Escolar Indígena.** Macapá: Unifap, 2005.

UNIVERSIDADE FEDERAL DO AMAPÁ. **Projeto pedagógico de curso de Licenciatura Intercultural Indígena com alterações(Resolução 12/2011 – Consu/Unifap).** Macapá: Unifap, 2011.

YIN, R. K. **Estudo de caso:** planejamento e métodos. Porto Alegre: Bookman editora, 2010.

# A POLÍTICA DE FORMAÇÃO CONTINUADA DE PROFESSORES DA EDUCAÇÃO BÁSICA NO PLANO NACIONAL DE EDUCAÇÃO: BALANÇO E PERSPECTIVAS RECENTES PARA UM DEBATE

Valéria Silva de Moraes Novais

Elisangela Rodrigues da Silva

Quelem Suelem Pinheiro da Silva

## Introdução

A formação de professores, especialmente para os que atuam na educação básica, tem se constituído desde a década de 1990 como uma das pautas que estão presentes nos principais instrumentos de planejamentos da política educacional; em especial, destacamos os Planos Nacionais de Educação (PNEs), que direcionam as ações que serão priorizadas por um período de dez anos de vigência.

A formação continuada está presente como estratégia em várias metas, entretanto a meta 16 do PNE é A que trata especificamente da formação continuada dos professores da educação básica, e estabelecia:

> Meta 16: formar, em nível de pós-graduação, 50% (cinquenta por cento) dos professores da educação básica, até o último ano de vigência deste PNE, e garantir a todos(as) os(as) profissionais da educação básica formação continuada em sua área de atuação, considerando as necessidades, demandas e contextualizações dos sistemas de ensino. (BRASIL, 2014, s/p).

Cabe ressaltarmos que o PNE em vigência (PNE 2014-2024) está em vias de ser concluído, entretanto muitas metas já evidenciam indícios de que não serão cumpridas. Nessa direção, e considerando que a formação continuada de professores vem se reafirmando como uma necessidade histórica no contexto brasileiro, buscamos refletir neste texto sobre como vem se configurando o cumprimento das estratégias voltadas para tal tema. Para isso, partimos da seguinte indagação: como se encontra o cumprimento da meta 16 do atual PNE?

Para tanto, este estudo teórico se fundamentou na abordagem qualitativa e se pautou numa pesquisa documental, analisando os relatórios de monitoramento, bem como no painel de monitoramento do PNE publicado pelo Instituto Nacional de Estudos e Pesquisas Educacionais Anísio Teixeira (Inep). Adotou-se a técnica de análise de conteúdo para realizar a sistematização e a análise dos dados coletados, que é "como um conjunto de técnicas de análise das comunicações, que utiliza procedimentos sistemáticos e objectivos [sic] de descrição do conteúdo das mensagens" (BARDIN, 1977, p. 38).

A estrutura do texto está organizada em duas subseções, além desta introdução e das considerações finais. Primeiro discorremos sobre a política de formação de professores a partir da década de 1990, momento em que houve melhor estruturação quanto a essa pauta, e buscamos caracterizar a política de formação continuada para os professores da educação básica, apresentando os principais marcos legais que a definem. Por fim, apresentamos os resultados da pesquisa quanto ao cumprimento das estratégias estabelecidas na meta 16 do PNE (2014-2024), conforme os indicadores criados pelo Inep (2022) para acompanhar o cumprimento dela.

## A política de formação continuada: debates e marcos recentes

Para António Nóvoa (1992, p. 29), "nenhuma inovação pode passar ao lado de uma mudança ao nível das organizações escolares e do seu funcionamento. Por isso, falar de formação de professores é falar de um investimento educativo dos projetos de escola". Diante disso, e concordando com o autor supracitado, a promoção de políticas de formação continuada para professores assume grande relevância.

No entanto, é preciso que as capacitações aconteçam de forma contínua, sistemática e efetiva, que não venham apenas justificar os recursos ou as parcerias forjadas, mas que tragam elementos que agreguem na formação inicial dos professores e de toda a equipe de profissionais ligados ao processo educativo, que atinjam o estudante em seu desenvolvimento pleno, que façam sentido aos atores envolvidos, ao trabalho realizado nas escolas, às demandas que emergem no contexto da sala de aula.

Dada a importância de formar professores, Saviani (2009) mencionava em seus estudos que a necessidade da formação docente já se remonta a tempos antigos, perpassada por interesses políticos e econômicos. No que se refere à preparação de professores, Saviani (2013), ao fazer a referida divisão em seis períodos, mostra que a formação, a valorização e as condições de trabalho desses profissionais quase sempre se mantiveram em descompasso entre discurso e prática, tornando-se necessário o ajuste de decisões políticas ao discurso imperante.

Para Garcia (1999), a formação docente traz grandes possibilidades de aprimoramento individual e coletivo, de melhoramento do trabalho, de aperfeiçoamento de intervenções mais assertivas e, de modo especial, qualificando a aprendizagem dos alunos. Já Imbernón (2006) concebe a formação docente como um processo contínuo de desenvolvimento profissional, que tem início na experiência escolar e prossegue ao longo da vida, vai além dos momentos especiais de aperfeiçoamento e abrange questões relativas a salário, carreira, clima de trabalho, estruturas, níveis de participação e de decisão.

Assim, ao colocarmos em pauta tal discussão, é necessária a compreensão de que a configuração acerca da política da formação de professores e da educação historicamente caminhou na contramão da ideia máxima de prioridade, e foi marcada pela desvalorização desta e de seus profissionais, embora as legislações garantissem que deveriam ser prioridade, como rege um dos princípios da Constituição federal de 1988.

A Lei de Diretrizes e Bases da Educação Nacional (LDBEN) n.º 9.394/1996 veio provocar especialmente os poderes públicos quanto a essa formação, trazendo um período de debates sobre a questão da importância da formação continuada, e trata dela em vários de seus artigos, como no parágrafo único do Art. 62. O Art. 67 dessa mesma lei estipula que os sistemas de ensino deverão promover a valorização dos profissionais da educação, e traz em seu inciso II o aperfeiçoamento profissional continuado como uma obrigação dos poderes públicos, até mesmo propondo o licenciamento periódico remunerado para esse fim.

Adiante, no Art. 80 da LDBEN, destaca-se que "o Poder Público incentivará o desenvolvimento e a veiculação de programas de ensino a distância, em todos os níveis e modalidades de ensino, e de educação continuada". Já nas disposições transitórias, no Art. 87, § 3º, inciso III, fica explicitado o dever de cada município de "realizar programas de capacitação para todos os professores em exercício, utilizando também, para isto, os recursos da educação a distância" (BRASIL, 1996, s/p).

As explicitações *supra* reafirmam a importância e os anseios no que tange ao debate e à constituição de uma política de formação de professores, fato que foi contemplado no Plano Nacional de Educação 2001-2011 (Lei 10.172/2001), o qual destaca também a formação continuada dos professores, assim como os desafios enfrentados por esses profissionais no que concerne a exigências do mundo moderno, inovações e mudanças que as escolas enfrentam no sentido de se buscar promover as condições para que esta cumpra efetivamente sua função de ensinar e formar cidadãos que sejam ativos na construção de uma sociedade que busque a equidade e a justiça.

> A qualificação do pessoal docente se apresenta hoje como um dos maiores desafios para o Plano Nacional de Educação, e o Poder Público precisa se dedicar prioritariamente à solução deste problema. A implementação de políticas públicas de formação inicial e continuada dos profissionais da educação é uma condição e um meio para o avanço científico e tecnológico em nossa sociedade e, portanto, para o desenvolvimento do País, uma vez que a produção

do conhecimento e a criação de novas tecnologias dependem do nível e da qualidade da formação das pessoas. (BRASIL, 2001, s/p).

Além da reafirmação da importância da formação docente, o PNE (2001-2011) regeu sobre as responsabilizações pela formação continuada docente a fim de que o Estado e os demais entes federativos assumam o compromisso na promoção de políticas públicas e que garantam as condições favoráveis e a valorização de seus profissionais, e destacou que:

A formação continuada dos profissionais da educação pública **deverá ser garantida pelas secretarias estaduais e municipais de educação, cuja atuação incluirá a coordenação, o financiamento e a manutenção dos programas como** ação permanente e a busca de parceria com universi**dades e instituições de ensino superior.** Aquela relativa aos professores que atuam na esfera privada será de responsabilidade das respectivas instituições. (BRASIL, 2001, s/p, grifo nosso).

No entanto, o que se destaca é a desresponsabilização do Estado no que concerne às estratégias de valorização do trabalho docente da educação pública, em especial a formação de seus professores, transferindo para as secretarias estaduais e municipais esse compromisso em todos os seus aspectos, e ressalta-se ainda a busca de parcerias para efetivar a formação docente, isto é, diminuição da presença do Estado, fortalecendo a iniciativa privada.

Na lógica de continuidade, a formação docente também foi destaque no Plano Nacional de Educação de 2014/2024 (Lei 13.005/2014), que prevê, em curto prazo de tempo, a formação em nível superior para todos os professores e professoras a fim de atender ao disposto na meta 15, voltada especialmente para a formação inicial:

[...] garantir, em regime de colaboração entre a união, os estados, o distrito federal e os municípios, no prazo de 1 (um) ano de vigência deste PNE, política nacional de formação dos profissionais da educação de que tratam os incisos I, II e III do caput do art. 61 da lei nº 9.394, de 20 de dezembro de 1996, assegurado que **todos os professores e as professoras da educação básica possuam formação específica de nível superior, obtida em curso de licenciatura na área de conhecimento em que atuam.** (BRASIL, 2014, s/p, grifo nosso).

A formação docente também consta na meta 16, para ser alcançada até 2024, reforçando a importância da formação continuada docente. "[...] metade dos professores da educação básica devem ter uma pós-graduação direcionada à sua área de conhecimento e 100% dos docentes devem ter uma formação continuada" (BRASIL, 2014, s/p). Dessa forma, o Estado precisará garantir formação inicial e capacitações qualificadas para os professores para que estes desenvolvam estratégias para a melhoria da educação.

A reflexão de algumas metas do PNE 2001-2011 e do PNE 2014-2024, no que tange à formação docente, com foco na formação continuada, evidenciou semelhanças e distanciamentos. Uma das semelhanças é que os dois planos mencionam a formação e a valorização docente como fundamentais para a promoção de uma educação de qualidade, no que pese a formação inicial, o ensino superior e a formação continuada para todos. Outro ponto a ser destacado é que o PNE (2001-2011) traz um detalhamento referente à formação inicial e continuada, e o PNE (2014-2024) faz essa referência de uma forma mais ampla, mais abrangente.

Paralelamente às ações do planejamento impostas no PNE, mais recentemente temos vivenciado momentos de organização da política de formação docente, em que o Conselho Nacional de Educação (CNE) tem promovido a criação e aprovação de uma legislação específica para trazer maiores definições para a formação docente. Nessa direção, foi aprovada a Resolução CNE/Conselho Pleno (CP) 2, de 20 de dezembro de 2019, que define as Diretrizes Curriculares Nacionais para a Formação Inicial de Professores para a Educação Básica e institui a Base Nacional Comum para a Formação Inicial de Professores da Educação Básica (BNC-Formação), e pressupõe que

> A formação docente pressupõe o desenvolvimento, pelo licenciando, das **competências gerais previstas na BNCC-Educação Básica, bem como das aprendizagens essenciais a serem garantidas aos estudantes**, quanto aos aspectos intelectual, físico, cultural, social e emocional de sua formação, tendo como perspectiva o desenvolvimento pleno das pessoas, visando à Educação Integral. (BRASIL, 2019, s/p).

Nessa perspectiva da formação docente disposta na BNC-Formação, buscou-se alinhar a lógica de uma base comum na educação, movimento iniciado com as alterações estabelecidas no currículo escolar e que vem se espraiando para outras temáticas. Nessa direção, cabe destacar que esse é um movimento em âmbito internacional, e que, para Laval (2018), mostra que organismos internacionais como o Banco Mundial (BM), a Organização Mundial do Comércio (OMC) e a Organização para a Cooperação e o Desenvolvimento Econômico (OCDE), entre outros órgãos, pressionam os sistemas de educação nacionais a fazer com que as instituições de ensino e os profissionais que nelas trabalham se moldem às necessidades do capitalismo contemporâneo, promovendo mudanças no serviço público, alterando a estrutura da educação pública para um viés mercadológico, globalizante, com o discurso do desenvolvimento pleno da pessoa, ideias ditas modernizadoras de competências e habilidades que se prestam mais a atender a interesses do mercado do que à formação integral dos estudantes.

Segundo Costa, Mattos e Caetano, em suas análises sobre esta normatização e suas implicações na formação docente,

> [...] tem-se configurado um conjunto sistêmico e complexo de ações, políticas e discursos que se retroalimentam à luz dos preceitos do grande capital e sua filosofia neoliberal, que têm mirado a educação, as escolas públicas e as/os professoras/es, para fortificar a pedagogia do capital. (COSTA; MATTOS; CAETANO, 2021, p. 903-904),

sendo ainda mais fortalecida com estes mesmos objetivos na BNC-Formação Continuada (BRASIL, 2020).

A concepção de formação continuada disposta pela Resolução CNE/CP 1, de 27 de outubro de 2020, que institui a Base Nacional Comum para a Formação Continuada de Professores da Educação Básica (BNC-Formação Continuada), não é diferente; mantém o enfoque no desenvolvimento de competências e preparação para o trabalho, e dispõe em seu Art. 4º:

> A Formação Continuada de Professores da Educação Básica é entendida como componente essencial da sua profissionalização, na condição de agentes formativos de conhecimentos e culturas, bem como orientadores de seus educandos nas trilhas da aprendizagem, para a constituição de competências, visando o complexo desempenho da sua prática social e da qualificação para o trabalho. (BRASIL, 2020, s/p).

Partindo dessa concepção de formação continuada, é importante retomar o que Dardot e Laval (2018, p. 146) refletem:

> [...] não há meio-termo: ou democracia do consumidor ou ditadura do Estado. Os princípios éticos ou estéticos não valem nada na esfera do mercado. Não pode haver economia de mercado sem a primazia absoluta do interesse.

Há sempre o jogo de interesses, a intervenção da lógica do capital, a ditadura do Estado interferindo nas tomadas de decisões, a exigências do mercado levando o indivíduo cada vez mais a viver sob pressão, em especial os professores, sendo cada vez mais exigidos a responsabilizarem-se pela gestão de metas e resultados e, consequentemente, contribuindo para o fortalecimento do capital, alinhamento com o desenvolvimento de competências e aprendizagens essenciais disposta na BNC-Formação Continuada:

> Estas competências profissionais docentes pressupõem, por parte dos professores, o desenvolvimento das Competências Gerais dispostas na Resolução CNE/CP nº 2/2019 - BNC-Formação Inicial, essenciais para a promoção de situações favoráveis para a aprendizagem significativa dos estudantes e o desenvolvimento de competências complexas, para a res-

> significação de valores fundamentais na formação de profissionais autônomos, éticos e competentes. (BRASIL, 2020, s/p).

As ponderações mencionadas na normativa *supra* sustentam as diretrizes neoliberais, fortalecendo a pedagogia das competências e a responsabilização cada vez maior dos docentes na formação de sujeitos para atender às questões econômicas, além de trazer outras formas de exploração do trabalho docente, e nessa direção

> [...] tais aspectos trazem elementos que podem ser diretamente relacionados à Teoria do Capital Humano que sustenta que o trabalho humano, quando qualificado por meio da educação, pode ampliar a produtividade econômica e as taxas de lucro do capital. (RODRIGUES; PEREIRA; MOHR, 2021, p. 19).

Apesar da coesão existente entre o planejamento das ações da política educacional e os marcos mais recentes que versam sobre a formação docente, fato é que esta ainda não é prioridade no seio das políticas públicas educacionais; e, mesmo as legislações dispondo sobre a importância e necessidade de investimentos na formação docente, são tímidas as estratégias do Estado em garantir e priorizar o aperfeiçoamento profissional dos professores, e muitos desafios dessa pauta continuarão, como veremos na próxima subseção.

## Panorama da formação continuada de professores no Brasil a partir do PNE (2014-2024)

Como já destacado, a formação continuada dos professores que atuam na educação básica brasileira tem se constituído em uma das pautas de urgência da agenda nacional da política educacional, assim como pauta recorrente das orientações e agenda internacional dos organismos internacionais desde os anos 1990. Em nosso tempo imediato, o principal instrumento orientador da política educacional vigente, a Meta 16 do PNE, foi desdobrada em seis estratégias:

> 16.1) realizar, em regime de colaboração, o planejamento estratégico para dimensionamento da

demanda por formação continuada e fomentar a respectiva oferta por parte das instituições públicas de educação superior, de forma orgânica e articulada às políticas de formação dos Estados, do Distrito Federal e dos Municípios;

16.2) consolidar política nacional de formação de professores e professoras da educação básica, definindo diretrizes nacionais, áreas prioritárias, instituições formadoras e processos de certificação das atividades formativas;

16.3) expandir programa de composição de acervo de obras didáticas, paradidáticas e de literatura e de dicionários, e programa específico de acesso a bens culturais, incluindo obras e materiais produzidos em Libras e em Braille, sem prejuízo de outros, a serem disponibilizados para os professores e as professoras da rede pública de educação básica, favorecendo a construção do conhecimento e a valorização da cultura da investigação;

16.4) ampliar e consolidar portal eletrônico para subsidiar a atuação dos professores e das professoras da educação básica, disponibilizando gratuitamente materiais didáticos e pedagógicos suplementares, inclusive aqueles com formato acessível;

16.5) ampliar a oferta de bolsas de estudo para pós-graduação dos professores e das professoras e demais profissionais da educação básica;

16.6) fortalecer a formação dos professores e das professoras das escolas públicas de educação básica, por meio da implementação das ações do Plano Nacional do Livro e Leitura e da instituição de programa nacional de disponibilização de recursos para acesso a bens culturais pelo magistério público. (BRASIL, 2014, s/p, grifo nosso).

Apesar de as estratégias definidas no documento versarem sobre temáticas variadas, conforme destacadas nos grifos indicados *supra*, no painel de monitoramento do PNE e nos relatórios de monitoramento, tais temáticas não são discorridas, nem são apresentados dados sobre elas. Para o monitoramento da meta 16, o Inep (2022) adotou dois indicadores para alcançar os objetivos da meta, os quais foram: a) Indicador 16A, percentual de professores da educação básica com pós-graduação lato sensu ou stricto sensu.; b) Indicador 16B, percentual de professores da educação básica que realizaram cursos de formação continuada. De acordo com o *Relatório de monitoramento* divulgado, os dados foram calculados segundo o Censo da Educação Básica no período de 2013 a 2021 (INEP, 2022).

No que tange ao indicador 16A, no último *Relatório de monitoramento* foi destacado que, dos 2.230.891 docentes, 44,5% (997.699) tinham nível de formação em pós-graduação (lato ou stricto sensu), que, de acordo com o documento, representa uma evolução de 14% em relação ao ano de 2013 (ano anterior ao início da vigência do PNE), conforme podemos visualizar no Gráfico 1:

Gráfico 1 – Percentual de professores da educação básica com pós-graduação lato sensu ou stricto sensu no Brasil (2013-2021)

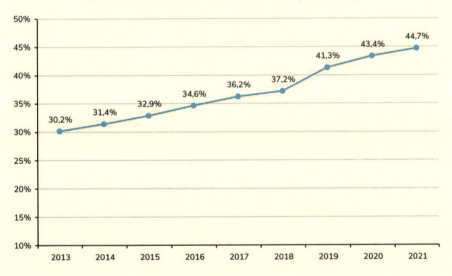

Fonte: Inep (2022)

O relatório de monitoramento já indica que, para o cumprimento de 50% dos professores com formação em pós-graduação, é necessário continuação do crescimento de 1,8 ponto percentual anual, ou seja, deve haver um esforço por parte do Estado e dos entes federativos no estímulo e na ampliação para que tal meta seja alcançada, especialmente para as regiões Norte e Nordeste, que, como veremos mais adiante, ainda apresentam os menores percentuais de professores pós-graduados.

Sobre a distribuição desses docentes por tipo de formação, o relatório destacou que, dos 44,7% docentes com pós-graduação, a grande maioria tem a formação em nível de especialização (40,7%), 3,3% de mestrado e 0,8% de doutorado, sendo a formação em especialização a que mais evoluiu na série histórica. As formações em nível de mestrado (em 2013, 1,6% era pós-graduado) e de doutorado (em 2013, 0,2% docente tinha doutorado) tiveram ritmos de crescimentos menores (INEP, 2022).

Apesar da expansão da pós-graduação vivenciada no país, especialmente a partir dos anos 2000, e da não superação das assimetrias regionais quanto a sua oferta (GUIMARÃES; BRITO; SANTOS, 2020), ainda há pouca inserção de professores da educação básica acessando a pós-graduação stricto sensu, o que evidencia a necessidade de se pensar essa relação da pós-graduação com a educação básica com base em ações mais concretas para além da ampliação do número de programas de pós-graduação.

Os dados apresentados no relatório evidenciam também que os professores com formação em nível de pós-graduação ainda se encontram mais na zona urbana (46,1% deles), mas o quantitativo de docentes com formação em pós-graduação na zona rural cresceu: em 2013, 20% dos docentes dessa zona tinham pós-graduação; e em 2021, passaram para 39,6% (INEP, 2022).

Além disso, o relatório destaca que a maioria dos professores com formação em nível de pós-graduação está concentrada nas redes públicas, especialmente na esfera federal. Os docentes pós-graduados em 2021 representavam 85,8% na esfera federal; nas redes estaduais representaram 50,8%; nas redes municipais, 50,3%; e na rede privada, 27,6%. Tais dados nos permitem inferir que a formação em nível de pós-graduação na esfera privada é pouco estimulada

Na distribuição dos professores com pós-graduação por região, todas as regiões apresentaram crescimento no período de 2013 a 2021, no entanto as regiões Centro-Oeste (dos 86.724

EDUCAÇÃO EM PERSPECTIVA: CONTEXTOS POLÍTICOS, LINGUÍSTICOS E CULTURAIS

docentes, 53,4% têm formação em nível de pós-graduação; apenas o Distrito Federal não atingiu os 50% dos docentes) e Sul (dos 219.676, 64% são pós-graduados, e todos os estados dessa região têm mais de 50% do corpo docente pós-graduado) apresentaram os melhores resultados, sendo estas as duas únicas regiões que ultrapassaram a meta de 50%.

A educação superior no país tem uma histórica desigualdade e profunda assimetria regional tanto na graduação quanto na pós-graduação (GUIMARÃES; BRITO; SANTOS, 2020; SGUISSARDI, 2005), e um dos reflexos dessa lógica materializa-se na distribuição dos professores com pós-graduação nas regiões Norte e Nordeste, regiões historicamente marcadas pela desigualdade.

Nessa direção, os dados divulgados pelo Inep (2022) destacaram que, apesar da evolução no percentual de professores pós-graduados, estas regiões ficaram distantes do cumprimento da meta de atingir 50% do total, pois a região Norte passou de 19,3% (2013) para 35,6% em 2021; apenas o estado de Rondônia ultrapassou a meta e alcançou 62,7% de docentes pós-graduados. Já a região Nordeste passou de 24,5% em 2013 para 42,2%, e nenhum dos nove estados que compõem essa região atingiu a meta.

A região Sudeste registra os maiores percentuais em número de programas de pós-graduação, em números de cursos de mestrado e de doutorado do país. Contraditoriamente, essa região também apresentou percentual inferior à meta estabelecida, e em 2021 39,6% do corpo docente era pós-graduado (em 2013, 28,9%). Apenas o estado do Espírito Santo, que já em 2013 tinha 70,8% dos seus professores com pós-graduação (logo, já havia atingido a meta), chegou a 83% em 2021 (INEP, 2022).

Quando analisamos o Indicador 16B, cuja meta definia que 100% dos profissionais da educação básica tivessem cursos de formação continuada até 2024, encontramos um cenário bem mais distante do cumprimento, o que já permite inferir que até o fim da vigência do plano não será cumprida. Cabe destacar que, apesar de o texto que consta no PNE não dar muitos detalhamentos sobre a realização de cursos, o relatório do Inep (2022, p. 350) detalha que

A Meta 16 do PNE considera os profissionais da educação básica, entretanto, o Indicador 16B agrega apenas os professores em regência de classe, uma vez que o Censo da Educação Básica não coleta informações referentes à formação continuada do conjunto de profissionais. Para efeitos de monitoramento desta meta, o indicador considera as informações referentes a cursos de formação continuada com carga horária mínima de 80 horas.

Quando analisamos os dados sobre os professores que realizaram cursos de formação com carga horária mínima de 80 horas, observamos que houve pequeno crescimento, pois, em 2013, 30,6% dos professores realizaram, e, em 2021, passou-se a 40% (893.015 de um total de 2.230.891). Ao analisarmos o movimento do Indicador 16B por região, somente a região Sul registra crescimento mais significativo (2013 eram 49,4% dos professores; e em 2021 passou-se a 61,3%), sendo seguida pelas regiões Nordeste (43,6%), Centro-Oeste (42,2%) e Norte (39,8%). A região Sudeste, por sua vez, apresentou o menor percentual, alcançando 29,3% dos professores (INEP, 2022).

O relatório de monitoramento mostrou ainda que, assim como o quantitativo de docentes com maiores titulações está nas redes públicas, são nestas que também encontramos os maiores percentuais de professores que realizaram cursos de formação com carga horária mínima de 80 horas, especialmente nas redes municipais, conforme mostra o Gráfico 2:

Gráfico 2 – Percentual de professores da educação básica que realizaram cursos de formação continuada, por dependência administrativa, no Brasil (2013-2021)

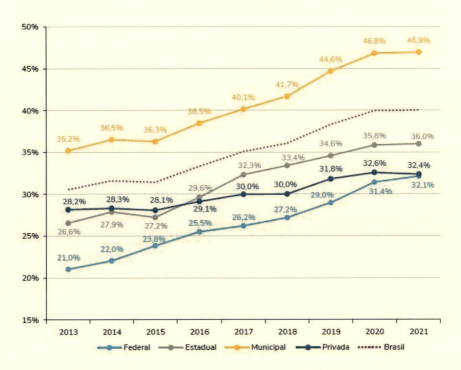

Fonte: Inep (2022)

No que se refere às redes de ensino (Gráfico 2), desde 2013 as redes municipais são as que apresentam os maiores percentuais de professores com formação continuada (passando de 35,2% para 46,9%), seguidas pelas redes estaduais (as quais passaram de 26,6% para 36,0% em 2021), privada (de 28,2% em 2013 para 32,4% em 2021) e federal (passando de 21% em 2013 para 32,1% em 2021), sendo os professores da rede federal os que menos realizaram cursos de formação continuada (INEP, 2022).

Diante desse cenário, no que tange ao Indicador 16B, o próprio relatório do Inep já destaca que é necessário um esforço adicional às redes de ensino para que a meta de chegar a 100% de profissionais da educação básica com formação continuada até 2024 seja cumprida.

## Considerações finais

A formação docente, como vimos, é uma pauta historicamente marcada por desafios e urgências; mas, apesar dos avanços em âmbito legal, no quantitativo de docentes com formação inicial e continuada, bem como no debate acadêmico-científico observáveis nas últimas décadas, ainda requer priorização por parte do planejamento do Estado e dos entes federativos.

Mesmo o PNE, enquanto importante instrumento de planejamento para uma vigência de dez anos, tendo incorporado metas voltadas para a formação inicial e continuada como pauta prioritária, observamos avanços tímidos no que tange aos indicadores estabelecidos pelo Inep; apesar de identificarmos avanços no crescimento dos percentuais, em contrapartida também é perceptível que esses avanços foram pouco expressivos quando os comparamos com o ano de 2013 (ano anterior ao PNE), com fortes indícios de que o cumprimento das metas não será atingido.

Ao refletirmos sobre o panorama exposto, a realidade concreta deixa-nos pistas de que é necessário um esforço maior no que tange à formação docente, com a implementação de uma política sistêmica, permanente e efetivamente prioritária, sem desconsiderar que seja ela condizente com as mudanças que o mundo vem vivenciando, e com as necessidades que uma educação emancipadora requer.

## Referências

BARDIN, L. **Análise de conteúdo**. Lisboa: Edições 70, 1977.

BRASIL. **Lei nº 9.394, de 20 de dezembro de 1996**. Estabelece as Diretrizes e Bases da Educação Nacional. Brasília: Presidência da República, 1996. Disponível em: http://www.planalto.gov.br. Acesso em: 6 mar. 2023.

BRASIL. **Lei nº 10.172, de 9 de janeiro de 2001**. Aprova o Plano Nacional de Educação e dá outras providências. Brasília: Presidência da República, 2001. Disponível em: https://www.planalto.gov.br/ccivil_03/leis/leis_2001/l10172.htm. Acesso em: 6 mar. 2023.

BRASIL. **Lei nº 13.005, de 25 de junho de 2014**. Aprova o Plano Nacional de Educação – PNE. Brasília: Presidência da República, 2014. Disponível em: www.planalto.gov.br//ato2011-2014/2014/L13005.htm. Acesso em: 6 mar. 2023.

BRASIL. Ministério da Educação. Conselho Nacional de Educação. Conselho Pleno. **Resolução CNE/CP nº 1, de 27 de outubro de 2020**. Dispõe sobre as Diretrizes Curriculares Nacionais para a Formação Continuada de Professores da Educação Básica e institui a Base Nacional Comum para a Formação Continuada de Professores da Educação Básica (BNC-Formação Continuada). Brasília: Ministério da Educação, 2020. Disponível em: http://portal. mec.gov.br/index.php. Acesso em: 6 mar. 2023.

BRASIL. Ministério da Educação. Conselho Nacional de Educação. Conselho Pleno. **Resolução CNE/CP nº 2, de 20 de dezembro de 2019**. Define as Diretrizes Curriculares Nacionais para a Formação Inicial de Professores para a Educação Básica e institui a Base Nacional Comum para a Formação Inicial de Professores da Educação Básica (BNC-Formação). Brasília: Ministério da Educação, 2019. Disponível em: http://portal.mec.gov.br/index. Acesso em: 6 mar. 2023.

COSTA, E. M.; MATTOS, C. C.; CAETANO, V. N. S. Implicações da BNC: formação para a universidade pública e formação docente. **Revista Ibero-Americana de Estudos em Educação**, Araraquara, v. 16, n. esp. 1, p. 896-909, mar. 2021. DOI: 10.21723/riaee.v16iEsp. 1.14924.

DARDOT, P.; LAVAL, C. **A nova razão do mundo**: ensaios sobre a sociedade neoliberal. Tradução de Mariana Echalar. São Paulo: Boitempo, 2018.

GARCIA, C. M. **Formação de professores**: para uma mudança educativa. Porto: Porto Editora, 1999. Disponível em: https://www.researchgate.net/profile/Carlos-Marcelo/publication/233966703_Formacao_de_Professo-res_Para_uma_Mudanca_Educativa/links/00b7d52273d4773680000000/Formacao-de-Professores-Para-uma-Mudanca-Educativa.pdf. Acesso em: 10 mar. 2023.

GUIMARÃES, A. R.; BRITO, C. S.; SANTOS, J. A. B. Expansão e financiamento da pós-graduação e desigualdade regional no Brasil (2002-2018). **Revista Práxis Educacional**, Vitória da Conquista – Bahia, v. 16, n. 41,

p. 47-71, 2020. Edição especial. Disponível em: https://periodicos2.uesb. br/index.php/praxis/article/view/7244/5077. Acesso em 14 fev. 2023.

IMBERNÓN, F. **Formação docente e profissional**: formar-se para a mudança e a incerteza. 6. ed. São Paulo: Cortez, 2006.

INSTITUTO NACIONAL DE ESTUDOS E PESQUISAS EDUCACIONAIS ANÍSIO TEIXEIRA (INEP). **4º Relatório de monitoramento do PNE – 2022**. Brasília: Inep, 2022. Disponível em: https://download.inep. gov.br/publicacoes/institucionais/plano_nacional_de_educacao/relatorio_do_quarto_ciclo_de_monitoramento_das_metas_do_plano_nacional_de_educacao.pdf. Acesso em: 14 fev. 2023.

LAVAL, C. **A escola não é uma empres**a. Tradução de Mariana Echalar. São Paulo: Boitempo, 2018.

NÓVOA, A. **Formação de professores e profissão docente**. Lisboa: Dom Quixote, 1992. Disponível em: https://repositorio.ul.pt/handle/10451/4758. Acesso em: 6 mar. 2023.

RODRIGUES, L. Z.; PEREIRA, B.; MOHR, A. Recentes imposições à formação de professores e seus falsos pretextos: as BNC. Formação inicial e continuada para controle e padronização da docência. **Revista Brasileira de Pesquisa em Educação em Ciências**, Belo Horizonte - Minas Gerais, v. 21, p. 1-3, 2021. Disponível em: https://periodicos.ufmg. br/index.php/rbpec/article/view/35617. Acesso em: 10 nov. 2021.

SAVIANI, D. Formação de professores: aspectos históricos e teóricos do problema no contexto brasileiro. **Revista Brasileira de Educação**, [*S. l.*], v. 14, n. 40, jan./abr. 2009.

SAVIANI, D. **História das ideias pedagógicas no Brasil**. Campinas: Autores Associados, 2013.

SGUISSARDI, V. Educação superior e diversidade regional no Brasil: o privado (mercantil) como fator de desigualdade e exclusão. *In*: CHAVES, V. L. J.; SILVA JÚNIOR, J. R. (orgs.). **Educação superior no brasil e diversidade regional**. Belém: Edufpa, 2008. p. 15-41.

# VIOLÊNCIA E CULTURA DA PAZ EM AMBIENTE ESCOLAR: ESTUDO DE CASO EM ESCOLA PÚBLICA DE MACAPÁ

Janaina Damasceno Picanço

Kátia Paulino dos Santos

## Introdução

Não se pode negar o fato de que a violência é uma das principais preocupações da sociedade na contemporaneidade, visto que ela atinge a vida e a integridade física da pessoa. Minayo (2010) afirma que a violência é uma violação de direitos, e pode ocasionar prejuízos múltiplos à saúde física e mental daqueles que a sofrem. Esses prejuízos podem perdurar por anos na vida do indivíduo; neste sentido, deve-se efetivar uma atenção especial de diferentes instâncias, o que gerará investimentos públicos para a resolução do problema.

O Fundo Internacional de Emergência das Nações Unidas para a Infância (Unicef) destacou, no Fórum Brasileiro de Segurança Pública que ocorreu em Brasília em outubro de 2021, que nos últimos sete anos 35 mil crianças e adolescente foram mortos de forma violenta no Brasil; a violência acontece de forma diferente, a depender da idade da vítima, porém a maioria das vítimas de morte violenta é adolescente.

O objetivo central deste estudo é analisar as formas de manifestação de violência na Escola Estadual Alexandre Vaz Tavares (AVT), da cidade de Macapá, na perspectiva da gestão escolar, dos professores e dos alunos. Estabelecemos como objetivos específicos identificar como ocorrem as violências na escola e suas formas de manifestações; averiguar as ações e os projetos utilizados pela escola para combater a violência no ambiente escolar.

Adotamos a abordagem qualitativa, por meio de entrevistas. Minayo (2001, p. 14) destaca que "a pesquisa qualitativa trabalha com um universo de significados", buscando produzir informações profundas do fenômeno, focalizando as particularidades e especificidades dos grupos sociais estudados. O procedimento técnico adotado foi um estudo de caso fundamentado nos estudos de Yin (2001), que o considera um procedimento que aponta para a compreensão de fenômenos sociais complexos, conservando as características holísticas e significativas dos fatos da realidade.

Utilizamos a técnica de estudo de caso, por apresentar cunho explicativo, visto que buscamos aprofundar o conhecimento da realidade tentando explicar a razão das coisas, objetivando identificar fatores que determinam ou mesmo contribuem para a ocorrência do fenômeno (GIL, 2008), proporcionando adentrar a realidade das escolas não somente observando, mas entrevistando os diversos atores que compõem esse espaço.

Este capítulo está estruturado em subseções. Nas duas primeiras, discutiremos a importância da educação em Direitos Humanos e a cultura de paz, considerando que estas devem ser entendidas como uma construção cotidiana, além dos quatro pilares da educação como uma dimensão da educação para além da sala de aula. Discutimos, também, a importância da escola enquanto ambiente de aprendizagem significativa, que deve ter como objetivo educar para paz, seção em que se argumenta sobre a importância dos atores sociais, da família, da escola e da comunidade na discussão de mecanismos que possam implementar uma educação focada na cultura de paz.

Na terceira subseção, apresentamos o caminho metodológico utilizado no capítulo, destacando o *locus* de investigação e os participantes da pesquisa, os instrumentos de pesquisa e coleta de dados utilizados, descrevendo cada caso e considerando as peculiaridades de cada escola, e como foi realizada a análise dos dados e os aspectos éticos da pesquisa. Por fim, apresentamos os resultados alcançados, destacando as manifestações de violência e as medidas adotadas pelas escolas, e as ações desenvolvidas são individualizadas e sem articulação entre os atores deste espaço.

## Educação em Direitos Humanos

Antes de tratarmos de educação em Direitos Humanos, faz-se necessário discutir o significado da expressão "Direitos Humanos", que está relacionada a questões políticas, sociais e culturais e guarda diferentes significados. Nesse sentido, "o conceito de direitos humanos alcança um caráter fluido, aberto e de contínua redefinição" (CULAU; LIRA; SPONCHIADO, 2015, p. 3951). Assim, podemos dizer que os Direitos Humanos são resultados da expansão da dignidade humana. Corroborando esta afirmação, Benevides (2001, p. 56) destaca que:

> Os direitos humanos são [...] universais, naturais e ao mesmo tempo históricos. São naturais e universais porque vinculados à natureza humana, mas são históricos no sentido de que mudaram ao longo do tempo num mesmo país e o seu reconhecimento é diferente em países distintos, num mesmo tempo.

A universalidade está intimamente ligada aos direitos universais, os quais todos adquirimos ao nascer, como o direito à vida e à dignidade. Já os direitos históricos estão ligados ao tempo e ao local. Temporalmente, foi-se ampliando o sentido de Direitos Humanos, e cada sociedade tem sua forma de incluir ou excluir-lhe o significado, a depender de diferentes situações culturais, religiosas ou mesmo políticas.

Melo e Ferreira (2014) destacam os desafios que se apresentam quando a temática Direitos Humanos é discutida, uma vez que, para nossa sociedade, sempre existem críticas e resistências, devido à falta de conhecimento sobre a temática. Para superação dessa dificuldade, é muito importante e necessário o aprofundamento dos estudos sobre esta, para que o conhecimento possa se difundir. e as opiniões a respeito possam ser livres de estereótipos.

A Organização das Nações Unidas (ONU) adota a Declaração em Direitos Humanos como uma norma que deve ser alcançada por todos os povos e nações. E destaca em seu Art. 1º que "todos os seres humanos nascem livres e iguais em dignidade e em direitos. Dotados de razão e de consciência, devem agir uns para com os outros em espírito de fraternidade" (ONU, 1948, p. 1). Neste sentido, a liberdade deve ser um direito a ser pensado, respeitado e adotado como meta para uma convivência afetuosa entre irmãos. Além da importância da liberdade, a declaração destaca em seus 30 artigos o direito à vida, à segurança; à liberdade de ir e vir; de ter uma nacionalidade; à liberdade de pensamento e de religião; à educação; à igualdade perante a lei; e à não discriminação por cor, raça, gênero, língua, religião, entre outros.

Para Benevides (2001, p. 1), a educação em Direitos Humanos deve partir de três pontos fundamentais: "primeiro, é uma educação permanente, continuada e global. Segundo, está voltada para a mudança cultural. Terceiro, é educação em valores, para atingir corações e mentes e não apenas instrução". Logo, não é transmissão de conhecimento e deve envolver, além dos alunos, a formação do professor; deve ser permanente e requer uma mudança cultural, ou seja, exige uma mudança de cultura em que o respeito, a tolerância, a justiça, a solidariedade e a cooperação sejam valores sociais que cooperam para a valoração da paz como essencial na sociedade.

Um passo muito importante para esse processo de mudança cultural ocorreu em 2003 com o lançamento do Plano Nacional de Educação em Direitos Humanos (PNEDH), que tem como propósito o fortalecimento e o respeito aos Direitos Humanos e às liberdades fundamentais, que esclarece as ideias e trilhas que devem ser seguidas na discussão da temática, além de promover o pleno desenvolvimento da dignidade humana e a construção de uma cultura de paz.

A educação é um instrumento muito importante para o combate às violações dos Direitos Humanos; por esse motivo, faz-se necessário incluir no currículo escolar os princípios de uma educação voltada para os Direitos Humanos, em que possam ser discutidas a importância e a valorização da diversidade, além de uma educação libertadora, considerando os preceitos de Paulo Freire (2007, p. 38), para quem uma educação libertadora é aquela que organiza preceitos para preparar uma mudança social por meio da dialogicidade. O PNEDH de 2018 destaca os seguintes princípios norteadores da educação em Direitos Humanos na educação Básica:

[...]

a) a educação deve ter a função de desenvolver uma cultura de direitos humanos em todos os espaços sociais;

b) a escola como espaço privilegiado para a construção e consolidação da cultura de direitos humanos, deve assegurar que os objetivos e as práticas a serem adotados sejam coerentes com os valores e princípios da educação em direitos humanos;

c) a educação em direitos humanos, por seu caráter coletivo, democrático e participativo, deve ocorrer em espaços marcados pelo entendimento mútuo, respeito e responsabilidade;

d) a educação em direitos humanos deve estruturar-se na diversidade cultural e ambiental, garantindo a cidadania, o acesso ao ensino, permanência e conclusão, a equidade (étnico-racial, religiosa, cultural, territorial, físico-individual, geracional, de gênero, de orientação sexual, de opção política, de nacionalidade, dentre outras) e a qualidade da educação;

e) a educação em direitos humanos deve ser um dos eixos fundamentais da educação básica e permear o currículo, a formação inicial e continuada dos profissionais da educação, o projeto político pedagógico da escola, os materiais didático-pedagógicos, o modelo de gestão e a avaliação;

f) a prática escolar deve ser orientada para a educação em direitos humanos, assegurando o seu caráter transversal e a relação dialógica entre os diversos atores. (BRASIL, 2018, p. 3).

Pensando na necessidade de revolucionar a sociedade com base na educação em Direitos Humanos, à luz de pedagogias que buscam a multiculturalidade, o PNEDH tem uma missão árdua, uma vez que ele também busca primeiro o respeito e a equidade. Neste sentido, é essencial a participação da sociedade, da família, do jovem e do adolescente.

## Escola e cultura de paz e as possibilidades de atuação do Estado

Freire (1996) destaca que a escola é um ambiente onde a aprendizagem significativa deve ocorrer, onde a relação professor-aluno aconteça sempre mediada pelo diálogo e pelo respeito mútuo, além de ser um espaço em que se contribui para o desenvolvimento da curiosidade, da criatividade, do raciocínio lógico, do estímulo à descoberta. Nesse sentido, a educação, para Freire, é um processo humanizante, social, político, ético, histórico e cultural, em que a prática é o princípio gerador que precede a teoria.

A Lei de Diretrizes e Bases da Educação Nacional (LDB) n.º 9.394/1996, em seu Art. 1º, estabelece que

> [...] a educação abrange os processos formativos que se desenvolvem na vida familiar, na convivência humana, no trabalho, nas instituições de ensino e pesquisa, nos movimentos sociais e organizações da sociedade civil e nas manifestações culturais. (BRASIL, 1996, p. 1).

Não aprendemos em um único lugar; a educação perpassa diferentes processos e abrange diferentes âmbitos sociais; ela não está restrita ao espaço escolar. Romão (2019) salienta que Paulo Freire entende que não existe uma educação; existem *educações*, e a principal função da educação é humanizar por meio de uma educação libertadora. Brandão (2002) corrobora-o afirmando que compete à educação a responsabilidade de abrir as mentes e também os corações, e delimitar os caminhos de construção compartilhada das sociedades mais humanizadas. É importante ter um olhar humanizado quando se trata de educação, faz-se necessário pensar em currículo com foco na educação em Direitos Humanos, buscando a integração e conscientização do homem, visando a sua humanização e criticidade.

Costa (2015, p. 85), considerando o pensamento de Paulo Freire, ressalta que a educação "é um processo constante de criação do conhecimento e de busca da transformação-reinvenção da realidade pela ação-reflexão humana". Assim, a educação seria um processo de libertação, um ato de criação do conhecimento por meio do método de ação-reflexão para a transformação-reinvenção da

EDUCAÇÃO EM PERSPECTIVA: CONTEXTOS POLÍTICOS, LINGUÍSTICOS E CULTURAIS

realidade; processo esse que deve estar presente na escola mediante o Projeto Político-Pedagógico (PPP), em que todas as intenções da instituição devem ser explicitadas. O PPP é um instrumento essencial para uma escola que busque essa transformação da realidade, visto que este é a alma da escola e permite a possibilidade de integrar todos os atores da instituição, permitindo que estes saiam da posição de expectadores para fazer parte da posição de sujeitos de sua história.

Para Lemos (2013), é possível identificar as referências e os conceitos de educação para a paz segundo diversas concepções. Ele destaca também que a educação com foco nos valores e atitudes de não violência, respeito e solidariedade é antiga, porém sua sistematização, organização e diretrizes só se consolidam após a Segunda Guerra Mundial, com a Declaração Universal para os Direitos Humanos e seus diversos pactos e convenções que se estabeleceram nos anos subsequentes.

A Organização das Nações Unidas para Educação, Ciência e Cultura (Unesco) transformou a cultura de paz em uma das principais tendências da organização, fomentando a promoção da não violência, da tolerância e solidariedade, contribuindo para que pessoas de todas as partes do mundo se envolvam em ações inspiradas por esses valores. Montessori (2004, p. 54) define Paz como

> [...] um princípio prático da civilização humana e da organização social que está fundamentada na própria natureza humana. A paz não escraviza o homem, pelo contrário, ela o exalta. Não humilha, muito ao contrário, ela o torna consciente de seu poder no universo. E porque está baseada na natureza humana, ela é um princípio universal e constante que vale para todo ser humano. É esse princípio que deve ser nosso guia na elaboração de uma ciência da paz e da educação dos homens para a paz.

Nesse sentido, a autora deixa claro que a paz é um princípio universal baseado na natureza humana, que esta não é o oposto de guerra, e a presença do conflito não significa a ausência de paz: significa que existe diversidade e que é importante estabelecer esta relação como princípio para uma educação baseada em uma cultura de paz.

Garcia (2013) destaca que cultura de paz é a consciência permanente de valores que visam à não violência; afirma, ainda, que isso não significa que o conflito seja eliminado, mas que ele se resolve por meio da não violência, contrariando os paradigmas que sustentam o modelo atual.

## Metodologia da pesquisa

Tendo como objetivo analisar os impactos das políticas públicas educacionais para a redução da violência no ambiente escolar, em escolas públicas de ensino médio da cidade de Macapá, este capítulo utilizou o método dialético, uma vez que "este penetra o mundo dos fenômenos através de sua ação recíproca, da contradição inerente ao fenômeno e da mudança dialética que ocorre na natureza e na sociedade" (MARCONI; LAKATOS, 2006, p. 106), é um método de abordagem que se caracteriza por utilizar a discussão, a argumentação, para penetrar na realidade pesquisada.

Como forma de abordagem, foi utilizada a pesquisa qualitativa, visto que esta tem a preocupação com a qualidade dos dados da pesquisa e objetiva entender os motivos e os comportamentos dos fenômenos. Minayo (2001, p. 14) afirma que:

> [...] a pesquisa qualitativa trabalha com o universo de significados, motivos, aspirações, crenças, valores e atitudes, o que corresponde a um espaço mais profundo das relações, dos processos e dos fenômenos que não podem ser reduzidos à operacionalização de variáveis.

Quanto aos objetivos da pesquisa, esta teve cunho explicativo, uma vez que "é o tipo de pesquisa que mais aprofunda o conhecimento da realidade, por explicar a razão, o porquê das coisas" (GIL, 2008, p. 28). Esse tipo de pesquisa objetivou a identificação dos fatores que "determinam ou que contribuem para a ocorrência dos fenômenos" (GIL, 2008, p. 28). Considerando a dimensão da temática, entendemos que ela não se esgota, pelo contrário, é o início de uma pesquisa ainda mais ampla e complexa referente à temática.

Quanto aos procedimentos técnicos, trata-se de estudo de caso, fundamentado nos estudos de Yin (2001), que o considerou um procedimento que aponta para a compreensão de fenômenos sociais complexos, conservando as características holísticas e significativas dos fatos da realidade. Trata-se de um estudo limitado a uma ou poucas unidades, que podem ser pessoas, uma família, um produto, uma instituição, uma comunidade ou mesmo um país, ou seja, uma pesquisa detalhada e profunda (GIL, 2008; YIN, 2001).

Para o alcance dos objetivos propostos, foram utilizados como instrumentos roteiro de entrevistas realizadas com os sujeitos (professores, coordenadores pedagógicos, diretores e alunos) e ainda observação *in loco*. A entrevista permitiu um contato direto do pesquisador com o pesquisado. Barros e Lehfeld (2017, p. 81) corroboram-no afirmando que "a entrevista é uma técnica que permite o relacionamento entre entrevistado e entrevistador". Nesse sentido, utilizamos a entrevista semiestruturada, cujas perguntas foram previamente formuladas, porém o pesquisador teve maior liberdade para variar os questionamentos, a depender do rumo das respostas dos entrevistados.

Houve a preocupação de preservar o nome de todos os participantes da pesquisa, e a eles foram apresentados: justificativa, objetivos e procedimentos utilizados na pesquisa. Desse modo, todos os participantes foram nomeados com pseudônimos e receberam o Termo de Consentimento Livre e Esclarecido, em que foi indicado aos participantes também o direito de solicitar a retirada do consentimento a todo e qualquer momento da pesquisa, sem que isto incorresse em penalidade de qualquer espécie. Os pseudônimos escolhidos foram A1, A2, e assim por diante, aos alunos que se predispuseram em participar; D1 ao diretor; C1 ao coordenador pedagógico; P1 e P2 aos professores participantes.

A pesquisa tem como *locus* de investigação a Escola Estadual Dr. Alexandre Vaz Tavares, que está localizada no Bairro do Trem; teve sua inauguração no governo de Janary Gentil Nunes, com o nome de Grupo Escolar Alexandre Vaz Tavares. O nome da escola foi uma homenagem ao político, médico e poeta Dr. Alexandre Vaz Tavares, que atuou como prefeito da cidade de Macapá em 1922 e muito contribuiu para a formação do então território.

A escola conta com cerca de 1.550 alunos e atende à modalidade de ensino médio, regular e Educação de Jovens e Adultos (EJA); possui 16 salas de aula, além de contar com auditório, sala para atendimento especializado, biblioteca, sala para coordenação pedagógica, sala de professores, sala de gestão, secretaria, laboratório de informática, sala de planejamento, sala do grêmio, sala da TV escola, cozinha, refeitório e quadra, além de quatro salas que estão sendo construídas para uso de laboratórios.

Quanto à estrutura técnica e pedagógica, a escola está formada por 143 funcionários, distribuídos nas seguintes especificidades: diretor, diretor-adjunto, secretário escolar, professores, coordenadores pedagógicos, assessores pedagógicos, cozinheiras, faxineiras, porteiros, auxiliar da direção e agente administrativo.

A escola foi construída na década de 50, é uma escola antiga, porém há 13 anos sofreu uma reforma, o que contribuiu para solucionar alguns problemas estruturais. Do ponto de vista estrutural, a escola apresenta boa estrutura, com corredores e salas de aula de tamanho considerado padrão pela Secretaria Estadual de Educação (Seed). De modo geral, a escola é muito agradável, pois não se percebem paredes sujas; como pode ser visto na Figura 3, todas as salas são climatizadas.

A escola conta com 40 estudantes matriculados por sala, e vale destacar que os professores pesquisados consideram que essa quantidade de estudantes acaba por propiciar alguns conflitos. Outro destaque importante é o fato de a escola oferecer acessibilidade para cadeirante, tem rampas de acesso, tornando a escola acessível a cadeirantes.

## Violência escolar: estudos de caso em escola pública de Macapá

Um dos motivos que justificam a procura dos pais para matricular seus filhos na escola está no fato de esta desenvolver diversos projetos e ações, no decorrer dos seus 72 anos de existência. Dentre as ações e os projetos, é possível destacar o Projeto Fruição das Artes, a Caminhada Alexandrina, os Jogos Internos AVT e a Festa Junina (manifestações culturais), projetos que fazem com que a escola tenha visibilidade na comunidade escolar. Conforme a equipe gestora, essa visibilidade ocorre em função do dinamismo de sua proposta pedagógica, com apoio e colaboração de toda a comunidade escolar (alunos, pais, professores e servidores).

A escola apresenta um Projeto Político-Pedagógico (PPP), aprovado em 2019 e que estava passando por um processo de reestruturação em 2022, pois algumas ações precisavam ser revistas de acordo com a coordenação pedagógica. Porém no PPP de 2019 a escola destaca como prioridade educacional: i) baixar os índices de reprovação e repetência na escola, ii) proporcionar uma educação inclusiva de qualidade, por meio da redução dos índices de violência e do consumo de drogas no ambiente escolar, iii) promover uma aprendizagem contextualizada, significativa e de qualidade social, e iv) cultivar, no ambiente escolar, hábitos e atitudes para uma convivência social baseada na civilidade, na cordialidade, na sociabilidade e no respeito às diferenças individuais (AMAPÁ, 2019, p. 8).

Considerando essa problemática, a escola destaca que existe a necessidade de a comunidade escolar se insurgir a essa realidade, com base nas seguintes ações: i) parceria com outros órgãos da rede pública para resolver alguns entraves que a escola sozinha não consegue solucionar (Ministério Público do Estado do Amapá, Conselho Tutelar, Policiamento Escolar e outros), ii) formação continuada que envolva professores, alunos, funcionários e pais/responsáveis para juntos atuarem no enfrentamento à violência no ambiente escolar, iii) atuação do Conselho Escolar e do Grêmio Estudantil, como fóruns permanentes para toda a comunidade escolar (AVT, 2019, p. 9).

Outro ponto de destaque do PPP de 2019 é o fato de a comunidade escolar entender sua realidade e a considerar desafiadora, propondo a necessidade de

> [...] idealização de uma realidade que tenha como prioridade baixar os índices de reprovação e repetência em nossa escola; reduzir a evasão escolar da unidade escolar; promover uma aprendizagem contextualizada, significativa e de qualidade social. E ainda, cultivar no ambiente escolar, hábitos e atitudes para uma convivência social baseada na civilidade, na cordia-

lidade, na sociabilidade e no respeito às diferenças individuais, repudiar qualquer tipo de violência e proporcionar uma educação inclusiva e de qualidade. (AMAPÁ, 2019, p. 10).

Percebemos que a escola tem prioridades muito claras no que concerne à redução dos índices de violência e do consumo de drogas no ambiente escolar, uma vez que esses problemas também contribuem para os índices de reprovação, repetência e evasão.

Os alunos entrevistados afirmaram que até o momento não haviam presenciado casos de violência, porém eles sabiam da existência de casos na escola. Isso fica claro na fala de dois alunos; ao serem indagados sobre a existência de casos de violência, afirmaram que existiam e que "às *vezes, de vez em quando, algumas pessoas ultrapassam o limite de piadas, no caso é racismo*" (A4, 2021, s/p, dados da pesquisa), ou "*a gente não sabe muito, a gente sabe o que chega até a gente*" (A6, 2021, s/p, dados da pesquisa). Assim, observamos que os alunos têm a percepção de situações de violência e compreendem que a problemática se faz presente no espaço escolar.

Quanto aos tipos de violência ocorridas no espaço escolar, todos os entrevistados destacaram os seguintes: racismo, exposição de fotos íntimas na internet, agressão física entre alunos, agressão verbal entre professor e coordenador pedagógico, mãe que grita com os coordenadores pedagógicos, rixa de outra escola, desrespeito dentro das sala de aula entre alunos, principalmente dos meninos com as meninas (violência de gênero), difícil interação dos alunos, intolerância religiosa e política, assédio sexual, uso de drogas, bebida, *bullying*, preconceito, assédio moral, violência simbólica no currículo escolar.

O diretor afirmou que já havia sido vítima de violência verbal e que às vezes ele precisava se impor para não ser agredido fisicamente, mas destaca que "*nunca chegou aos extremos, são coisas assim que normalmente acontecem, e* às *vezes a pessoa está de cabeça quente, fala um monte de coisas depois pede desculpas*" (D, 2021, s/p, dados da pesquisa). A coordenadora pedagógica disse que nunca sofreu nenhum tipo de violência, porém citou diversas situações em que os pais chegaram à coordenação alterados ou mesmo gritando com ela, pois não aceitavam como a escola resolvera determinada situação ou não aceitavam a nota que o filho havia tirado. Observamos que as microviolências são olhadas com menor importância nas falas desses atores, que as consideram de menor gravidade, porém faz-se necessário compreender que a existência e a incidência dessas violências permitem a perpetuação tanto da violência simbólica quanto da violência dura, logo é mister buscar formas de solucioná-las.

Quanto aos professores, um afirmou já ter presenciado situações de violência e sofreu alguns tipos de violência; cita que alguns pais de estudantes que não concordaram com a nota do filho acabaram não perguntando ao professor o que acontecera e mandaram áudios ofendendo o professor; outra professora afirmou que na escola não havia sofrido violência, porém presenciava na sala de aula situações de violências entre os estudantes.

Os alunos afirmam que não haviam sido vítimas, mas dois já haviam presenciado situações de violência; destacam que não foi violência física, mas verbal; um estudante destacou que sentiu *"angústia, indignação por uma pessoa estar falando algo e quase todo mundo lá compartilhar o mesmo pensamento, é ridículo"* (A4, 2021, s/p, dados da pesquisa).

Um ponto importante a destacar é fato de os estudantes considerarem o ambiente escolar não violento, porém eles entendem que existe sempre uma necessidade de estar atento às diferentes situações, o que fica claro nas falas de alguns alunos: *"Não digo que seja violento, mas, por ter muita gente, a gente nunca sabe o que pode acontecer"* (A4, s/p, 2021, dados da pesquisa); *"Tem sempre o medo de que pode acontecer alguma coisa"* (A5, 2021, s/p, dados da pesquisa). Estas falas dos alunos nos mostram o sentimento de insegurança deles no espaço escolar, o que é um aspecto negativo, visto que a escola é um espaço de aprendizagem e socialização.

Na análise das falas do diretor e do coordenador pedagógico, podemos perceber um discurso que olha para as manifestações de violência apresentadas na escola como algo de menor gravidade, o que faz com as microviolências se perpetuem e ganhem forças no ambiente escolar. Vale destacar que o PPP da escola deixa clara a necessidade de ações específicas com foco na redução da violência e do consumo de drogas no ambiente escolar. Mas observamos na fala dos entrevistados (diretor e coordenador) uma percepção diferente.

## Manifestações de violência identificadas nas escolas e ações adotadas para inibição

Charlot (2002) afirma que a agressão é uma característica da violência e enfatiza a necessidade de dominação e uso da força, visto que toda agressão é violência, porém nem toda agressão está ligada à força para causar o mal; algumas se limitam a extorsão ou ameaça.

Um entrevistado da Escola Alexandre Vaz Tavares, (AVT), justificou sua compreensão destacando a influência das famílias nas ações de alguns jovens, que seriam as famílias "desestruturadas". C2 (s/p, 2021, dados da pesquisa) destaca que a

> [...] criança, ela convive com a violência na questão familiar, que eles vêm de uma família desestruturada, com essa desestruturação familiar eles trazem para escola esses maus hábitos de violência.

Na mesma linha, A6 (s/p, 2021, dados da pesquisa) ressalta que

> [...] acho que também violência vem muito do psicológico da pessoa do jeito que ela foi criada se apanhava quando ela era criança, então conforme vai crescendo cria uma raiva dentro da pessoa para ela se irritar fácil.

Observamos as relações hierárquicas que estão presentes na escola com base em todo o aparato burocrático existente nesse espaço (CASTRO, 1998). Por esse motivo, faz-se necessário considerar a importância do envolvimento dos atores sociais nas discussões importantes do processo educacional, sendo o professor um ator social, por ser aquele responsável pela criação de condições de aprendizagem dos alunos. Este é um elemento essencial para existência da escola, e a ausência desse ator nas discussões, em especial na nova proposta exposta pela professora, mostra a violência simbólica existente na escola; nesse caso a professora está se sentindo obrigada a falar sobre assuntos com os quais ela não concorda.

No que concerne às manifestações de violência percebidas no espaço escola, destaca-se que as manifestações percebidas pelos entrevistados da escola AVT são: i) brigas, xingamentos, ii) falta respeito com as meninas em sala, iii) dificuldade de interação em sala, iv) fotos íntimas vazadas na internet, v) consumo de bebidas alcoólicas, vi) *bullying*, vii) abuso sexual, viii) preconceito, ix) racismo, x) assédio, xi) homofobia, manifestações essas percebidas nas entrevistas.

A violência social foi destacada pelos entrevistados da escola AVT, e apresenta-se por meio da dificuldade de relacionamento e interação entre os alunos na sala de aula, intolerância religiosa, intolerância política, preconceito, manifestações que estão presentes nas falas dos entrevistados. O assédio foi outra manifestação de violência destacado pelo grupo, evidenciando o assédio sexual, neste caso de professores, além do assédio moral. Outro destaque é quanto ao uso de drogas; os entrevistados da escola destacaram o consumo de bebidas alcoólicas no seu interior por estudantes, no entanto, no que tange a drogas psicotrópicas, foi mencionado que há somente suspeitas, não foi visto ou percebido este consumo no interior da escola.

Os alunos afirmam a existência de violência, porém asseveram que não é algo que acontece com frequência e que até o momento da entrevista eles não haviam presenciado casos, o que fica claro na fala dos alunos: "*Até agora nenhum, mas às vezes, de vez em quando, algumas pessoas ultrapassam o limite de piadas*" (A4, 2021, s/p, dados da pesquisa); "*Sim, a gente não sabe muito, a gente sabe o que chega até a gente*" (A6, 2021, s/p, dados da pesquisa).

Os alunos demonstram ter uma visão abrangente quanto às manifestações de violência presentes na escola, referendando a fala das professoras que afirmam trabalhar na disciplina os conceitos e formas de violências presentes na sociedade. E, nesse sentido, existe uma diferença nos discursos dos alunos das duas escolas.

Os coordenadores afirmaram que recebem com frequência situações de violência, que, em alguns períodos, são mais frequentes, e que geralmente a situação se inicia na sala de aula e chega até a coordenação. E, em todas as situações, faz-se uma escuta e depois se costuma chamar os responsáveis dos estudantes, visto que estes são menores de idade e existe a necessidade de informar o responsável sobre o acontecido. Todos tentam resolver as situações da melhor maneira possível.

Os professores das escolas relatam que já sofreram violência, e que *"violência física nunca, mas violência de palavras sim, porque a gente ouve muita coisa, a gente* às *vezes não liga"* (P1, 2021, s/p, dados da pesquisa); ou

> [...] eu já sofri sim alguns tipos de violência, principalmente de pais de alunos, em relação a não saber por que que aluno tirou aquela nota, não chega com o professor para conversar para saber o que houve, vem com aqueles áudios enormes ofendendo, é muito comum isso. (P3, 2021, s/p, dados da pesquisa).

Vivenciar situações de violência no ambiente de trabalho tornou-se comum para os entrevistados. Estes destacam também que, diante dessas situações, a reação é sempre no sentido de não fazer nada para que a situação piore; tentam conversar com o agressor, acalmá-lo para solucionar o problema, porém, quando não é possível, levam a situação para a coordenação pedagógica intermediar.

## Considerações finais

Iniciamos este estudo com o objetivo de analisar as políticas públicas educacionais para redução da violência no ambiente escolar em escolas públicas de ensino médio da cidade de Macapá. Buscamos identificar os tipos de violência que ocorrem nas escolas e suas formas de manifestação, averiguar as ações e os projetos utilizados pela escola para o combate à violência no ambiente e investigar os impactos das políticas públicas desenvolvidas pelas escolas para redução da violência. Vale destacar que não pretendemos aqui esgotar a discussão acerca da temática.

A Escola Dr. Alexandre Vaz Tavares (AVT), considerada uma escola de referência, por diversos motivos, entre eles sua localização, tem alunos dos mais diversos bairros da cidade e das mais diversas classes sociais. Esta apresenta alguns projetos muito conhecidos pela comunidade, como a Caminhada Alexandrina, que acontece todos os anos, levando centenas de estudantes, ex-estudantes, pais e pessoas da comunidade a uma caminhada com uma temática diferente a cada ano; a temática é trabalhada pelos professores em sala de aula, e todo esse trabalho culmina com uma caminhada que se concentra em frente à escola e vai até o balneário do Araxá, terminando com apresentações artísticas.

Outro ponto detectado foi a necessidade de formação continuada para o professor no que diz respeito à temática Cultura de Paz. Essa necessidade deve-se ao fato de que os professores precisam ter conhecimento sobre a temática, visto que eles, nas escolas pesquisadas, não tinham conhecimento nem opinião formada ao serem questionados sobre a cultura paz. Se for proporcionado ao professor discutir temáticas como Direitos Humanos e violência, será possível compreender a importância delas no currículo escolar, contribuindo para a melhoria do processo de ensino e aprendizagem.

Esta pesquisa traz para a equipe que coordena o programa E-PAZ a necessidade de pensar em metas para as ações visando à eficiência e à eficácia da política pública, considerando a necessidade de divulgação do programa, além da promoção de formação continuada para a equipe escolar.

Compreendemos que a política pública precisa alcançar as escolas de forma que os atores tenham conhecimento de sua existência e de seus objetivos, para que a escola possa estabelecer discussão sobre a temática violência, além de ações articuladas, objetivando estabelecer a implantação de uma cultura de paz no ambiente escolar. São notórias as dificuldades para promover essas ações, porém o estabelecimento de metas é essencial para que, de fato, a política pública seja efetivada e possa impactar de forma positiva a redução da violência nas escolas.

## Referências

AMAPÁ. **Porjeto Pedagógico de Curso da Escola Alexandre Vaz Tavares**. Macapá: Escola Alexandre Vaz Tavares, 2019.

BARROS, A. J. P.; LEHFELD, N. A. S. **Projeto de pesquisa**: propostas metodológicas. 23. ed. Petrópolis: Vozes, 2017.

BENEVIDES, M. V. Educação em direitos humanos: de que se trata? *In*: LEITE, R. L. B.; CATANI, D. B. (orgs.). **Formação de educadores**: desafios e perspectivas. São Paulo: Edunesp, 2001. p. 309-318.

BRANDÃO, C. **A educação popular na escola cidadã**. Petrópolis: Vozes, 2002.

BRASIL. Lei nº 9.394/1996, de 20 de dezembro de 1996. Lei de Diretrizes e Bases da Educação Nacional. **Diário Oficial da República Federativa do Brasil**, Brasília, 23 dez. 1996.

BRASIL. **Plano Nacional de Educação em Direitos Humanos**. Brasília: Secretaria Especial dos Direitos Humanos, 2003.

BRASIL. **Plano Nacional de Educação em Direitos Humanos**. Brasília: Secretaria Especial dos Direitos Humanos, 2018.

CASTRO, M. Um estudo das relações de poder na escola pública de ensino fundamental à luz de Weber e Bourdieu: do poder formal, impessoal e simbólico ao poder explícito. **Revista da Faculdade de Educação**, São Paulo, v. 24, n. 1, jan./jun. 1998. Disponível em: http://www.scielo.br/scielo.php?pid=S0102255519980001000028&script=sci_arttext. Acesso em: 18 mar. 2023.

COSTA, J. J. S. A educação segundo Paulo Freire: uma primeira análise filosófica. **Revista Eletrônica Theoria**, Pouso Alegre, v. 7, n. 18, 2015.

CULAU, J.; LIRA, D., SPONCHIADO, D. A. M. Educação em direitos humanos: um desafio da sociedade e da escola. *In:* CONGRESSO NACIONAL DE EDUCAÇÃO, 12., 2015, Curitiba. **Anais [...]**. Curitiba: PUCPR, 2015.

FREIRE, P. **Pedagogia da autonomia**. 27. ed. São Paulo: Paz e Terra, 1996.

GARCIA, P. B. Interculturalidade e cultura da paz. *In:* FARIA, H., GARCIA, P.; SOUZA, V. **Cultura viva, políticas públicas e cultura de paz**. São Paulo: Instituto Polis, 2013.

GIL, A. C. **Métodos e técnicas de pesquisa social**. São Paulo: Atlas, 2008.

LEMOS, M. Políticas públicas de educação para a paz. *In:* FARIA, H.; GARCIA, P.; SOUZA, V. **Cultura viva, políticas públicas e cultura de paz**. São Paulo: Instituto Pólis, 2013.

MARCONI, M. A.; LAKATOS, E. M. **Metodologia do trabalho científico**: procedimentos básicos, pesquisa bibliográfica, projeto e relatório, publicações e trabalhos científicos. 6. ed. 7. reimpr. São Paulo: Atlas, 2006.

MELO, V. L. B.; FERREIRA, L. F. G. **A modalidade de educação a distância (EaD) como possibilidade para a educação em direitos humanos.** [*S. l.: s. n.*], 2014.

MINAYO, M. C. S. **Pesquisa social**: teoria, método e criatividade. Petrópolis: Vozes, 2001.

MINAYO, M. C. S. Conceitos, teorias e tipologias de violência: a violência faz mal à saúde individual e coletiva. *In*: NJAINE, K.; ASSIS, S. G.; CONSTANTINO, P. **Impactos da violência na saúde.** 2. ed. Rio de Janeiro: Fiocruz, 2010. p. 21-42.

MONTESSORI, M. **A educação e a paz.** Campinas: Papirus, 2004.

NOLETO, M. J. **Abrindo espaços**: educação e cultura para a paz. 4. ed. Brasília: Unesco; Fundação Vale, 2008.

ORGANIZAÇÃO DAS NAÇÕES UNIDAS. **Declaração Universal de Direitos Humanos.** ONU, 1948. Disponível em: http://www.onu-brasil.org.br/documentos_direitoshu-. Acesso em: 15 mar. 2023.

ROMÃO, J. E. Escola. *In*: STRECK, D.; REDIN, E.; ZITKOSKI, J. J. (org.). **Dicionário Paulo Freire.** Belo Horizonte: Autêntica, 2019.

SILVEIRA, R. M. G. Educação em direitos humanos e currículo. *In*: FLORES, E. C.; FERREIRA, L. F. G.; MELO, V. L. B. **Educação em direitos humanos e educação para os direitos humanos.** João Pessoa: EdUFPB, 2014.

YIN, R. K. **Estudo de caso**: planejamento e métodos. São Paulo: Bookman, 2001.

# A POLÍTICA DE EDUCAÇÃO EM DIREITOS HUMANOS NO ESTADO DO AMAPÁ: UM ESTUDO SOBRE OS DOCUMENTOS ORIENTADORES (2016-2023)

Rodrigo Barbosa Bastos

Helena Cristina Guimarães Queiroz Simões

Jemina de Araújo Moraes Andrade

## Introdução

Este estudo apresenta como temática a política de Educação em Direitos Humanos (EDH) no estado do Amapá, Brasil. A pesquisa questiona: quais e sob que enfoque podem ser definidos os documentos orientadores da política de EDH na Amazônia amapaense? O estudo justifica-se pela obrigatoriedade de adequação das unidades federativas às Diretrizes Nacionais Curriculares para a Educação em Direitos Humanos, apoiada na Resolução 01/2012 do Conselho Nacional de Educação (CNE). Nesse sentido, busca discutir a política de educação em Direitos Humanos no âmbito do estado do Amapá, sob o recorte temporal de 2016 a 2023. Trata-se de uma pesquisa resultante das análises parciais envolvendo a temática, a qual está situada no campo das discussões que envolvem o Estado e as políticas públicas educacionais, e que versa sobre a perspectiva relacional existente entre estes e os Direitos Humanos.

Nesse sentido, é fundamental destacar que a construção social dos direitos educacionais perpassa questões que tocam a luta e a mobilização social a fim de possibilitar vias de acesso para uma educação pública e de qualidade, em igualdade de condições para todas as pessoas, e que se baseie em processos formativos emancipatórios em busca de uma vida digna.

Assim, a presente discussão abrange considerações sobre o papel do Estado na implementação da política de EDH, em uma porção geográfica situada na região amazônica brasileira; perpassando questões que visam historicizar processos construtivos relacionados à implementação da política de EDH no país para, então, analisar os documentos que orientam a política de EDH no Amapá, problematizando-os em relação às dimensões enfocadas e outras invisibilizadas.

É uma pesquisa documental, com abordagem qualitativa, amparando-se nos instrumentos orientadores sobre a EDH no âmbito do estado do Amapá, quais sejam: o Parecer 12/2023 do Conselho Estadual de Educação (CEE) do Amapá; a Resolução Normativa 97/2016 do CEE do Amapá; o Plano Estadual de Educação em Direitos Humanos (PEEDH, 2022) e o Plano Municipal de Educação em Direitos Humanos do município de Macapá (PMEDH, 2021). O recorte temporal desta investigação é de 2016 a 2023.

O trabalho está estruturado em subseções, nas quais trataremos da apresentação da política de EDH no Brasil; relacionaremos o papel do Estado na implementação da política de educação em Direitos Humanos no cenário amapaense; e, por fim, problematizaremos os documentos orientadores da política de EDH no Amapá, destacando seus enfoques.

## A política nacional de educação em Direitos Humanos

No bojo da discussão sobre Estado e a política de EDH, consideramos como pertinente apresentar algumas bases conceituais que explicitam ideias que potencializam a compreensão acerca do que seja a política de EDH no cenário brasileiro.

A literatura vem apontando que tanto as iniciativas em Direitos Humanos como a própria EDH no âmbito do Brasil são decorrentes de um processo histórico de resistência a todas as formas de opressão, impulsionado pela reorganização da sociedade civil e dos movimentos sociais em prol da conquista e do acesso a direitos, para que estes possam ser garantidos e efetivados pelo Estado, via políticas públicas.

Nesse contexto, evidencia-se também forte influência internacional de várias organizações, entre elas da Organização das

Nações Unidas (ONU) e da Organização das Nações Unidas para Educação, Ciência e Cultura (Unesco). O destaque dá-se com a Declaração Universal dos Direitos Humanos, que, lançada em 10 de dezembro de 1948, consagrou a educação como um direito fundamental, tornando-se um dos alicerces para uma nova convivência humana. Outra influência adveio da realização do Seminário *"OREALC/UNESCO sobre o Futuro da Educação na América Latina e Caribe"* em Santiago, Chile, em 2000, que reuniu especialistas em educação de diversos países da América Latina e Caribe, assim como da Europa e dos Estados Unidos, para responder a questões envolvendo a visão prospectiva para a educação nos anos seguintes. Na reunião, abordaram-se as seguintes dimensões: respeito aos direitos, relevância, pertinência, equidade, eficiência e eficácia (BOMENY, [ca. 2020], p. 1; UNESCO, 2008, p. 12).

Nota-se que a participação do Brasil nesses organismos, aliada à iniciativa popular organizada em diversos segmentos, impulsionou a implementação da EDH no país, que, diante das

> [...] lutas de resistência à violência institucional no contexto social e universitário envolveram não só os familiares como os(as) companheiros(as) de lutas, professores, técnicos e estudantes universitários, na luta pelo direito à verdade e à memória como uma questão democrática e uma dimensão em e para os direitos humanos. Nesse processo, mobilizou-se a criação de centros de Defesa, de Comissões de Justiça e Paz, dos Grupos de Tortura Nunca Mais, dentre outros. (ZENAIDE, 2010, p. 67).

Como fruto das pressões dos movimentos sociais e das demais organizações, inspirados por documentos internacionais, foram produzidos, no âmbito das políticas públicas educacionais, os primeiros Planos Nacionais de Direitos Humanos (PNDH) em 1996 e 2002. Objetivando dar seguimento ao PNDH-II, em 2003 ocorreu a nomeação do Comitê Nacional de Educação em Direitos Humanos, o qual ficou responsável por elaborar o Plano Nacional de Educação em Direitos Humanos (PNEDH), cuja proposta é "inspirada em valores humanistas e embasada nos princípios da liberdade, igualdade, da equidade e da diversidade, afirmando sua universalidade, indivisibilidade e interdependência" (BRASIL, 2006, p. 23).

A primeira versão do PNEDH foi lançada em dezembro de 2003 por meio do Ministério da Educação (MEC), do Ministério da Justiça (MJ) e pela Secretaria Especial de Direitos Humanos (SEDH). Nos anos seguintes, houve a intenção dos órgãos envolvidos em divulgá-lo, debatê-lo e difundi-lo (BRASIL, 2006). Assim, a segunda versão revisada do PNEDH foi lançada em dezembro de 2006, trazendo concepções, princípios, objetivos, diretrizes e linhas de ação em cinco eixos de atuação, sendo eles: Educação Básica; Educação Superior; Educação Não Formal; Educação dos Profissionais dos Sistemas de Justiça e Segurança Pública; e Educação e Mídia.

Em termos conceituais, o plano considera a EDH como um "processo sistemático e multidimensional" articulado às seguintes dimensões:

> [...] apreensão de conhecimentos historicamente construídos sobre direitos humanos e a sua relação com os contextos internacional, nacional e local; b) afirmação de valores, atitudes e práticas sociais que expressem a cultura dos direitos humanos em todos os espaços da sociedade; c) formação de uma consciência cidadã capaz de se fazer presente nos níveis cognitivo, social, ético e político; d) desenvolvimento de processos metodológicos participativos e de construção coletiva, utilizando linguagens e materiais didáticos contextualizados; e) fortalecimento de práticas individuais e sociais que gerem ações e instrumentos em favor da promoção, da proteção e da defesa dos direitos humanos, bem como da reparação das violações. (BRASIL, 2006, p. 25).

É sistemático, por apresentar-se como um processo ordenado e organizado de concepções, princípios e diretrizes a ser desenvolvido pelos agentes do sistema educacional e da sociedade civil. É multidimensional, pois engloba não apenas a dimensão cognitiva do processo educativo como as dimensões afetiva e comportamental (BRASIL, 2006).

Nessa perspectiva de abordagem, destacam-se três características que complementam a abordagem conceitual de EDH apresentada anteriormente. São elas:

> 1. Educação em Direitos Humanos é uma postura pedagógica que busca desenvolver nossa dimensão de sujeito com valores ético-políticos de proteção e de defesa da dignidade humana para todos sem exceção. 2. A Educação em Direitos Humanos tem como objetivo de construir uma cidadania autônoma, crítica e criativa capaz de participar de ações coletivas em vista de uma sociedade socialmente justa, plural, democrática, e solidária com as pessoas e responsabilidade socioambiental. 3. O desenvolvimento de uma cultura de direitos humanos na educação não se faz por meio de discurso moral de bom comportamento. A Educação em Direitos Humanos se realiza, por meio de vivências individuais e coletivas dos/as educandos/as, pelo diálogo crítico sobre a realidade e pelo conhecimento histórico das lutas e dos direitos humanos conquistados pelos movimentos sociais. (UNESP, 2023, s/p).

Além dos instrumentos citados, o Brasil elaborou diretrizes específicas na área da educação, contemplando a diversidade em relação a raça, gênero, etnia, pessoas com deficiência, entre outras (SILVA, 2013). O destaque dá-se para a publicação da Resolução 1, de 30 de maio de 2012, do CNE, que estabelece Diretrizes Nacionais para a Educação em Direitos Humanos (DNEDH). Tal normativa dispõe de diretrizes a serem observadas pelos sistemas de ensino e suas instituições no tocante à inserção dos conhecimentos concernentes à EDH na organização dos currículos da educação básica e da educação superior (BRASIL, 2012, Art. 1º, 7º).

Assim, verifica-se que a política educacional voltada para a EDH se consolidou com a publicação das DNEDH, em 2012, uma vez que esta trouxe a obrigatoriedade aos sistemas de ensino e instituições educacionais de todo o país em implementá-la, uma vez que os planos eram somente recomendatórios.

A política da EDH no Brasil trata, portanto, de estabelecer uma educação voltada para o respeito e a valorização dos Direitos

Humanos, que são direitos correspondentes à luta pela dignidade de todos os seres humanos. Vale destacar que, para além do aspecto legal ou institucional, os Direitos Humanos "são lutas concretas da experiência de humanização [...] organizada em processo de libertação" (ESCRIVÃO FILHO; SOUZA JUNIOR, 2021, p. 30-31, 30). De acordo com os mesmos autores, surgem, portanto, como "processo de combate às violações e lutas pela efetivação de direitos, ora previstos, porém sonegados, ora já negados ante à sua própria possibilidade de previsão".

Nessa perspectiva, cabe evidenciar a compreensão de Simões, Cardoso e Silva (2022, p. 118) ao considerarem a EDH como "um instrumento com potencial para formação de sujeitos de direito e promoção da dignidade humana" a ser materializada nos espaços formativos do estado do Amapá.

## O papel do Estado na implementação da política de educação em Direitos Humanos no cenário amapaense

As discussões que envolvem o papel do Estado tornaram-se crescentes após o período de redemocratização do Brasil, especialmente porque demarca o fim de atrocidades experimentadas ao longo da ditadura militar (1964-1985). Esse é um período de Reforma do Aparelho de Estado, vivenciado com maior ênfase a partir da década de 1990.

Nota-se um processo que agrega consigo novos elementos para o papel do Estado, esboçando novas ações as quais se pautam na produtividade exacerbada, na eficiência, na eficácia, na polivalência do trabalhador, na competição entre os pares, no discurso da qualidade das instituições privadas em detrimento das públicas, entre outras questões que remodelam a conjuntura social e que redefinem o papel do Estado na sociedade capitalista-neoliberal[38].

Sinteticamente, é uma política que visa reformular o papel do Estado objetivando atender os aspectos mercadológicos e indivi-

---

[38] O neoliberalismo corresponde a uma teoria das práticas político-econômicas, segundo a qual o: "bem-estar humano pode ser melhor promovido liberando-se as liberdades e as capacidades empreendedoras individuais no âmbito de uma estrutura institucional caracterizada por sólidos direitos a propriedade privada, livres mercados e livre comércio. Nesse contexto, o papel do [...] Estado é criar e preservar uma estrutura institucional apropriada a essas práticas" (HARVEY, 2014, p. 12).

duais, em que o bem individual torna-se prioridade em detrimento do coletivo, e o que é público cede espaço ao privado. A Educação, sob essa perspectiva, deixa de ser um direito de todos e condição mínima para a cidadania e passa a ser entendida como instrumento a serviço dos interesses do capital e dos elementos configuradores do neoliberalismo (LAVAL, 2018)

Justamente o modelo de educação, compreendido como um processo dialético que visa construir possibilidades múltiplas de interação e aprendizagem-crítica dos sujeitos com o mundo, foi ressignificando alguns de seus processos, ganhando novas faces e assumindo características diferenciadas ao longo da reconstrução da democracia no Brasil, estimulando políticas e atitudes que desvirtuaram o seu caráter público-social, passando a concebê-la não mais como um direito, mas como um produto posto sob o "altar" do mercado.

Nesse contexto de mudanças e transformações sociais, a educação alcançou patamares de disputas hegemônicas e contra-hegemônicas, situando correlações de forças em vista de um projeto de sociedade, em que, de um lado, pode-se observar a intencionalidade de materialização de aspectos neoliberais e, de outro, observa-se a proposição de enfrentamento a essas questões, suscitando a promoção de uma educação pública, laica, de qualidade, autônoma, crítica, reflexiva e que seja base para a construção de uma sociedade menos desigual (AZEVEDO, 1997).

Em vista disso, as ações estatais direcionadas à política educacional brasileira foram permeando caminhos diferenciados e que estão para além das ações legais e das relações constituídas entre o Estado, a escola e a sociedade. Ela alcançou sujeitos, trabalhadores da educação que, historicamente, lutam pela materialização de uma educação pública de qualidade configurada em processos educacionais de valorização da dignidade humana.

Diante desse cenário, cabe destacar que "a história dos direitos humanos reflete os movimentos decorrentes das ações, das vítimas da barbárie, em busca de uma transição que implica em uma origem, um caminho e um lugar de chegada" (ZENAIDE; VIOLA, 2019, p. 91). Historicamente, é um processo socialmente lento que, no passado, requereu muito engajamento de movimentos sociais na luta por direitos, mas que, no presente, requer, ainda, a continuidade e o fortalecimento da criação e materialidade de políticas públicas sociais efetivas no campo dos Direitos Humanos.

Nesse sentido, propomos algumas questões norteadoras para reflexões. Qual seria, então, o papel do Estado na implementação da política de EDH? Do que trata e qual a importância dessa política de EDH para o campo educacional brasileiro e amazônico? E no Amapá: qual o papel do Estado no processo de implementação dessa política? Essas três relevantes perguntas são provocadoras a fim de que assumamos um entendimento da atual conjuntura de delineamento da política de EDH no cenário brasileiro, amazônico e amapaense.

Para tanto, responder a tais questionamentos é crucial para a reflexão e a busca por mecanismos de luta em prol da materialização dessa política para (re)construir possibilidades de projetos educacionais baseados na garantia da cidadania e da dignidade humana.

Assim sendo, o primeiro questionamento levantado indaga: *qual seria, então, o papel do Estado na implementação da política de EDH?* Em resposta, consideramos que se trata de garantir e viabilizar políticas públicas[39] de EDH em todo o Brasil, conforme ações programáticas coesas as quais potencializem a luta histórica pela garantia dos Direitos Humanos, travadas no percurso sócio-histórico brasileiro da ditadura, e com base neste novo remodelamento político e educacional decorrente da Carta Magna brasileira (1988) e da Lei de Diretrizes e Bases da Educação Nacional (1996).

O segundo questionamento suscitado pergunta: *Do que trata e qual a importância dessa política de EDH para o campo educacional brasileiro e amazônico?* Em resposta, concordamos que a política de EDH trata de questões socioeducacionais que atrelam a função social da Educação a processos plurais e diversificados, que são

---

[39] "[...] do ponto de vista teórico-conceitual, a política pública em geral e a política social em particular são campos multidisciplinares, e seu foco está nas explicações sobre a natureza da política pública e seus processos. Por isso, uma teoria geral da política pública implica a busca de sintetizar teorias construídas no campo da sociologia, da ciência política e da economia. As políticas públicas repercutem na economia e nas sociedades, daí por que qualquer teoria da política pública precisa também explicar as inter-relações entre Estado, política, economia e sociedade. Tal é também a razão pela qual pesquisadores de tantas disciplinas – economia, ciência política, sociologia, antropologia, geografia, planejamento, gestão e ciências sociais aplicadas – partilham um interesse comum na área e têm contribuído para avanços teóricos e empíricos" (SOUZA, 2006, p. 38).

importantes para o desenvolvimento da pessoa humana, além de agregar à prática social, valores que visam promover uma cultura dos Direitos Humanos em todos os arranjos espaciais da sociedade, em especial em territórios cuja exploração e cuja violência aos direitos de grupos de pessoas vulnerabilizadas dão a tônica das relações sociais, como é o caso dos indígenas, das pessoas negras, dos quilombolas, das pessoas do campo e dos ribeirinhos da Amazônia.

A EDH surge, portanto, com o objetivo de contribuir com a proposta de formação de cidadãos(ãs) que compreendem o compromisso da construção de uma cultura de respeito aos Direitos Humanos, de uma sociedade livre, democrática e tolerante perante as diferenças étnico-raciais, religiosas, culturais e territoriais, de opção política e nacionalidade, entre outras.

Em continuidade com as discussões propostas, a terceira pergunta levantada foi: *E no Amapá: qual o papel do Estado no processo de implementação dessa política?* Consideramos que esta resposta se associa às duas primeiras, de modo a desvelar duas grandes potencialidades de atuação presente socialmente no papel do Estado contemporâneo. A primeira trata do aspecto de agente provedor de políticas públicas educacionais e sociais que possam contemplar a sociedade como um todo. A segunda refere-se a promover a implementação/institucionalização dessa política no cenário amapaense, de maneira a atender às necessidades socioformativas para garantir a proteção, a promoção e a defesa dos Direitos Humanos.

Em razão das questões suscitadas, consideramos que o Estado tem responsabilidade de prover políticas públicas educacionais com foco na EDH que possam ter como pilares a formação e aprendizagem dos Direitos Humanos, a garantia da promoção de valores para o desenvolvimento das sociedades contemporâneas, assim como promover processos educacionais atentos à reparação das históricas violações sofridas por homens e mulheres, em diversos tempos e espaços.

Tais perspectivas esboçam, em diferentes graus, que há desafios que se atrelam ao papel do Estado como agente provedor da política de EDH no cenário amapaense, na medida em que é crucial ponderar as particularidades sociais, regionais e locais desse território, além de considerar a necessidade de acompanhamento na implementação, no monitoramento, na avaliação e na atualização dessa política no estado.

Nesse contexto, nossas análises voltam-se, na próxima subseção, para os documentos que orientam a política de EDH no cenário amapaense, e quais seus enfoques e direcionamentos.

## A política de educação em Direitos Humanos no Amapá: uma análise sobre os documentos orientadores

O quadro teórico apresentado anteriormente é fundamental para considerarmos a importância que a EDH assume, quer pelo entendimento de seu conceito, quer pela necessidade social de sua implementação em diferentes espaços, em especial no sistema educacional.

Em vista dessa necessidade e observando o atual cenário político, social e educacional do Brasil, notamos que a política de EDH tem sido espacialmente fragmentada e que as ações estatais existentes na atualidade não condizem com uma política articulada, coesa e que denote o atendimento às particularidades sociogeográficas presentes em algumas regiões e estados do país.

Trazendo nossas discussões para o *locus* deste estudo, consideramos como importante primeiramente citar algumas breves informações sobre o estado do Amapá para, então, problematizarmos acerca da centralidade temática que buscamos tratar neste estudo.

A princípio, é importante destacar que o Amapá é um dos sete estados da região Norte do Brasil, que apresenta singularidades e particularidades que o destacam no cenário histórico-geográfico brasileiro. Trata-se de um estado transfronteiriço, situado geograficamente na porção mais setentrional da região amazônica brasileira. Apresenta, ainda, algumas particularidades, destacadas por ser o único estado do Brasil cortado pela Linha do Equador, por ser banhado, em sua porção leste, pelo maior rio com volume de água doce do planeta e o segundo maior em extensão territorial, o Amazonas. Ademais, conta com um capital cultural diverso, pela sua formação socioterritorial, com destaque para a cultura cabocla,

EDUCAÇÃO EM PERSPECTIVA: CONTEXTOS POLÍTICOS, LINGUÍSTICOS E CULTURAIS

indígena, ribeirinha, que revelam a historicidade e a presença de homens e mulheres negras nesse importante processo histórico de construção sociocultural (IBGE, 2023).

Após a caracterização do recorte espacial do estudo, passamos a apresentar os documentos orientadores da política de EDH no Amapá e seus enfoques.

São três os documentos que buscam normatizar a política de EDH no Amapá. O primeiro documento é a Resolução Normativa 97/2016, do Conselho Estadual de Educação, e os demais são os Planos Estadual e Municipal de EDH.

A primeira política de EDH foi contemplada por meio da Resolução Normativa 97/2016-CEE/AP, cuja ementa declara a instituição de normas complementares às DNEDH, a ser cumprida por todas as instituições de ensino públicas e privadas que atuam nos níveis e modalidades do sistema estadual de ensino no território amapaense. A publicação no *Diário Oficial do Amapá* (Diofe) ocorreu na seção de n.º 6.369, no dia 26 de janeiro de 2017, sete meses após a sua assinatura pelo conselho. Trata-se de uma regulamentação tardia, se considerarmos que a diretriz nacional sobre a temática é de 2012, como apresentada em subseção anterior.

De maneira geral, é possível observar que a Resolução 97/2016-CEE/AP segue as mesmas diretrizes das DNEDH de 2012. Ela está organizada em cinco capítulos com 25 artigos. Vale destacar um erro material no documento, devido à ausência dos Arts. 7º e 8º, que deveriam constar no Capítulo II do documento.

O Capítulo I, intitulado "Das disposições gerais", compreende o direcionamento geral de aplicação da resolução, bem como aborda um dos eixos fundamentais do direito à educação, destacando a necessidade de práticas educativas fundadas nos Direitos Humanos e em seus múltiplos processos. Além disso, cita alguns princípios e dimensões fundamentais do campo da EDH aplicáveis ao cenário amapaense.

O Capítulo II aborda "Dos objetivos da educação em direitos humanos no sistema estadual de ensino do Amapá, para a educação básica e superior", em que se realiza uma discussão e apresentação dos objetivos geral e específicos da EDH no sistema estadual do Amapá, totalizando 12 objetivos específicos.

O Capítulo III trata "Da organização curricular", destacando que a EDH deve ser considerada na construção dos Projetos Político-Pedagógicos (PPPs), nos regimentos, nos Planos de Desenvolvimento Institucional (PDIs), no Projeto Pedagógico Institucional (PPI), nos Projetos Pedagógicos de Curso (PPCs). Além disso, cita algumas formas de aplicação e inserção dos conhecimentos de EDH, e situa a EDH como elemento de orientação e formação inicial e continuada de todos os profissionais da educação e que possa ser trabalhada de modo transversal ou interdisciplinar.

O Capítulo IV apresenta elementos acerca "Da formação e da pesquisa", explicitando que a formação e a pesquisa na área da EDH devem ser articuladas às ações de pesquisas educacionais, além dos programas de formação continuada.

Por fim, o Capítulo V, intitulado "Das disposições finais e transitórias", trata de questões pontuais, como a necessidade de articulação, integração e colaboração das ações de EDH, por parte da Secretaria Estadual de Educação, com outros órgãos e entidades sociais que possam contribuir nas discussões, análises e proposições que tocam a aplicação da EDH no estado do Amapá.

A despeito de repetir, em grande parte, o texto da diretriz nacional, a norma que a complementa no estado traz um direcionamento importante dessa política, até mesmo por obrigá-la nos sistemas de ensino amapaense. Há uma lacuna que merece atenção, quando a resolução não prevê o monitoramento e a avaliação como previsto na alínea "l" do PNEDH, que trata da necessidade de "balizar a elaboração, implementação, monitoramento, avaliação e atualização dos Planos de Educação em Direitos Humanos dos estados e municípios" (BRASIL, 2006, p. 27).

Outro documento que retrata a EDH é o Plano Estadual de Educação em Direitos Humanos do Amapá, divulgado em 2022 e aprovado no dia 10 de abril de 2023, segundo o Parecer 12/2023 do CEE/AP, por meio da Câmara de Planejamento, Legislação e Normas do CEE, e publicado no *Diário Oficial do Amapá* no dia 3 de maio de 2023. O plano apresenta três grandes dimensões estratégicas, isto é: 1. Gestão e normatização da política de educação em Direitos Humanos no conjunto da política estadual de educação; 2. Atividades programadas (agenda transversal); 3. Articulação interinstitucional para projetos e ações educativas.

Assim, depreende-se que a política de EDH no Amapá parte de uma perspectiva organizativa que prima, inicialmente, pela "gestão e normatização da política". Em seguida, refere-se a um conjunto de "atividades programadas", as quais objetivam a construção de uma "agenda transversal" atenta para questões que tocam os currículos; as estratégias pedagógicas e práticas educativas inovadoras; a formação continuada; a gestão escolar; os recursos e estratégias didáticas; e, por fim, como última dimensão estratégica, tem-se a articulação interinstitucional para projetos e ações educativas.

O plano expõe um planejamento prático e de fácil monitoramento que descreve as atividades distribuídas em cinco eixos: ação; período; meta; responsável; e indicador de monitoramento. Nesse sentido, o PEEDH do Amapá busca convergir ações de promoção da cultura dos Direitos Humanos, partindo do que já tem sido realizado — uma vez que existem ações de EDH nas escolas, ainda que os membros da comunidade escolar não saibam nomeá-las — com as ações que podem ser implementadas, mas de modo permanente e multidimensional, como estabelece a política de EDH no Brasil.

Assim, em vista de promover a cultura dos Direitos Humanos no âmbito escolar amapaense, o Parecer 12/2023 do CEE/AP, que aprovou o Plano Estadual de EDH, recomenda a

> [...] instalação imediata do Comitê Estadual de Educação em Direitos Humanos, com a representatividade estabelecida no aludido Plano, além da criação de um Programa Estadual de Formação Continuada aos professores da Educação Básica, como estratégia para que se possa vivenciar no espaço escolar, a garantia dos Direitos Humanos, em estrito cumprimento aos princípios da Educação em Direitos Humanos. (AMAPÁ, 2023, p. 22).

As recomendações apresentadas são fundamentais para a implementação da política de EDH no cenário amazônico amapaense, especialmente com a instalação do Comitê Estadual de Educação em Direitos Humanos, o qual possibilitará a promoção de debates e o acesso a novas informações sobre como executar a política de EDH no âmbito da educação escolar amapaense.

Além disso, o parecer indica uma necessária articulação na formação de docentes da educação básica por meio da criação de um Programa Estadual de Formação Continuada, o qual é essencial para a explanação, o aprofundamento e o debate da temática entre os professores atuantes na rede educacional. Subentende-se, ainda, a necessidade de um alcance aos municípios interioranos, o que demonstraria o interesse em se construir uma política articulada e fundamentalmente necessária de EDH no arranjo espacial amapaense.

O terceiro documento orientador da política de EDH é o Plano Municipal de EDH de Macapá, de 2021. Seu escopo é bem similar ao plano estadual, pois também apresenta três grandes dimensões estratégicas; são elas: 1. Gestão e normatização da política de educação em Direitos Humanos no conjunto da política municipal de educação; 2. Implementação, por meio de projetos, programas e atividades programadas, das diretrizes de EDH como agenda transversal em todas as ações e todos os serviços ofertados no âmbito da Rede Municipal de Educação de Macapá; 3. Dimensão estratégica específica. Cabe destacar que, na dimensão "2", há cinco subdimensões que se relacionam com o eixo norteador da dimensão apresentada, conforme é possível observar a seguir:

> 2.1 Currículos e Educação em Direitos Humanos;
>
> 2.2 Estratégias pedagógicas e práticas educativas inovadoras de Educação em Direitos Humanos;
>
> 2.3 Formação Continuada e Educação em Direitos Humanos;
>
> 2.4 Gestão escolar e Educação em Direitos Humanos;
>
> 2.5 Recursos e estratégias didáticas de Educação em Direitos Humanos (AMAPÁ, 2022, p. 11, 13, 15, 18, 21).

Nota-se que o Plano de EDH de Macapá segue a mesma perspectiva organizativa do PEEDH (AMAPÁ, 2022), com diferença, apenas, na estruturação das subdimensões da "Dimensão estratégica 2", a qual detalha as suas temáticas. Não há, portanto, diferenças relevantes que possam exprimir desconexão entre ambos, todavia a ausência de novas ações programáticas ou de um alcance multidimensional é observada em ambos os planos.

Em resumo, o PMEDH de Macapá apresenta um planejamento prático e de fácil acompanhamento, que também descreve as atividades distribuídas em cinco grandes eixos: ação; prioridade/período; meta; responsável e indicador de monitoramento/avaliação. Percebemos que os elementos do plano municipal convergem com o plano estadual para a implementação de uma política de EDH na cidade de Macapá.

Assim, *diante das exposições apresentadas, o que revelam esses três importantes documentos norteadores da política de EDH no Amapá?* São normas que legitimam a pauta da EDH no estado. Trata-se de uma política que está mais direcionada ao sistema de ensino, com destaque para a educação básica; são ações programáticas que alguns setores devem concretizar em prazos previamente estabelecidos; no geral, as ações previstas na política carecem de maior articulação com outros órgãos do próprio estado e dos demais municípios, e merecem maior aproximação com segmentos representativos da sociedade civil.

Especificamente quanto à resolução estadual sobre EDH de 2016, parece faltar algo mais orgânico, que seja regional e localmente referenciado, em razão da diversidade e riqueza sociocultural que caracteriza esse território amazônico.

Assim, no caminho para o educar em Direitos Humanos, numa perspectiva contra-hegemônica nestes tempos de barbárie, é preciso compreender que os documentos orientadores da EDH no estado fortalecem a agenda dos Direitos Humanos nos espaços da educação, mas é seminal o compromisso de implementá-la, monitorá-la e avaliá-la para possíveis ajustes na condução da política, cujo ponto de chegada é o acesso a direitos de todas as pessoas.

## Considerações finais

As reformas educacionais possibilitaram mudanças na essência de muitos conteúdos presentes na política educacional contemporânea e, em outros casos, dificultou o acesso e a materialização de ações coletivas que primassem pela melhoria da qualidade da educação, ou mesmo potencializassem seus campos sociais de atuação, pensando na promoção de uma educação inclusiva, pública, gratuita.

No campo da EDH, constatamos múltiplos desafios no tocante a "implementação", "monitoramento", "avaliação" e "atualização". Percebe-se a necessidade de se articular ações em rede que tratem das políticas de EDH nas diferentes configurações socioterritoriais do Brasil, em diferentes níveis e esferas político-administrativas. As discussões e análises apresentadas são, portanto, fundamentais para a compreensão acerca da construção da política de EDH e de como estas se espraiam para microterritórios como o regional (Amazônico) e o local (amapaense), e que devem ser considerados no processo de elaboração do "educar em Direitos Humanos".

Os resultados desta pesquisa apontam para a existência de três documentos orientadores da política de EDH no Amapá, sendo eles: a Resolução Normativa 97/2016 (CEE/AP); o Plano Estadual de Educação em Direitos Humanos (2022); e o Plano Municipal de Educação em Direitos Humanos do município de Macapá (2021). Além do Parecer 12/2023 (CEE/AP), que aprovou o Plano Estadual de Educação em Direitos Humanos no Amapá.

Em breve correlação temporal com outros documentos nacionais os quais são norteadores da política de EDH no cenário brasileiro, foi possível notar o longo período de ausência de regulação da política de EDH no Amapá. Ademais, por se tratar de um dos documentos basilares da implementação de EDH no Amapá, a Resolução 97/2016 deveria ser mais orgânica, com especificidades regionais e locais, que, até então, inexistem.

Em relação aos planos estadual e municipal, destaca-se a aprovação do Plano Estadual de Educação em Direitos Humanos do Amapá, por meio do Parecer 12/2023 pelo CEE/AP, enquanto que o plano municipal necessita dessa aprovação. Nos planos, o enfoque observado foi o sistema educacional, em nível de regulação e ações direcionadas para a educação básica. Restaram excluídos o ensino superior e outros espaços necessários de inclusão da EDH, como nos eixos descritos no Plano Nacional de Educação em Direitos Humanos.

As recomendações do Parecer 12/2023 do CEE/AP indicam a necessidade de instalação do Comitê Estadual de Educação em Direitos Humanos e a criação de um Programa Estadual de Formação Continuada aos docentes da educação básica amapaense.

É seminal que o Estado envide esforços para, de fato, materializar com urgência tais propostas a fim de que tais práticas educativas em EDH se consolidem no sistema escolar.

Permanecem, por fim, os desafios de interlocução com outros órgãos estatais e segmentos sociais e a necessidade de efetiva implementação, monitoramento, avaliação e atualização da política de EDH, considerando que a temática ainda parece estar organicamente distante do sistema educacional amapaense.

**Referências**

AMAPÁ. Secretaria de Estado da Educação. Câmara de Planejamento, Legislação e Normas. Plano Estadual de Educação em Direitos Humanos. Parecer nº 012/2023-CEE/AP. **Diário Oficial do Estado do Amapá**, n. 7.910, 3 maio 2023.

AMAPÁ. Secretaria de Estado da Educação. Coordenadoria de Educação Específica. Institui normas complementares às Diretrizes Nacionais de Educação em Direitos Humanos – EDH a ser cumprida por todas as instituições de ensino públicas e privadas que atuam nos níveis e modalidades do sistema estadual de ensino no Amapá, Resolução Normativa nº 97/2016-CEE/AP. Diário Oficial do Estado do Amapá, n. 6376, 26 jan. 2017.

AZEVEDO, J. M. L. **A educação como política pública**. Campinas: Autores Associados, 1997. (Coleção Polêmicas do Nosso Tempo, v. 56).

BOMENY, H. **O Seminário OREALC/Unesco sobre o Futuro da Educação na América Latina e Caribe**. Rio de Janeiro: Fundação Getulio Vargas; Preal, [ca. 2020]. Disponível em: http://www.schwartzman.org.br/simon/delphi/pdf/seminario.pdf. Acesso em: 30 mar. 2023.

BRASIL. Ministério da Educação. **Resolução n.º 1, de 30 de maio de 2012**. Estabelece Diretrizes Nacionais para a Educação em Direitos Humanos. Brasília: MEC, 2012. Disponível em: http://portal.mec.gov.br/dmdocuments/rcp001_12.pdf. Acesso em: 30 mar. 2023.

BRASIL. Ministério dos Direitos Humanos. Secretaria Especial dos Direitos Humanos. Comitê Nacional de Educação em Direitos Humanos. **Plano Nacional de Educação em Direitos Humanos**. Brasília: Ministério dos Direitos Humanos; Unesco, 2006.

BRASIL. Presidência da República. Secretaria de Direitos Humanos. **Programa Nacional de Direitos Humanos (PNDH-1)**. Rev. e atual. Brasília: SDH/PR, 1996. Disponível em: http://www.planalto.gov.br/ccivil_03/decreto/d1904.htm. Acesso em: 30 mar. 2023.

BRASIL. Presidência da República. Secretaria de Direitos Humanos. **Programa Nacional de Direitos Humanos (PNDH-2)**. Rev. e atual. Brasília: SDH/PR, 2002. Disponível em: https://direito.mppr.mp.br/arquivos/File/PNDH2.pdf. Acesso em: 30 mar. 2023.

BRASIL. Presidência da República. Secretaria de Direitos Humanos. **Programa Nacional de Direitos Humanos (PNDH-3)**. Rev. e atual. Brasília: SDH/PR, 2010. Disponível em: https://www.mpma.mp.br/arquivos/CAOPDH/PNDH-3.pdf. Acesso em: 30 mar. 2023.

BRASIL. Presidência da República. Secretaria de Direitos Humanos. **Educação em direitos humanos**: diretrizes nacionais. Brasília: Coordenação Geral de Educação em SDH/PR, Direitos Humanos, Secretaria Nacional de Promoção e Defesa dos Direitos Humanos, 2013.

ESCRIVÃO FILHO, A.; SOUZA JUNIOR, J. G. **Para um debate teórico conceitual e político dos direitos humanos**. 3. reimpr. Belo Horizonte: Editora D'Plácido, 2021.

HARVEY, D. **A condição pós-moderna**. São Paulo: Ed. Loyola, 2014.

IBGE. Instituto Brasileiro de Geografia e estatística. **Amapá:** história, 2023. Disponível em: https://cidades.ibge.gov.br/brasil/ap/historico. Acesso em: 18 nov. 2023.

LAVAL, C. **A escola não é uma empresa**. Tradução de Mariana Echalar. São Paulo: Boitempo, 2018.

MACAPÁ. Secretaria Municipal de Educação. Subsecretaria de Gestão Pedagógica. Divisão da Diversidade. **Plano Municipal de Educação em Direitos Humanos**. Macapá: Secretaria Municipal de Educação, Subsecretaria de Gestão Pedagógica, Divisão da Diversidade, 2021. Disponível em: https://macapa.ap.gov.br/plano-municipal-de-educacao-em-direitos-humanos/. Acesso em: 10 fev. 2023.

NEVES, L. M. W. (org.). **A nova pedagogia da hegemonia**: estratégias do capital para educar o consenso. São Paulo: Xamã, 2005.

SILVA, A. M. M. (org.). **Educação superior**: espaço de formação em direitos humanos. São Paulo: Cortez, 2013.

SIMÕES, H. C. G. Q.; CARDOSO, F. S.; SILVA, A. M. M. Educação em direitos humanos, formação de sujeitos de direito e dignidade humana: fundamentos teóricos, epistêmicos e políticos. **Revista Momento**: Diálogos em Educação, [*S. l.*], v. 31, n. 1, p. 116-134, jan./abr. 2022. DOI 10.14295/momento.v31i01.13660.

SOUZA, C. Políticas públicas: uma revisão da literatura. **Revista Sociologias**, Porto Alegre, ano 8, n. 16, p. 20-45, jul./dez. 2006. Disponível em: https://www.scielo.br/j/soc/a/6YsWyBWZSdFgfSqDVQhc4jm/?format=pdf. Acesso em: 20 fev. 2023.

UNESCO. Organização das Nações Unidas para a Educação, a Ciência e a Cultura. **Educación de calidad para todos**: un asunto de derechos humanos. Publicado originalmente pelo Escritório Regional de Educação para América Latina e Caribe (Orealc/UNESCO Santiago), 2008. Disponível em: https://unesdoc.unesco.org/ark:/48223/pf0000150585. Acesso em: 18 nov. 2023.

UNIVERSIDADE ESTADUAL PAULISTA "JÚLIO DE MESQUITA FILHO" (UNESP). **Observatório de educação em direitos humanos (OEDH)**. São Paulo: Unesp, 2023.

ZENAIDE, M. N. T. Os desafios da educação em direitos humanos no ensino superior. *In*: SILVA, A. M. M.; TAVARES, C. (org.). **Políticas e fundamentos da educação em direitos humanos**. São Paulo: Cortez, 2010. p. 64-74.

ZENAIDE, M. N. T.; VIOLA, S. E. A. Educação em direitos humanos na América Latina e Brasil: princípios e desafios em tempos de restrição de direitos. **RIDH**, Bauru, v. 7, n. 1, p. 85-105, jan./jun. 2019. Disponível em: https://www3.faac.unesp.br/ridh/index.php/ridh/article/view/661/282. Acesso em: 20 set. 2022.

# AGENDA 2030: INTERFACES PARA A SUSTENTABILIDADE DA VIDA

Fabiana Maia Marques

Raimunda Kelly Silva Gomes

## Introdução

A sustentabilidade é processo muito falado na atualidade, mas que precisa ter o seu conceito compreendido para que sua finalidade seja alcançada. Boff (2012) ressalta que, para muitos, o conceito de sustentabilidade tem origem recente, anos 70 do século XX, quando surgiu a consciência dos limites do crescimento do modelo vigente, causando uma repercussão mundial. Mas, apesar do conhecimento de poucos, o conceito apresenta uma história bem mais antiga e abrangente.

Boff (2012) apresenta o sentido positivo da palavra "sustentabilidade": no dialeto ecológico, trata-se de medidas que permitem a continuação da vida em um bioma, "protegido, alimentado de nutrientes a ponto de sempre se conservar bem e estar sempre à altura dos ricos que possam advir" (BOFF, 2012, p. 32).

Para tal propósito, a sustentabilidade deve atingir a coletividade de forma a construir comunidades humanas sustentáveis, que sejam capazes de novas atitudes e modos de vida que garantam a permanência da vida na sua biodiversidade para as presentes e futuras gerações. Mas não um recomeçar do zero: é preciso desconstruir e reconstruir um cenário pautado em princípios ecológicos práticos que já existem há séculos e que regem a própria natureza.

A educação para uma vida sustentável é uma prática que pode desenvolver a compreensão sistêmica da vida sobre os fenômenos básicos e valores sinalizados por Capra para a concretização da práxis da sustentabilidade partindo de experiências diretas com a natureza.

A agenda foi apresentada como global, e como tal "deveria trabalhar [...] o diálogo intercultural, fomentando o respeito à diversidade cultural, religiosa, linguística, aspectos vitais para se alcançar a coesão e justiça social" (SHIROMA; ZANARDINI, 2020, p. 32).

Ao que se pode perceber, a agenda dá destaque à importância prática de ações desenvolvidas pelos governos nacionais/locais para o alcance de uma educação inclusiva e equitativa — com respeito à diversidade nos seus múltiplos cenários —, na perspectiva do desenvolvimento sustentável.

A educação seria baseada em experiências e prioridades nacionais, com a inclusão e a transparência de parceiros específicos. Assim, fica muito evidente o papel que o Estado e os governos devem exercer nesse contexto, criando possibilidades para a redução de desigualdades em âmbitos regionais, locais e educativos, ou seja, promovendo um processo educativo inclusivo e equitativo.

Boff (2012, p. 19-20) já apresentava relatos nesse sentido, quando afirmava que: "a sustentabilidade de uma sociedade se mede por sua capacidade de incluir a todos e garantir-lhes os meios de uma vida suficiente e decente". Contudo, pelo menos no cenário educativo, é preciso uma análise crítica acerca da Agenda 2030.

## Educação ambiental e a construção do saber ambiental

Leff (2001) argumenta que a educação para o saber ambiental surgiu na Conferência de Tbilisi, em 1977, Geórgia, na perspectiva de construção de um saber interdisciplinar com novas estratégias para analisar os complexos processos socioambientais que surgem no cenário mundial. O autor afirma ainda que:

> [...] a própria complexidade dos problemas ambientais e suas repercussões econômicas, políticas e sociais fazem com que esta simplificação do processo de formação ambiental resulte ineficaz. A crise ambiental gera novo saberes através de estratégias conceituais guiadas para a construção de uma nova racionalidade social, orientada por princípios de democracia, sustentabilidade ecológica, diversidade cultural e

equidade social. Isto renova os princípios da educação ambiental e coloca novos desafios futuros para suas transformar suas orientações, suas estratégias e seus métodos. (LEFF, 2004, p. 223).

Essa nova racionalidade social deve ser construída conforme os princípios da Educação Ambiental (EA), vinculando-se

> [...] aos da sustentabilidade, da complexidade e da interdisciplinaridade. Entretanto, suas orientações e conteúdos dependem das estratégias de poder que emanam dos discursos da sustentabilidade e se transfere para o campo do conhecimento. (LEFF, 2004, p. 247).

Para isso, a transição para a sustentabilidade, à luz da racionalidade ambiental[40], implica uma complexidade produzida por um processo de práxis. Uma racionalidade conjugada numa nova ética e em princípios capazes de questionar a ciência para incorporar o saber ambiental emergente, fazendo surgir um cenário de elaboração de novos instrumentos e estratégias de avaliação ambiental, com novas tecnologias propícias aos próprios produtores . O autor destaca ainda que a EA:

> [...] incorpora novos valores e sentidos aos processos de trabalho e fomenta processos emancipadores que redefinem a qualidade de vida da população e o significado da existência humana. Isto leva a arraigar a sustentabilidade no nível local, a articulá-la com a democracia e com os processos de reapropriação da natureza, da vida e da produção. Esta perspectiva da sustentabilidade requer um programa de educação ambiental abrangente e complexo, aberto e um amplo espectro de interesses sociais e sentidos culturais. (LEFF, 2004, p. 250).

Uma educação ambiental que conduza para o processo de transição à sustentabilidade, articulando e vinculando o educando

---

[40] Racionalidade Ambiental é um coletivo de interesses e práticas sociais que dão sentido e organizam os processos sociais pautados em meios e fins socialmente construídos numa inter-relação permanente de teoria e práxis (LEFF, 2001).

à construção de conhecimento e consequentemente aos sentidos do saber. A sustentabilidade não é algo mecânico, mas fruto de um processo educativo que redefine a relação homem-natureza segundo os critérios de um equilíbrio ecológico vital para presentes e futuras gerações pautadas numa democracia socioecológica (BOFF, 2012).

Boff (2012) corrobora Leff quando afirma que somente um processo educativo generalizado pode criar perspectivas para uma sustentabilidade possível capaz de revolucionar o paradigma vigente "pelo mundo de risco sob o qual vivemos" (BOFF, 2012, p. 149). Uma educação libertadora capaz de transformar e criar um olhar para um mundo mais sustentável, uma sustentabilidade para a vida, compreendida sob um processo emancipatório.

> A concepção de sustentabilidade não pode ser reducionista e aplicar-se apenas ao crescimento /desenvolvimento, como é predominantemente nos tempos atuais. Ela deve cobrir todos os territórios da realidade que vão das pessoas, tomadas individualmente, às comunidades, à cultura, à política, à indústria, às cidades e principalmente ao Planeta Terra com seus ecossistemas. Sustentabilidade é um modo de ser e de viver que exige alinhar as práticas humanas às potencialidades limitadas de cada bioma e às necessidades das presentes e futuras gerações. (BOFF, 2012, p. 16).

Leff (2021) enfatiza a importância de transformar os processos educativos sob os princípios do saber e da racionalidade ambiental; que a educação ambiental propõe a superação do desafio de garantir educação para todos, melhorando os resultados do sistema de educação formal, recuperando seu caráter crítico, libertário e emancipatório, levando ao surgimento do saber ambiental, que conduzirá a um diálogo de saberes e à sustentabilidade da vida. E ressalta que "por isso é necessário recuperar o direito a pensar, a questionar e, a saber, para construir e reposicionar nosso ser neste mundo incerto e ameaçado, para reconduzir nossa aventura civilizatória para a sustentabilidade da vida" (LEFF, 2010, p. 181).

As discussões sobre sustentabilidade de acordo com Gadotti (2008, p. 52) demonstra a importância de uma vivência pautada em modo de vida equilibrado entre sociedade e ambiente natural e afirma que:

> [...] quando falamos em vida sustentável a entendemos como um modo de vida de bem-estar e bem viver para todos, em harmonia (equilíbrio dinâmico) com o meio ambiente: um modo de vida justo, produtivo e sustentável (GADOTTI, 2008, p. 52).

Dessa maneira, é preciso transformar a relação homem-natureza, é preciso entender que somos parte do processo para se chegar a uma vida sustentável ou a uma sustentabilidade para a vida. Isso implica uma mudança de paradigmas, e o processo educativo é peça-chave nesse contexto. Ele está vinculado à intencionalidade dos nossos atos e escolhas. E pode contribuir para humanizar o nosso modo de vida, em que nossas escolhas definirão o futuro que queremos (GADOTTI, 2008).

Essa transformação depende da superação do cenário educativo vigente não emancipatório, que têm características hegemônicas, de caráter eurocêntrico e colonial, legitimando-se para satisfazer as necessidades do sistema capitalista e os modelos políticos e políticas educacionais europeias e norte-americanas.

Infelizmente, no Brasil, o sistema educacional vigente atende aos preceitos das classes dominantes e do colonialismo interno que perpetua e amplia as desigualdades e a exclusão social. Nas sociedades atuais neoliberais e de caráter burguês, existe uma relação indissolúvel com o poder político, que facilita a imposição da cultura e ideologia dominante. Mas, ainda assim, a educação é caráter de resistência e insurgência (LEGRAMANDI; GOMES, 2019).

Nesse sentido, Freire (2007, p. 44) afirma que a "educação que, desvestida da roupagem alienada e alienante, seja uma força de mudança e de libertação". Essa proposta educativa emancipadora se alicerça na ação reflexiva, numa articulação capaz de transformar a sociedade. A educação emancipadora é fundamental para a formação da consciência crítica e humanística, uma educação como prática de liberdade alicerçada no diálogo crítico, na fala e na convivência, desenvolvendo a capacidade de desvelar sua própria realidade e, com isso, transformá-la. Essa perspectiva educativa tem por finalidade possibilitar a liberdade da realidade opressiva e injusta por meio da conscientização (FREIRE, 2007; GADOTTI, 2017).

Sobre o processo de conscientização, Freire defende que:

> [...] através da conscientização que o homem assume o papel de sujeito e o seu compromisso histórico num processo de fazer e refazer o mundo, dentro de possibilidades concretas, fazendo e refazendo também a si próprio. Tal processo exige ação-reflexão em movimento permanente de superação da posição ingênua frente à realidade, aquela que ocorre na forma espontânea de aproximação do mundo. Exige a assunção de uma posição crítica, para além da tomada de consciência, uma vez que a tomada de consciência não é ainda a conscientização, porque esta consiste no desenvolvimento crítico da tomada de consciência. (FREIRE, 1979, p. 146).

A educação para a sustentabilidade desenvolve a formação da consciência ecológica crítica, em que o homem reconstrói a si mesmo e se torna capaz de transformar a realidade ao seu redor, superando uma posição ingênua e inerte diante do contexto de insustentabilidade da vida vigente.

Para o caráter emancipatório pensado para o processo educativo que vai além da perspectiva crítica, ele compreende a educação ambiental como meio de transformação social, fundamentando-se no diálogo e no engajamento dos sujeitos. Loureiro afirma que:

> Emancipar não é estabelecer o caminho único para a salvação, mas sim a possibilidade de construirmos os caminhos que julgamos mais adequados à vida social e planetária, diante da compreensão que temos destes em cada cultura e forma de organização societária, produzindo patamares diferenciados de existência. (LOUREIRO, 2006, p. 32).

Ainda, existiriam várias finalidades para a educação na sociedade:

> [...] a educação implica e é implicada por processos teóricos e práticos políticos, culturais e sociais que redefinem os valores que são considerados a uma dada sociedade, adequados a uma vida digna e sustentável. (LOUREIRO, 2006, p. 63).

Gadotti (2008) coaduna-se ao pensamento de Loureiro (2006) quando chama atenção para o conceito de sustentabilidade numa perspectiva crítica, sinalizando para um componente educativo formidável, em que "a preservação do meio ambiente depende de uma consciência ecológica e a formação da consciência depende da educação" (GADOTTI, 2008, p. 62).

Esse processo demanda o compromisso da coletividade para uma prática integradora de ações educativas definidas pelos critérios da sustentabilidade e que corresponda ao potencial ecológico e aos valores culturais de cada território com base nas dimensões sociais, econômicas e ambientais. Dessa forma, "a educação ambiental adquire um sentido estratégico na condução do processo de transição para uma sociedade sustentável" (LEFF, 2004, p. 251).

## A Agenda 2030 para desenvolvimento sustentável

Akkari (2017, p. 5) destaca que:

> [...] na realidade, devemos enfatizar a característica às vezes utópica, como também mobilizadora dessas orientações. O interesse das declarações internacionais reside [...] na mobilização de recursos e de energias em favor da educação. É notável que esta mobilização será traduzida de um modo específico em diferentes países e regiões do mundo. De modo geral, para todos os países, uma agenda internacional apoiada pela Organização das Nações Unidas tem um forte valor simbólico.

Nesse sentido, o autor enfatiza a preocupação que se deve ter em relação aos interesses das organizações internacionais numa agenda internacional comum, tendo em vista o que se tem como pano de fundo; e afirma que "as organizações internacionais são financiadas pelos Estados que não hesitam em usar este poder para exercer sua influência ou para legitimar sua agenda doméstica no setor da educação" (AKKARI, 2017, p. 6).

Ainda nessa perspectiva, Akkari enfatiza o seguinte:

> A agenda internacional para a educação 2030 ilustra a crescente influência das organizações internacionais. Todavia, não podemos nos deixar enganar ou sermos ingênuos. Ao analisar a influência das organizações internacionais sobre a política de educação, vemos claramente que a UNESCO – que se trata de uma organização internacional especializada em educação – não é tão influente nas reformas educacionais, como anteriormente, [...]. Embora a UNESCO mantenha um prestígio histórico principalmente nos países do Sul, ela foi suplantada pela UNICEF e, especialmente, pelo Banco Mundial e pela OCE (Organização para o Desenvolvimento e Cooperação Econômica), não só em termos de financiamento da educação, mas, sobretudo no que diz respeito ao limite mais preocupante na conceituação e orientação de prioridades da educação. (AKKARI, 2017, p. 941-942).

Por outro lado, a agenda está estruturada em favor de uma educação de qualidade traga resultados melhores para o processo educativo. Porém, vale lembrar que, para isso, é preciso o fortalecimento dos aspectos que integram esse contexto — recursos, processos e avaliação dos resultados —, assim como formação e qualificações profissionais satisfatórias para professores e educadores, além da implementação de mecanismo para acompanhar e medir o desenvolvimento do progresso (AKKARI, 2017).

Para uma educação em prol da sustentabilidade, a inclusão é fator determinante, assim como as finalidades que permeiam esse processo educativo. Dessa forma, corroborando Akkari, Boff (2012) chama atenção para o modo de vida sustentável pautado numa concepção ampliada do seu processo de construção:

> Em todos os níveis: local, regional, nacional e global. Esta perspectiva [...] a tendência dominante de aplicar a sustentabilidade apenas às macros realidades, descurando as singularidades locais e eco regionais, próprias de cada país com sua cultura, seus hábitos e suas formas de se organizar na Terra. Por fim, a sustentabilidade deve ser pensada numa perspectiva global, envolvendo todo o planeta, com equidade, fazendo que o bem de uma parte não se faça à custa do prejuízo da outra. Os custos e benefícios devem ser proporcional e solidariamente repartidos. Não é possível garantir a sustentabilidade de uma porção do planeta deixando de elevar, na medida do possível, as outras partes ao mesmo nível ou próximo a ele. (BOFF, 2012, p. 17).

A sustentabilidade social e ambiental efetua-se respectivamente na garantia de distribuição de renda e oportunidades, com promoção adequada de serviços sociais numa perspectiva coletiva e com foco no desenvolvimento humano, sem que haja espaço para a superexploração de recursos renováveis ou esgotamento de recursos não renováveis.

Para Leff (2010, p. 179), o direito a educação deve garantir oportunidades amplas, no sentido de que

> [...] é o direito de ser e de saber; de aprender a aprender; de pensar, discernir, questionar e propor; é o treinamento para chegar a ser autores de nossa própria existência, sujeitos autônomos, seres humanos livres.

Os Objetivos do Desenvolvimento Sustentável (ODSs) 6, 7, 11, 12, 13, 14 e 15 integram-se diretamente às perspectivas para uma vida sustentável. A sustentabilidade tem caráter abrangente e deve envolver toda ação focada em

> [...] manter as condições energéticas, informacionais, físico – químicas que sustentam todos os seres, especialmente a Terra viva, a comunidade de vida e a vida humana, visando sua continuidade e ainda atender as necessidades da geração presente e das futuras [...]. (BOFF, 2012, p. 107).

Conforme argumenta Leff (2010, p. 180), "os desafios da sustentabilidade levam-nos a refletir sobre as necessidades de transformar os processos educativos a partir dos princípios do saber e da racionalidade ambiental". E é dessa forma que se deve superar os desafios e os paradigmas da sociedade atual.

Nesse sentido, os ODSs mencionados *supra*, assim com os demais, dependem de uma real mudança de paradigmas e atitudes acerca do grande propósito de criar um modo sustentável para a vida, abrangendo as pessoas, as comunidades, a cultura, a política, a indústria, enfim, o planeta com todos os seus ecossistemas. Para isso, deve-se considerar a educação ambiental como mecanismo precursor dos instrumentos que tornarão possível a construção da sustentabilidade — formação da consciência e da práxis ecológicas para a vida (BOFF, 2017).

A Agenda 2030 traz uma proposta abrangente com objetivos e metas a serem alcançadas, para isso os Estados, os governos regionais e locais devem assumir, com responsabilidade, iniciativas que viabilizem a materialização da agenda em todo o território nacional, considerando as peculiaridades existentes no campo e na cidade.

No contexto amazônico, os desafios no âmbito social, ambiental e econômico para implementação e materialização da agenda são evidentes, principalmente, para os povos da floresta, do campo e das águas que sofrem com problemas de infraestrutura (falta de saneamento básico, de recursos, de acessibilidade à energia elétrica e à internet, em algumas regiões), crescimento populacional e falta de incentivo às cadeias produtivas, que são diretamente ligadas aos aspectos econômicos (SOARES, 2022).

Gomes e Calado (2020, p. 10) enumeram algumas das problemáticas que afetam diretamente a qualidade de vida dessas populações:

> 1) Precariedade do sistema de abastecimento de energia elétrica; 2) Precariedade dos serviços públicos; 3) Dependência química, especialmente entre a juventude (drogas e álcool); 4) Ausência de saneamento básico (abastecimento de água potável, coleta de lixo e esgotamento sanitário); 5) Necessidade de capacitação para os professores; 6) Necessidade de perspectivas

econômicas para a juventude; 7) Sensibilização dos comunitários para as atividades coletivas do território.

Cenário de descaso e falta de comprometimento do poder público na garantia dos direitos dessas populações, fato que inviabilizará a concretização da Agenda 2030 nesses territórios, se de fato os órgãos competentes não executarem suas funções administrativas.

Embora tenha sido lançado em 2008, o Plano Amazônia Sustentável (PAS) resultou de um processo iniciado em maio de 2003 — quando foi assinado um termo de cooperação entre o Governo federal e governadores da Amazônia Legal —, elaborado sob a coordenação da Casa Civil da Presidência da República e dos Ministérios do Meio Ambiente e da Integração Nacional, trazendo como proposta um conjunto de diretrizes para orientar o desenvolvimento sustentável da Amazônia com valorização da diversidade sociocultural e ecológica e redução das desigualdades regionais (BRASIL, 2008).

> Com o PAS, o governo federal e os governos estaduais da Amazônia assumem compromisso efetivo com uma população de 24 milhões de pessoas da região, ao viabilizar a implementação de uma estratégia de longo prazo que concilie a promoção do desenvolvimento econômico com o uso sustentável dos recursos naturais, viabilizando inclusão social e distribuição de renda e resultando na melhoria da qualidade de vida dessa população. (BRASIL, 2008).

Nesse sentido, o PAS é uma política pública que, se efetivada conforme suas diretrizes de criação, com o cumprimento das responsabilidades dos órgãos e dos governos competentes e responsáveis pela sua consumação, será basilar para a materialização da Agenda 2030 no contexto amazônico.

Para Soares (2022), a agenda apresenta diretrizes que, se efetivadas, aumentarão os Indicadores de Desenvolvimento Humano (IDH) na Amazônia, já que nessa região esses indicadores são inferiores aos das demais regiões brasileiras. As metas estabelecidas no documento ajudariam no combate ao desmatamento, contra a perda de biodiversidade biológica e para os serviços ecossistêmicos.

A implementação dos ODSs na Amazônia trará resultados significativos para as populações ribeirinhas que habitam seus territórios, tendo em vista que existe uma precariedade na prestação dos serviços relacionados a: erradicação da pobreza, redução da fome, saúde e educação de qualidade (**ODSs 1, 2, 3 e 4**); bem-estar social, como a igualdade de gênero, redução das desigualdades, paz e justiça (**ODSs 5, 10 e 16**); água limpa e saneamento, energias renováveis, cidades e comunidades sustentáveis, ação climática e proteção da vida terrestre e marinha (ODSs 6, 7, 11, 13, 14 e 15); sendo implementados, poderão contribuir para a proteção ao meio ambiente (SOARES, 2022).

Nesse sentido, a materialização dos ODSs da Agenda 2030 nos territórios amazônidas é fundamental na perspectiva da sustentabilidade. E depende da inserção de políticas públicas de "combate ao desmatamento e perda de biodiversidade biológica e serviços ecossistêmicos ligados ao padrão de crescimento econômico" (SOARES, 2022, p. 17).

Vale destacar, que apesar de alguns avanços, a região amazônica ainda passa por problemáticas muito sérias e que podem inviabilizar a implementação da Agenda 2030, caso não ocorra a efetivação de políticas públicas que favoreçam o desenvolvimento humano e ambiental sustentável dos seus territórios, sem comprometer o direito à vida das gerações futuras.

Nesse contexto, Leff (2001) ressalta que o entendimento da questão ambiental deve considerar não só as bases ecológicas dos processos produtivos com inovações tecnológicas, normas ecológicas renovadas para os agentes econômicos, ou a valorização do patrimônio natural e cultural. É preciso ir além, valorizando a diversidade étnica e cultural humana, fomentando formas distintas de manejo produtivo da biodiversidade, em harmonia com a natureza. Segundo o autor, a trajetória para o desenvolvimento sustentável exige novos conhecimentos e ações cidadãs coletivas sobre as condições de existência e seus projetos de vida.

> O desenvolvimento sustentável é um projeto social e político que aponta para o ordenamento ecológico e a descentralização territorial da produção, assim como para a diversificação dos tipos de desenvolvimento e dos modos de vida das populações que habitam o planeta. Neste sentido, oferece novos princípios aos processos de democratização da sociedade que induzem à participação direta das comunidades na apropriação e transformação de seus recursos ambientais. (LEFF, 2001, p. 57).

As ações coletivas para o desenvolvimento sustentável devem pautar-se no modo de vida das comunidades tradicionais, que já estabelecem uma sinergia positiva e favorável na forma como utilizam os recursos ambientais, na transformação desses recursos e na relação que estabelecem com a natureza.

Corroborando os autores, Gadotti (2000, p. 132) destaca a importância da ecopedagogia para reeducar o olhar, ou seja, "desenvolver a atitude de observar a presença de agressões ao meio ambiente [...] e intervir no sentido de reeducar o habitante do planeta".

Nessa perspectiva, para a efetivação dos ODSs, será necessário reestruturação do cenário ambiental no sentido de responsabilização ambiental coletiva considerando a cidadania planetária para uma sociedade sustentável (GADOTTI, 2000).

A Agenda 2030 e, por conseguinte, seus objetivos (ODSs) representam a materialização de uma preocupação coletiva que requer ações práticas de todos os segmentos da sociedade em prol da sustentabilidade da vida. Por outro lado, a agenda reflete uma discussão relevante sobre sua implementação, ou seja, de que maneira se pode transformar acordos firmados entre países em ações e políticas nacionais e internacionais voltadas para o seu alcance (ALMEIDA, 2022).

Nesse sentido, nos últimos anos, com o governo do então presidente Jair Bolsonaro, tornou-se mais difícil e desafiadora a implementação da Agenda 2030, uma vez que esse governo foi declaradamente contra a iniciativa global, antes acordada pelo país, pois, logo que assumiu a Presidência, o governo Bolsonaro revogou o Decreto-Lei 8.892/2016, que criou a Comissão Nacional dos Objetivos do Desenvolvimento Sustentável, deixando o país sem órgão responsável por essa iniciativa (CAMPOS, 2022).

Ainda assim, o modo de vida das comunidades tradicionais está vinculado à sustentabilidade da vida, pela sinergia positiva na relação com a natureza e na utilização dos recursos naturais. Assim, podemos vincular os objetivos integrados e indivisíveis do desenvolvimento sustentável equilibrando-os a suas três dimensões — a econômica, a social e a ambiental — e compilando-as aos aspectos culturais, políticos e geográficos dos seus territórios.

## Considerações finais

A sustentabilidade vai além do projeto interdisciplinar, da tríade economia-sociedade-ambiente, mas abrange o abrir as fronteiras do conhecimento e assumir que o ambiente não é mais que uma nova dimensão a ser incorporada pelos paradigmas normais da ciência, em que a economia internaliza suas externalidades ecológicas.

A compreensão da realidade local, a fim de aproveitar suas potencialidades, é essencial, e, para que isso ocorra, o fortalecimento da educação faz-se necessário, assim como a participação coletiva dos atores envolvidos com iniciativas capazes de transformar o seu entorno. Contudo, o modelo de educação que hoje é direcionado às escolas do campo apresenta um quadro de carência, limitações e dificuldades, ao mesmo tempo que tem se mostrado ineficiente e descontextualizado.

A sustentabilidade constrói-se como outro modo de compreensão da geração de outras verdades históricas, no papel de estratégia que abre caminhos da história para a construção de saberes, em que as vivências entre homem-natureza são basilares para a sustentabilidade territorial.

## Referências

AKKARI, A. Agenda internacional para a educação 2030: consenso "frágil" ou instrumento de mobilização dos atores da educação no século XXI? **Revista Diálogo Educacional**, Curitiba, v. 17, n. 53, p. 937-958,

2017. Disponível em: https://www.researchgate.net/publication. Acesso em: 14 abr. 2021.

BOFF, L. **Sustentabilidade**: o que é – o que não é. Petrópolis: Vozes, 2012.

CAMPOS, M. S. L. **O papel dos municípios no cumprimento dos objetivos de desenvolvimento sustentável da Agenda 2030 no âmbito da ONU**. 2022. Dissertação (Mestrado em Ecologia Aplicada) – Universidade de São Paulo, Piracicaba, 2022. Disponível em: https://www.teses.usp.br/teses. Acesso em: 21 mar. 2023.

CAPRA, F. **Alfabetização ecológica**: a educação das crianças para um mundo sustentável. São Paulo: Cultrix, 2006.

GADOTTI, M. A escola na cidade que educa. **Cadernos Cenpec**, Minas gerais, 2006, v. 1, n. 1, p. 99-105, 2006.

GADOTTI, M. **Pedagogia da terra**. 2. ed. São Paulo: Peirópolis, 2000.

GOMES, R. K. S.; CALADO, J. F. Cartografia socioambiental: território do Beira Amazonas. *In*: GOMES, R. K. S., CALADO, J. F. (org.). **Rios de saberes**: vivências de populações tradicionais na construção de seus territórios de vida na Amazônia Oriental — Amapá. Curitiba: Editora CRV, 2022. p. 57-75.

GOMES, R. K. S.; CALADO, J. F. O resistir e reexistir das populações tradicionais e extrativistas no Território Amazônico Amapaense. **Rev. Eletrônica do Mestrado em Educação Ambiental**, Rio Grande, v. 37, n. 4, p. 28-43, set./dez. 2020. Disponível em: https://periodicos.furg.br/remea/article/view/11376/8414. Acesso em: 18 jun. 2022.

GOMES, R. K. S.; COSTA FERREIRA, R.; SOUSA, F. B. B. Análise socioambiental de uma comunidade costeira amazônica amapaense. **Ambiente & Educação**, [*S. l.*], v. 24, n. 2, p. 380-398, 2019.

LEFF, E. **Discursos sustentáveis**. São Paulo: Cortez, 2010.

LEFF, E. **Ecologia, capital e cultura**: a territorialização da racionalidade ambiental. Petrópolis: Vozes, 2009.

LEFF, E. **Epistemologia ambiental**. 5. ed. São Paulo: Cortez, 2002.

LEFF, E. **Saber ambiental**: sustentabilidade, racionalidade, complexidade e poder. Petrópolis: Vozes, 2001.

MORAES, V. S. N.; GOMES, R. K. S. Cartografia socioeducativa das escolas famílias do Macacoari e Carvão. *In*: GOMES, R. K. S.; CALADO, J. F. (org.). **Rios de saberes**: vivências de populações tradicionais na construção de seus territórios de vida na Amazônia Oriental — Amapá. Curitiba: Editora CRV, 2022. p. 77-92.

SHIROMA, E. O.; ZANARDINI, I. M. S. Estado e gerenciamento da educação para o desenvolvimento sustentável: recomendações do capital expressas na Agenda 2030. **Revista Online de Política e Gestão Educacional**, Araraquara, v. 24, n. esp. 1, p. 693-714, ago. 2020. Disponível em: https://periodicos.fclar.unesp.br/. Acesso em: nov. 2022.

SOARES, M. A. S. **Estratégias adotadas por agricultoras familiares agroecológicas durante a pandemia do Covid-19**. 2022. Monografia (Licenciatura em Geografia) – Universidade Federal do Ceará, Fortaleza, 2022.

# SOBRE OS/AS AUTORES/AS

**Ângela do Céu Ubaiara Brito** é doutora em Educação pela Universidade de São Paulo (USP, 2013); mestra em Direito Ambiental e Políticas Públicas pela Universidade Federal do Amapá (Unifap, 2008); e graduada em licenciatura plena em Pedagogia pela Unifap (1999). Líder do Grupo de Pesquisa Ludicidade, Inclusão e Saúde (LIS). Membro do Grupo de Pesquisa Contextos Integrados de Educação Infantil, da Faculdade de Educação da USP (Feusp). Consultora pedagógica em unidade escolar pública e privada. Coordenadora do curso de especialização em Gestão Escolar da Universidade do Estado do Amapá (Ueap).
Orcid: 0000-0002-4335-8163

**Armando Paulo Ferreira Loureiro** é doutor em Ciências da Educação pela Universidade de Trás-os-Montes e Alto Douro (Utad, 2006). Professor associado com agregação da Utad. Investigador integrado do Centro de Investigação e Intervenção Educativas da Universidade do Porto.
Orcid: 0000-0003-3039-3872

**Carlos Alberto Alves Soares Ferreira** é doutor em Educação/ Desenvolvimento Curricular pela Utad (em 2004), com licenciatura em Ciências da Educação pela Universidade do Porto (1992). É professor da Utad; e diretor do doutoramento em Ciências da Educação da Utad.
Orcid: 0000-0003-1752-1796

**Dana Di Pardo Léon-Henri** é professora de Inglês para Fins Específicos na Université de Bourgogne Franche-Comté/*Sciences du Langage de l'Homme et de la Société* (UFR SLHS), em Besançon (França). Faz parte da equipe de pesquisa Elliadd (EA 4661); sua pesquisa centra-se na didática das línguas estrangeiras, na avaliação diagnóstica das competências linguísticas, no desenvolvimento da aprendizagem personalizada e na contribuição e em percepções da inteligência artificial e da robótica para o ensino das línguas.
Orcid: 0000-0001-6196-6173

**Elisangela Rodrigues da Silva** é mestre em Educação pela Universidade Federal do Amapá (Unifap). Pedagoga na Secretaria de Estado de Educação (SEED/Amapá). Email: elisangela.rv.ap@gmail.com.
Orcid: 0009-0000-8922-3523

**Fabiana Maia Marques** é mestra em Educação pela Unifap. Docente da rede básica de educação do Estado do Amapá Membro do Grupo de Integração Socioambiental e Educacional (Gisae). Especialista em Docência do Ensino Superior (Fatec, 2006); licenciada em Biologia pela Universidade Vale do Acaraú, Sobral/CE (2004).
Orcid: 0009-0003-8638-5596

**Helena Cristina Guimarães Queiroz Simões** é doutora em Educação pela Universidade Federal de Uberlândia (UFU). Professora associada da Unifap, no curso de Direito e nos Programas de Pós-Graduação em Educação (mestrado) e Educação na Amazônia (Educanorte/Associação em Rede/Polo Belém/Ufpa). Líder do Grupo de Pesquisa Estudos em Direitos Humanos, Educação e Sociedade EDHUCAS.
Orcid: 0000-0002-2170-5574

**Heryka Cruz Nogueira** é doutora em Educação pela Universidade Nove de Julho (Uninove, 2020), mestra em Educação pela Universidade Federal do Pará (UFPA, 2016), especialista em planejamento e políticas educacionais, e graduada em licenciatura em Pedagogia pela URCA (1998). Pesquisadora do Grupo de Pesquisa Políticas Educacionais e Gestão (Geppeg). Professora efetiva da Universidade do Estado do Amapá (Ueap). Atua em pesquisas do Instituto Nacional de Estudos e Pesquisas Educacionais Anísio Teixeira e desenvolve pesquisas em educação sobre expansão do ensino superior e sobre os Reflexos das Políticas Afirmativas no Acesso, Permanência, Evasão e Egressos no ensino superior da Amazônia. Orcid: 0000-0002-9467-7893

**Iranir Andrade dos Santos** é doutoranda em Ciências da Educação pela Utad, Portugal; mestra em Planejamento e Políticas Públicas da Uece; e socióloga pela Unifap. Docente do quadro da Ueap. Membro do Geppeg e do Grupo de Integração Socioambiental e Educacional (Gisae/Ueap). Orcid: 0000-0003-4438-4977

**Janaina Damasceno Picanço** é mestra em Planejamento e Políticas Públicas pela Universidade Estadual do Ceará (Uece); especialista em Psicologia da Educação pela Pontifícia Universidade Católica de Minas Gerais (PUC Minas); pedagoga pela Unifap. Formadora local do Programa Criança Alfabetizada (PCA). Orcid: 0000-0001-7224-4619

**Jemina de Araújo Moraes Andrade** é doutoranda do Programa de Pós-Graduação em Educação na Amazônia — Educanorte/ Associação em Rede/Polo Belém/Universidade Federal do Pará (Ufpa). Professora do ensino básico, técnico e tecnológico no Instituto Federal de Educação, Ciência e Tecnologia do Amapá (Ifap), campus Macapá. Membro do Grupo de Pesquisa "Estudos em Direitos Humanos, Educação e Sociedade" (EDHUCAS). Orcid: 0000-0003-0901-6837

**Jésabel Robin** desde 2007 ensina Didática de Línguas e Culturas a futuros professores do ensino fundamental na Pädagogische Hochschule em Berna, Suíça de língua alemã. Em 2014, ela defendeu sua tese de doutorado sob a supervisão conjunta das professoras Aline Gohard-Radenkovic (Universidade de Friburgo, Suíça) e Geneviève Zarate (Inalco, Paris); e, em 2022, defendeu seu memorial para o cargo de professora titular, sob a supervisão do professor Bruno Maurer (Universidade de Montpellier, França). Seu trabalho didático e sociolinguístico concentra-se na dinâmica entre atores e sistemas de treinamento, experiências de mobilidade, políticas linguísticas familiares, bi/multilinguismo e relações entre comunidades linguísticas suíças.
Orcid: 0000-0003-3662-0896

**Kaouthar Ben Abdallah** é doutora e mestre em Ciências da Linguagem pela Universidade de Franche-Comté (Besançon - França). Suas atividades de pesquisa abrangem dois campos — Magrebe e francês como língua estrangeira — e concentram-se em questões relacionadas à apropriação de segundas línguas no contexto escolar. Interessa-se pelo bilinguismo de alunos alófonos na França. Sua pesquisa relaciona a didática das línguas e a sociolinguística por meio do ensino/aprendizagem de francês como segunda língua; bilinguismo escolar; culturas educacionais; transmissão de línguas; atitudes e representações linguísticas. Trabalha em modelos de ensino bilíngue e em questões de políticas linguísticas e educacionais no Magrebe e na França.
Orcid: 0000-0002-4330-9863

**Katia Paulino dos Santos** é doutora em Gestão pela Utad, Portugal; mestra em Planejamento e Políticas Públicas pela Uece; graduada em Ciências Sociais pela Unifap. É reitora da Ueap, referente ao quadriênio 2018-2022/2023-2026. Professora adjunta da Ueap, Colegiado de Direito. É pesquisadora do Grupo de Estudos e Pesquisa em Políticas Educacionais e Gestão (Geppeg/Ueap) e do Grupo de Estudos e Pesquisas em Educação, Interculturalidade e Diversidade (Gepedi/Ueap), responsável pela linha: Educação, Direitos Humanos e Diversidade. É professora convidada do mestrado e do doutorado em Planejamento e Políticas Públicas da Uece.
Orcid: 0000-0002-0216-2228

EDUCAÇÃO EM PERSPECTIVA: CONTEXTOS POLÍTICOS, LINGUÍSTICOS E CULTURAIS

**Marie Vautier** é doutora e mestra em Ciências da Linguagem pela Universidade de Franche-Comté (UFC, França). Mestra em Arqueologia, Culturas, Território e Meio Ambiente (UFC, França). Bacharela em História da Arte e Arqueologia (UFC, França). Foi professora de Francês – Língua Estrangeira no estado de Nova York, Lyon e Besançon. É professora adjunta na UFC, França. Seus interesses de pesquisa, que foram particularmente desenvolvidos em sua tese de doutorado, dizem respeito a questões interculturais na sala de aula de francês (língua estrangeira), com foco especial nas normas comunicativas. Ela também tem interesse na inclusão de minorias em classes de línguas e no gerenciamento de emoções em contextos educacionais.
Orcid: 0009-0006-1310-9058

**Maryse Adam-Maillet** estudou Literatura, História e Filosofia. Após 20 anos como professora de língua francesa trabalhando com diversos grupos, tornou-se responsável pelo departamento de Letras na Secretaria de Educação de Besançon, de 2001 a 2022. Durante um longo período no comando do Casnav, ela se interessou pelo ensino do francês como segunda língua.
Orcid: 0009-0005-5097-2312

**Priscilla Pantoja do Nascimento** é mestra em Educação, pertencente à linha de pesquisa de Educação, Culturas e Diversidades do Programa de Pós-Graduação em Educação da Unifap (2019). Professora da educação básica no município de Macapá. Pesquisadora, membro do Grupo de Pesquisa LIS.
Orcid: 0000-0002-6277-5501

**Quelem Suelem Pinheiro da Silva** é mestre em Educação pela Universidade Federal do Amapá (Unifap). Técnica Administrativa no Instituto Federal do Amapá (IFAP/Campus Santana). E-mail: quelems@yahoo.com.
Orcid: 0009-0003-2307-4969

**Raimunda Kelly Silva Gomes** é doutora em Educação pela Universidade Federal do Pará (Ufpa). Tem experiência na área de Educação Ambiental. É docente da Ueap, curso de licenciatura em Pedagogia, onde vem desenvolvendo atividades de pesquisa e extensão universitária como líder do Gisae; e professora do Programa de Pós-Graduação em Educação da Unifap. Além disso, orienta iniciação científica e mestrado, com estudos voltados às questões socioambientais e educacionais no estado do Amapá.
Orcid: 0000-0003-4653-4000

**Rodrigo Barbosa Bastos** é doutorando do Programa de Pós-Graduação em Educação na Amazônia (Educanorte/Associação em Rede/Polo Belém/Ufpa). Professor da Rede Pública de Educação Básica de Macapá, no estado do Amapá. Membro do EDHUCAS.
Orcid: 0000-0001-5899-1407

**Valéria Silva de Moraes Novais** é doutora em Educação pela Ufpa (2017); mestra em Educação (2013) e graduada em licenciatura plena em Pedagogia pela Ufpa (2010). É professora adjunta da Ueap, lotada no Colegiado de Pedagogia, docente do Programa de Pós-Graduação em Educação da Unifap. É líder do Geppeg/Ueap. Desenvolve pesquisas sobre política de financiamento da educação superior, expansão da educação superior, gestão da educação básica e políticas para educação de jovens e adultos.
Orcid: 0000-0003-3549-6213

— Talvez você e eu devêssemos fingir que somos namorados. Eu *sou* muito popular. Poderia melhorar suas chances *assim.*

Ele estalou os dedos bem no instante em que uma grande SUV parou no meio-fio. Eu estava prestes a rebater aquela ideia ridícula quando a porta do carro foi aberta e um cara alto de cabelo ondulado escuro, penteado para trás, saiu. Ele usava uma jaqueta de algodão azul-escuro sobre uma camiseta branca e jeans perfeitos. Todas as garotas começaram a babar. Então ele virou a cabeça.

— Oríon!

As palavras saíram de meus lábios como um suspiro. Deixei a mochila cair ao lado da cadeira de rodas de Hefesto e comecei a correr, sentindo os joelhos fracos e a visão embaçada. Ele se voltou para mim e joguei os braços em torno de seu pescoço, minha mente tentando desesperadamente entender o que meus olhos viam, o que meu corpo sentia.

— Não acredito que é você! — exclamei, passando a mão naquele rosto familiar. Lágrimas de alegria escorriam, e eu mal conseguia respirar direito. — O que está fazendo aqui? Não, espere. Não importa! Este é o dia mais feliz de minha existência.

Eu o puxei para mim, dando um beijo. Os lábios eram exatamente como eu lembrava. Suaves, quentes e levemente salgados. Demorei um pouco antes de perceber que ele não correspondia ao beijo, e, de forma repentina mas firme, ele me afastou de si, as mãos segurando meus ombros.

— Oríon? — perguntei, encontrando seus olhos, que estavam confusos e um pouco assustados. Como estiveram no dia que eu o trouxera de volta à Terra. No dia que eu começara a cair. — O que houve com você? Está bem?

— Eu estou... bem — murmurou o amor de minha vida, analisando meu rosto. — Mas quem é você?

Este livro foi composto na tipologia Granjon LT Std,
em corpo 11/15,85, e impresso em papel off-white
no Sistema Cameron da Divisão Gráfica
da Distribuidora Record.

CAPÍTULO 55

# True

Segunda-feira de manhã. Era um novo dia, uma nova semana. O sol brilhava, e todos do lado de fora da escola Lake Carmody High pareciam cheios de promessas para mim. Cada um deles era um projeto em potencial.

— Procurando a próxima vítima? — perguntou Hefesto, olhando para mim através das lentes espelhadas dos óculos.

— Engraçadinho. — Respirei fundo e estiquei as costas. — Dessa vez vai ser bem mais fácil. Aprendi com meus erros.

Stacey e as amigas riram quando passaram por mim. Darla me lançou um olhar mortal do alto das escadas. Darnell ergueu a mão e esfregou os dedos com um olhar ameaçador. Pelo menos eu estava com o dinheiro dele no bolso depois de ter descontado o cheque de meu pagamento no sábado. Já era alguma coisa.

— Mas você ainda é uma esquisitona sem amigos — disse Hefesto, declarando algo que eu não tinha como ignorar.

— Vou ter de trabalhar nisso, né? Quero dizer, *realmente* preciso trabalhar nisso. Tenho de conseguir. A vida de Oríon depende disso.

Hefesto inclinou a cabeça.

Mas, se as notas caírem, um pouquinho que seja, vamos ter uma conversa séria. Estamos entendidos?

Fiquei tão aturdido que não consegui me mexer. Contudo, meu coração saltava no peito como se um show de queima de fogos estivesse acontecendo.

— Estamos — sussurrou Fred para mim. — Responda "estamos".

— Estamos — respondi.

Meu pai meneou a cabeça e atravessou a garagem, desviando-se dos cabos e amplificadores.

— Universal Truth — resmungou ele, enquanto abria a porta para a cozinha. — Que porcaria de nome de banda é esse?

Em seguida a porta fechou atrás dele, e os rapazes bateram as palmas das mãos e deram tapinhas em minhas costas. Olhei para onde meu pai tinha desaparecido, sentindo que eu podia chorar e rir e gritar e rir mais um pouco.

Aquilo tinha acontecido mesmo. Eu finalmente conseguira enfrentar meu pai e sobrevivera para contar. Não apenas isso, tinha funcionado. Peguei o telefone na mochila e fui para a entrada.

— Ei! Cara! Aonde você vai? Ainda temos mais duas músicas para passar! — gritou Fred.

Eu me virei para eles com um sorriso no rosto.

— Vamos fazer um intervalo de cinco minutos — falei. — Tenho de ligar para minha namorada.